La letteratura. Temi

1

Sonia Gentili

L'idea di poesia nel Medioevo

viella

Prima edizione: dicembre 2024
ISBN 979-12-5469-717-7

Volume pubblicato con il contributo del Dipartimento di Lettere e Culture Moderne - Sapienza Università di Roma (Progetto PRIN 2017 - Prof. Inglese Giorgio - Libri e lettori a Firenze dal XIII al XV secolo: la Biblioteca di Santa Croce – CUP: B88D19002780001)

GENTILI, Sonia
L'idea di poesia nel Medioevo / Sonia Gentili. - Roma : Viella, 2024. - XII, 188 p. ; 21 cm. - (La letteratura. Temi ; 1)
Bibliografia: [157]-179.
Indice dei nomi: p. [181]-188.
ISBN 979-12-5469-717-7
1. Poesia - Concezione - Medioevo
809.102 (DDC WebDewey) Scheda bibliografica: Biblioteca Fondazione Bruno Kessler

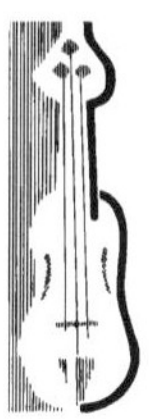

viella
libreria editrice
via delle Alpi, 32
I-00198 ROMA
tel. 06 84 17 758
fax 06 85 35 39 60
www.viella.it

Indice

A Renato e Elettra, poesia
non scritta

Introduzione

Durante il discorso tenuto il 12 settembre 1975 in occasione del Nobel, Montale notò che

> la poesia è una entità di cui si sa assai poco, tanto che due filosofi tanto diversi come Croce storicista idealista e Gilson cattolico sono d'accordo nel ritenere impossibile una storia della poesia.[1]

Indefinibile sul piano tecnico formale (il verso non è un suo carattere costante; il ritmo e l'immagine metaforica sono comuni anche nella prosa), la poesia non è, in effetti, del tutto storicizzabile poiché in essa si manifesta qualcosa di preculturale che «affonda le sue radici più giù, nell'animo umano» (Baudelaire: «la poésie touche à la musique par une prosodie dont les racines plongent plus avant dans l'âme humaine que ne l'indique aucune théorie classique»).

Questo linguaggio che resiste alla definizione e alla storicizzazione è però delimitato storicamente dalle idee che lo individuano come questione estetica ed epistemica.

Se non è del tutto storicizzabile la poesia, lo è insomma l'insieme di idee che hanno contribuito a individuarla.

Che tipo di idee?

La riflessione metrico-grammaticale è importante (è ad esempio il piano su cui sopravvive il nesso arcaico tra lirica e varietà di suoni: capp. 1, § 4 e 3, § 5), ma quasi invariabilmente produce norme che semplifica-

1. Eugenio Montale, *È ancora possibile la poesia?*, in Id., *Il secondo mestiere. Prose*, a cura di Giorgio Zampa, vol. II, Milano, Mondadori, 1996, p. 3031.

no fino alla deformazione: è il caso della *mimesis* ("espressione", "manifestazione") recepita dalla critica nella sua banalizzazione precettistica tardo cinquecentesca, cioè come imitazione di un oggetto, e in questa forma consegnata alla storia delle idee letterarie da Meyer Howard Abrams (cap. 6, § 1).

Sono stati così cancellati grandi temi classici rielaborati dal Medioevo. Da questa rielaborazione discendono questioni di lunghissima durata relative al valore dell'immagine poetica e a quello del ritmo.

La poesia come manifestazione delle voci varie e mutevoli del mondo, propria dei lirici greci, è rifiutata da Platone e sostituita da un ideale di poesia metafisica (cap. 1, § 2-3). Dalla città platonica è espulsa la poesia mimetica – ad esempio l'elegia –, forma delle instabili immagini terrene che frammentano la psiche nella contraddittorietà delle passioni, e promosso l'inno, forma della verità che unifica l'anima, in virtù del nesso tipico del mondo antico tra ritmo ed *ethos* (cap. 1, § 5-6).

All'alba del Medioevo Boezio rielabora quest'opposizione nel *mythos* del poeta in crisi che abbandona l'elegia e l'evanescenza dell'immagine sensibile per la poesia della verità metafisica, che è *numerus*, cioè formula ritmico aritmetica, idea.

La tradizione platonico boeziana ha effetto sulle forme della poesia medioevale italiana a due livelli: 1) il *mythos* che trasforma il conflitto tra poesia del mondo e poesia spirituale in narrazione autobiografica, in frattura tra vecchia e nuova identità del poeta si fa struttura del libro di rime (cap. 3, § 1-2); 2) l'opposizione tra elegia del mondo e inno spirituale si fa opposizione tra due ambiti tematici e formali: dal lato mondano stanno l'elegia e la poesia dei cicli naturali (cap. 2, § 5) e da quello dello spirito la canzone laudativa. La poesia della «loda» teorizzata da Dante nella *Vita Nova* non va riportata al solo precedente laudistico religioso, ma anche a quello della poesia innodica boeziana.

L'effetto morale del ritmo poetico e in particolare la frammentazione interiore provocata dall'elegia, emblematizzata in Boezio dal fantasma dileguante di Euridice (cap. 2, § 3), è all'origine della poetica del frammento espressa da Petrarca nell'intitolazione del Canzoniere (cap. 3, § 3).

L'ideale della poesia-numero capace, all'opposto, di unificare l'anima in sé stessa (il famoso *adesse sibi* di cui parla Petrarca nel *Secretum*, cap. 3, § 3), che Boezio teorizza ma non realizza in una forma, affiora probabilmente nel valore spiritualizzante conferito dai poeti medioevali alle strutture numerologiche (cap. 2, § 6).

Tuttavia, nonostante questo orientamento, il Medioevo disegna in concreto il trionfo progressivo e inarrestabile della poesia del mondo.

Sin dall'età classica al poeta ispirato dal dio di Platone (cap. 1, § 7) concorre quello delineato da Aristotele, che è tale non per ispirazione metafisica ma per una natura psicofisica caratterizzata da forti desideri e dunque da un'inclinazione a produrre immagini, presto identificato col poeta d'amore (1, § 8).

Questa materia aristotelica – in particolare il nesso tra desiderio e immagine – conosce la sua forma poetica più alta e complessa in Cavalcanti, il quale si mostra però consapevole del rischio di ascientificità che l'immagine poetica comporta secondo i filosofi (cap. 4, § 1-3).

Il temperamento di questo poeta mutevole, contraddittorio, non identificato con la metafisica del buono e dell'onesto come in Platone ma suscettibile invece, per l'ampiezza della sua capacità mimetica, di assumere forme opposte, diviene autoritratto in Petrarca (cap. 4, § 4-5) e giunge sino al Novecento (cap. 6, § 2).

Il modello aristotelico fornisce anche la traccia per risolvere la frattura tra poesia del mondo e poesia dello spirito in un naturale percorso evolutivo dal disordine desiderante della giovinezza alla razionalizzazione del desiderio secondo il suo fine spirituale nella maturità: così Dante risolve, reinterpretando «quello non conosciuto da molti libro di Boezio», il proprio cammino personale dalla poesia passionale a quella filosofica senza che esso comporti frattura o palinodia (cap. 5, § 1-4). Il nuovo rapporto tra poesia e realtà aperto da Dante è continuato da Boccaccio, secondo il quale «le Muse sono donne» (cap. 5, § 5).

Riposizionare il Medioevo nella lunga durata serve insomma a illuminare un'altra idea di *mimesis*.

Lo statuto radicalmente orfico ed elegiaco di ogni mimesi poetica, che in Boezio è infatti discesa tra i fantasmi evanescenti dell'esperienza, dileguante già nel suo accadere, è espresso in termini non dissimili da Benedetto Croce e impiegato da Giorgio Bassani per riaffermare la possibilità della poesia dopo Auschwitz (cap. 6, § 2).

Il tema orfico riemerge però nel Novecento in base a premesse ormai non più metafisiche.

Già in Leopardi l'instabilità dell'immagine non marginalizza ma celebra la concretezza fisica della sensazione e il piacere a essa connesso: il poeta-uccello dei lirici che imita la varietà musicale del mondo, condannata nel tardo Seicento con esplicita ripresa degli argomenti platonici, è invece rappresentato in tutta la sua felicità sensoriale nell'*Elogio degli uccelli*, dove vince su quello alato e ispirato dal dio di Platone (cap. 6, § 3).

Nella riflessione musicologica e poetica dal tardo Settecento (Giovenale Sacchi, *Della divisione del tempo nella musica, nel ballo e nella poesia*, 1770) al Novecento (Amelia Rosselli, *Spazi metrici*, 1962), l'ideale della poesia-numero tramonta anch'esso progressivamente perché la sua realtà vocale e vitale si mostra irriducibile alla misura aritmetica (cap. 6, §4).

Avvertenza

Le fonti di cui è inserita un'unica edizione sono citate in nota col solo titolo; quelle in più edizioni sono citate col titolo seguito dalla menzione dell'editore. Altre particolari abbreviazioni sono dichiarate in bibliografia.

Per facilitare la lettura è fornita la traduzione dei testi non italiani, tratta dalle edizioni citate o mia quando altrimenti indisponibile (*Aristoteles Latinus*, *Plato Latinus* e relativi commenti medioevali, testi medici greci, commenti medioevali a Boezio). Mia è la traduzione latino-italiano dei brani di Averroè, mentre quella dall'arabo si deve alla sapienza e alla generosità di Samuela Pagani.

Il libro è nato grazie alla Fellowship da me ottenuta nel 2021-22 presso l'Institut d'Études Avancées de Paris, in condizioni ideali per la riflessione e la ricerca.

Ringrazio per il dialogo scientifico Laurent Baggioni, Valérie Beaudouin, Margo Boenig-Liptsin, Irene Cajazzo, Stefano Carrai, Thiago Chacon, Salvador Cuenca, Béatrice De Gelder, Paolo Falzone, Enrico Fenzi, Luca Fiorentini, Roberto Gigliucci, Christophe Grellard, Irene Gualdo, Giorgio Inglese, Saadi Lalou, Massimiliano Lenzi, Virginie Léroux, Gretty Mirdal, Juan Miguel Valero Moreno, Lodi Nauta, Marco Nievergelt, Vicente Ordóñez, Alessandro Ottaviani, Samuela Pagani, Mykola Ryabchuk.

Vivono in queste pagine Peter Dronke e la nostra inesauribile amicizia.

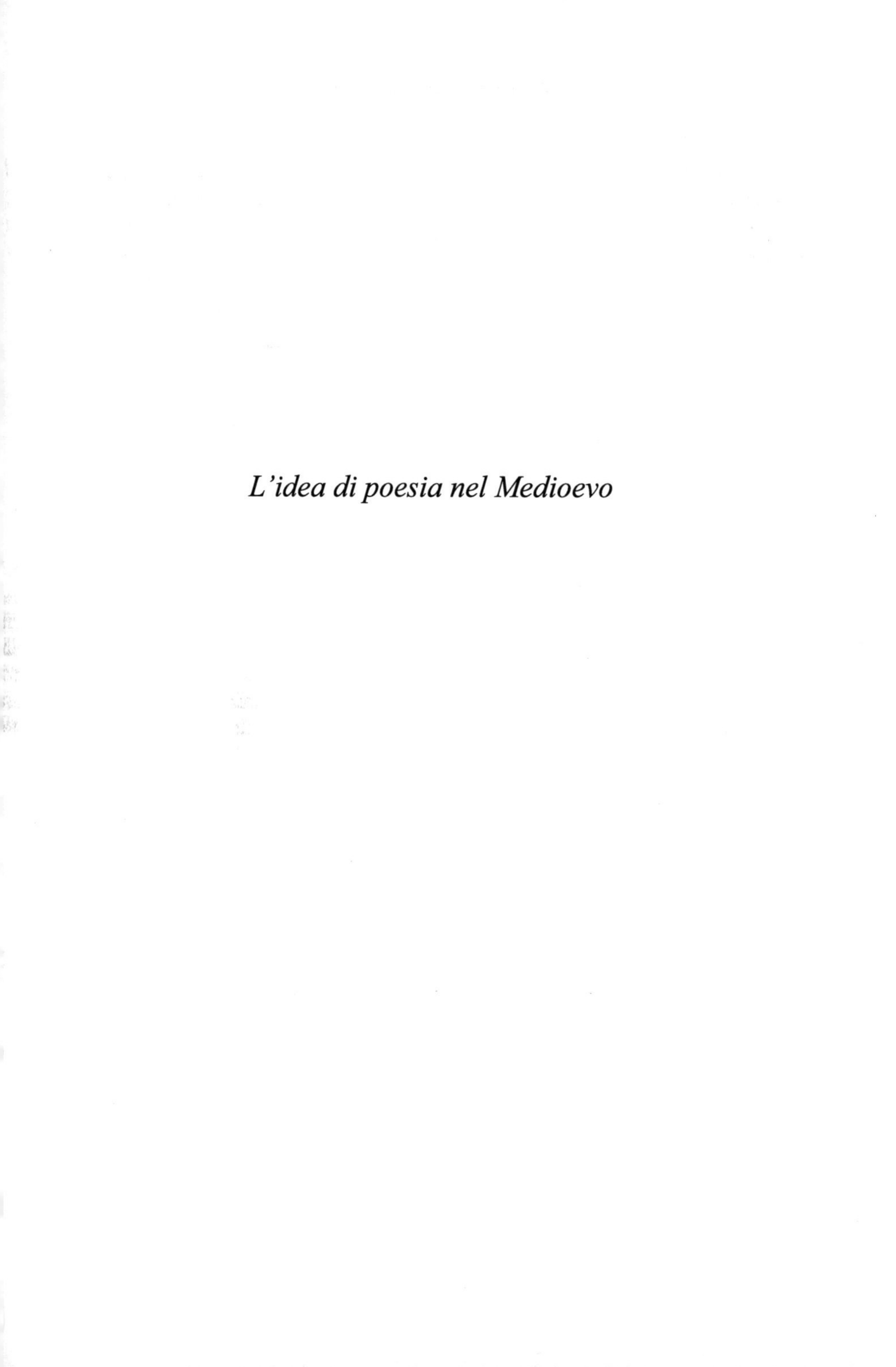

L'idea di poesia nel Medioevo

1. I termini del problema e l'eredità antica

1. *Tecnica poetica e questione della poesia*

La poesia del Medioevo è stata studiata sostanzialmente in quanto tecnica i cui principi sono rappresentati da testi prescrittivi come le *Poetrie* e le *Artes dictaminis*.

Presso i poeti dell'Europa medievale si sviluppa tuttavia una riflessione sulla poesia di estrazione filosofica, alla quale i testi retorico-prescrittivi in sostanza non contribuiscono e dalla quale sono talvolta superati.

Il *De vulgari eloquentia*, incompiuto e poi largamente contraddetto dalla *Commedia*, non è solo un sentiero interrotto nell'ambito eccezionale del percorso dantesco, ma anche l'episodio sintomatico di un fenomeno più ampio: la concezione della poesia che emerge dai testi di Guittone, Cavalcanti, Dante, Petrarca e Boccaccio è iscritta in una "questione della poesia" di origine filosofica, poco condizionata dai trattati di poetica circolanti all'epoca.[1]

Oltre che con forme rigidamente regolate, insomma, la poesia medioevale si identifica con una questione aperta capace di condizionare regole e forme.

1. Altra cosa è, naturalmente, il reciproco profondo influsso tra ambito filosofico e ambito tecnico nel definirsi del tema in età classica. Nel Medioevo le *Poetrie* assorbono, riducendoli però a precetto, vari elementi di tradizione aristotelica soprattutto attraverso l'*Ars poetica* oraziana. Sulle fonti filosofiche dell'*Ars* si veda Agostino Longo, *Concezioni e immagini dell'ispirazione poetica in Orazio*, in «Incontri triestini di filologia classica», 4 (2004-2005), pp. 429-478; per le affinità tra i temi aristotelico-oraziani e le posizioni di Filodemo di Gadara, maestro di Orazio, cfr. introduzione e commento dell'editrice in Filodemo di Gadara, *Il Quinto libro della Poetica (PHerc 1425 e 1538)*, edizione, traduzione e commento a cura di Cecilia Mangoni, Napoli, Bibliopolis, 1993. Come si vedrà nel cap. 5, § 3, i contenuti dell'*Ars* torneranno a essere problematizzati in senso filosofico nei commenti aristotelici medioevali, e di qui nel *Convivio* dantesco.

Una generale dialettica tra precetto formale e suo superamento è d'altronde iscritta nella rivoluzione culturale cristiana. L'anti formalismo paolino (*2Cor*, 3, 6: «littera occidit, spiritum vivificat») si fa principio estetico in Agostino per superare la tripartizione classica degli stili (umile, medio, elevato a seconda dell'oggetto del discorso).[2] L'abbandono dantesco del *De vulgari eloquentia*, centrato appunto sulla tradizionale tripartizione stilistica, per il mescolamento di stili e livelli espressivi della *Commedia* si iscrive evidentemente in questa mentalità.[3]

A quali tradizioni e a quali temi ci si deve riferire parlando di "questione della poesia" nel Medioevo?

Anzitutto alla tradizione platonica, non accessibile in modo diretto se non per le poche opere tradotte in latino eppure posta in primo piano per i poeti medievali dalla rielaborazione che ne diede Boezio.

Nella *Consolazione della filosofia* viene proposto un modello di poesia che rifiuta la mutevolezza delle immagini sensibili e promuove invece la stabilità dei concetti e dei rapporti ritmico-aritmetici; questo modello deriva quasi integralmente dalla *Repubblica* di Platone commentata da Proclo.

Perché Boezio, pienamente partecipe del programma tardo antico di sintesi tra Aristotele e Platone,[4] concepisce la questione della poesia su base quasi esclusivamente platonica?

2. In *De doctrina christiana*, IV, 19, Agostino riprende la tripartizione degli stili di ascendenza classica trasmessa al Medioevo soprattutto da Cicerone e dalla pseudo ciceroniana *Rhetorica ad Herennium*, ma osserva che uno stesso oggetto può essere trattato a vari livelli poiché, in definitiva, l'argomento ultimo di ogni testo è sempre e comunque la rivelazione cristiana. Insomma, mentre in Cicerone c'è corrispondenza tra stile e oggetto («parva submisse, modica temperate, magna granditer dicere»), per Agostino lo stile corrisponde al fine morale del discorso (*docere*, *vituperare sive laudare*, *flectere*).

3. La rivoluzione stilistica e morale rappresentata dal *sermo humilis* biblico è stata messa in luce da Erich Auerbach prima nel saggio *Figura*, apparso nella rivista «Archivum romanicum» nel 1938 (ora in Erich Auerbach, *Studi su Dante* [1963], a cura di Dante della Terza, Milano, Feltrinelli, 2017, pp. 176-226) e poi in *Mimesis. Il realismo nella letteratura occidentale* [1946], introduzione di Aurelio Roncaglia, Torino, Einaudi, 2000, e nell'introduzione a *Lingua letteraria e pubblico nella tarda antichità e nel Medioevo* [1958], tr. it. a cura di Fausto Codino, Milano, Feltrinelli, 2007.

4. È quasi superfluo ricordare l'opera di traduttore di Boezio, il cui programma, interrotto dalla condanna a morte nel 524, comprendeva sia l'opera aristotelica – di cui venne effettivamente tradotto e commentato tutto l'*Organon* tranne gli *Analitici secondi*, i testi logici e l'*Isagoge* di Porfirio – quanto quella platonica. Per l'elenco sintetico delle traduzioni e dei commenti boeziani si veda John Magee, John Marenbon, *Appendix: Boethius' Works*, in *The Cambridge Companion to Boethius*, a cura di John Marenbon, Cambridge-New York, Cambridge University Press, 2009, pp. 303-310, a pp. 304 e 305; sulla sintesi tra i due filosofi

In Platone la questione della poesia, nell'ambito della quale si condanna l'imitazione del molteplice contingente e si promuove quella della verità unica e inequivoca, riproduce la frattura tra la verità metafisica, raggiungibile dalla poesia solo per via di ispirazione divina, e il mondo mutevole dei fenomeni, la cui rappresentabilità attraverso la mimesi poetica è in sé problematica, come si vedrà nei prossimi paragrafi.

Si tratta di una frattura molto congeniale alla cultura tardo antica e medioevale: su di essa si baserà la drammatizzazione del dissidio interiore del poeta in merito all'oggetto della poesia (verità spirituale o esperienza vissuta) da Guittone a Petrarca.

Al contrario, in Aristotele l'immagine conserva la problematicità platonica per gli elementi passionali e contingenti che ne rendono impreciso e instabile il rapporto con l'oggetto, ma è anche l'unico elemento che fa da ponte tra sensazione e concetto, tra particolare concreto e universale astratto.[5] La poesia stessa è rappresentata nella *Poetica* come disposizione individuale alla produzione di immagini.

La tradizione aristotelica supera infatti l'idea platonica di poesia non sul piano estetico ma su quello antropologico: la rappresentazione del poeta come individuo dotato di una speciale natura psicofisica, che lo predispone alla produzione di immagini e all'eccesso di desiderio, offrirà al Medioevo una formidabile alternativa all'idea sacerdotale del poeta *medium* del dio trasmessa da Platone. Gli autori medioevali assorbiranno e valorizzeranno progressivamente la prospettiva aristotelica fino all'esito "realistico" che la questione conoscerà in Dante e Boccaccio (cap. 5).

Prima di approfondire in singole schede i punti dell'eredità classica presupposti dal discorso boeziano sulla poesia, bisogna puntualizzare l'accessibilità delle sue fonti al Medioevo.

si veda John Moorhead, *Boethius' life and the world of late antique philosophy*, in *The Cambridge Companion to Boethius*, pp. 13-33, a pp. 15-25, e Sten Ebbesen, *The Aristotelian commentator*, in *The Cambridge Companion to Boethius*, pp. 34-55, a pp. 34-54. Sui lineamenti del sincretismo che caratterizzò il neoplatonismo tardo antico cfr. Henri D. Saffrey, *Accorder entre elles les traditions théologiques: une caractéristique du néoplatonisme athénien*, in *On Proclus and his influence in Medieval philosophy*, ed. by Egbert P. Bos and Peter A. Meijer, Leiden-New-York-Köln, Brill, 1992, pp. 35-50.

5. A questa concezione dell'immaginazione corrisponde quella della poesia come zona di «conoscenza dialettica» tra *episteme* e *doxa*, tra concetto e contingenza, giustamente rivendicata da Daniele Guastini nel paragrafo *Sapere apodittico e sapere dialettico* del suo saggio introduttivo (Aristotele, *Poetica*, traduzione e commento a cura di Daniele Guastini, Roma, Carocci, 2010, pp. 12-22).

Il problema non si pone per quelle aristoteliche, rimesse in circolazione a partire dal sec. XII e oggi edite nella collana dell'*Aristoteles Latinus*, ma per quelle platoniche, accessibili solo nel limitatissimo *corpus* tradotto in latino (parte del *Timeo*, *Fedone*, parte del *Menone* e del *Parmenide*).[6] La *Repubblica*, fonte chiave del discorso boeziano, fu tradotta solo nel 1402 da Uberto Decembrio,[7] ma la condanna della poesia passionale in essa formulata, presente anche nel *Timeo*, tradotto in latino da Calcidio, fu nota per tradizione indiretta[8] e grazie al *Summarium Platonis*, un'epitome posseduta da Richart de Fournival.[9]

6. L'opera platonica gode di una tradizione latina già in età classica (cfr. *Plato Latinus. Aspects de la transmission de Platon en latin dans l'Antiquité*, éd. par Jean-Baptiste Guillaumin et Carlos Lévy, Tourhout, Brepols, 2018); la tradizione indiretta tardo antica e alto medioevale, non minima, si svolge soprattutto per via patristica e attraverso i commenti ai classici (ad es. Bernardo Silvestre, commento all'*Eneide*, ed. Mora-Lebrun).

7. Cfr. *I Decembrio e la tradizione della Repubblica di Platone tra Medioevo e Umanesimo*, a cura di Paolo Pissavino e Mario Vegetti, Napoli, Bibliopolis, 2005.

8. Il bando della poesia del molteplice e delle passioni contenuto in *Repubblica*, III, 398 a, che analizzeremo nel § 2 di questo capitolo, giunge al Medioevo attraverso Cicerone, *Tusculanae*, II, 11, pp. 154-155: «Sed uidesne, poetae quid mali adferant? Lamentantis inducunt fortissimos uiros, molliunt animos nostros, ita sunt deinde sulces, ut non legantur modo, sed etiam ediscantur. Sic ad malam domesticam disciplinam uitamque umbratilem et delicatam cum accesserunt etiam poetae, neruos omnis uirtutis elidunt. Recte igitur a Platone eiciuntur ex ea ciuitate quam finxit ille, cum optimos mores et optimum rei publicae statum exquireret» («Però, ti accorgi del male che fanno i poeti? Ci fanno vedere i più grandi eroi che si lamentano, ci indeboliscono l'anima, e per giunta hanno tanta attrattiva che la gente non si contenta di leggerli, ma li impara a memoria. E quando ai danni di una cattiva educazione familiare e di una vita comoda e senza scosse si aggiungono anche i poeti, ecco che la virtù perde completamente di valore. Fa bene Platone a escluderli dalla sua città ideale, dove i costumi e l'ordinamento civile devono rappresentare il più alto grado possibile di perfezione»), Agostino, *De Civitate Dei*, II, 14, 1: «An forte Graeco Platoni potius palma danda est, qui cum ratione formaret, qualis esse ciuitas debeat, tamquam aduersarios ueritatis poetas censuit urbe pellendos» («La palma va data forse, piuttosto, al greco Platone, che immaginando in modo razionale come debba essere una città, ritenne che i poeti fossero da espellere dallo stato in quanto nemici della verità»; mia la traduzione) e altri testi patristici. Si veda su questo Paul Augustin Deproost, *Ficta et facta. La condamnation du 'mensonge des poètes' dans la poésie latine chrétienne*, in «Revue des Études Augustiniennes», 44 (1998), pp. 101-121, e Peter Dronke, *The Muses and Medieval Latin Poets*, in *The Muses and their Afterlife in Post-Classical Europe*, ed. by Kathleen W. Christian, Clare E.L. Guest and Claudia Wedepohl, London - Torino, The Warburg - Nino Aragno Editore, 2014, pp. 59-74.

9. Il ms. latore Vat. Reg. lat. 1572, registrato nella Biblionomia, fu posseduto da Richart de Fournival; l'*ex libris* contenuto nel Reginense lo colloca in Sorbona.

Il testo, attribuito ad Apuleio da una parte della tradizione,[10] è, per il lettore medioevale, un compendio tardoantico di dialoghi platonici. All'opera allude forse Alberto Magno nel commento alla *Politica* (2.1, 91 - 92 a) edito dal Borgnet proprio in relazione alla *Repubblica* («Politia Platonis [...] quae apud Latinos rara est, quamvis habeatur a quibusdam, et transtulit eam Apuleius Philosophus»). Il testo è considerato platonico da Ruggero Bacone nel commento alla *Metafisica* e nella *Moralis philosophia.*

2. Mimesis*: molteplicità*

Nel mondo classico *mimesis* non vuol dire solo "imitazione" ma più in generale "espressione", "manifestazione". L' influsso delle arti iconiche, forte a partire dal V secolo a. C., porta con sé l'idea della riproduzione di un'immagine, ma si combina al motivo arcaico di una poesia che è evocazione e manifestazione di elementi nascosti. Che si tratti dell'imitazione di ciò che è già di per sé visibile nella realtà o della rivelazione di elementi invisibili all'occhio umano, la poesia e il poeta sono il tramite del manifestarsi di immagini e dunque «l'atto del *mimeisthai*, piuttosto che una rappresentazione [...] è una manifestazione».[11]

10. L'opera era già nota a Raymond Klibansky, *The Continuity of the Platonic Tradition during the Middle Ages, together with Plato's Parmenides in the Middle Ages and the Renaissance*, Second edition, Munich-Millwood-New York, Kraus International Publications, 1981. Attribuisce il testo ad Apuleio la recente edizione critica a cura di Justin A. Stover, *A New Work by Apuleius. The Lost Third Book of the "De Platone"*, Oxford, Oxford University Press, 2016. Nella tradizione manoscritta compare il titolo *De habitudine Platonis*, che è intitolazione concorrente a *De Platone et eius dogmate* nella tradizione dell'opera apuleiana, e tuttavia contiene riferimenti a opere come l'*Eutifrone* e le *Leggi*, mai citate dall'autore latino. Il *Summarium platonis* è menzionato nella rapida sintesi sulla tradizione platonica medioevale che apre lo splendido studio di Irene Cajazzo, *La démonologie platonicienne au Moyen Âge (de l' antiquité Tardive à la fin du XIIe Siècle)*, in «Recherches de Théologie et Philosophie Médiévales», 91/2 (2024), pp. 231-283.

11. Jean-Paul Vernant, *Nascita di immagini e altri scritti su religione, storia, ragione* [1979], trad. it. di Angela Montagna, Milano, Il Saggiatore, 1982, pp. 121-122: «Privilegiando il rapporto mimo-spettatore, il vocabolario di *mimeisthai*, come è usato nel V secolo, opera tra due poli: il primo, quello dell'inganno, dal momento che colui che guarda vede nel mimo e tramite lui non ciò che egli è realmente, ma l'altro che egli imita; il secondo, quello dell'identificazione, poiché la *mimesis* implica che il simulatore si renda simile all'altro che si propone di imitare, adottandone le maschere».

Questa nozione prefilosofica di *mimesis* è usata da Platone per esprimere una «interconnessione tra i livelli del reale»[12] di ordine ontologico generale, visto che il meccanismo di copia dell’*eidos*, cioè di una essenza-immagine, governa il rapporto tra le idee eterne collocate nell’iperuranio, la realtà che le riproduce in forma imperfetta e l’arte che riproduce quest’ultima.

Al centro dell’ontologia platonica non c’è quindi la copia ma la sua problematica imperfezione.

Per Platone la poesia è di ispirazione extrasoggettiva (implica cioè l’*enthousiasmos*, l’ispirazione divina) ma è al contempo, sempre, mimesi della realtà; i due aspetti coesistono in modo non precisabile:

> Il poeta, quando siede sul tripode della Musa e fuori di senno, come una sorgente lascia liberamente scorrere ciò che gli attraversa la mente. E poiché la sua arte è mimetica, quando esprime personaggi tra loro opposti è spesso costretto ad assumere posizioni opposte alle sue, senza sapere quale delle cose dette corrisponda a verità.[13]

12. Cito da Andrea Le Moli, *Mimesis e ripresentazione. Dal platonismo all’ermeneutica*, in *Ermeneutica e filosofia antica*, a cura di Franco Trabattoni e Mariapaola Bergomi, Milano, Cisalpino, 2012, pp. 35-62, a p. 38. La bibliografia sulla mimesi in Platone è amplissima; il mio lavoro si fonda su Gaetano Compagnino, *La poesia e la città. Ethos e mimesis nella «Repubblica» di Platone*, in «Siculorum Gymnasium», 43 (1990), pp. 3-89; Stephen Halliwell, *L’estetica della mimesis. Testi antichi e problemi moderni* [2002], a cura di Giovanni Lombardo, tr. it. di Daniele Guastini e Loriana Maimone, Palermo, Aesthetica, 2009; Costantinos Proimos, *Reading Platonic and Neoplatonic notions of mimesis with and against Martin Heidegger*, in «Scripta Classica Israelica», 21 (2002), pp. 45-55; Lidia Palumbo, *Mimesis. Rappresentazione, teatro e mondo nei dialoghi di Platone e nella “Poetica” di Aristotele*, Napoli, Loffredo, 2008, ma, soprattutto, accetta la ricostruzione complessiva del problema proposta da Fabio Massimo Giuliano, *Platone e la poesia*, Paris, Vrin, 2005, pp. 21-134.

13. Platone, *Leggi*, 719 c: «ποιητής, ὁπόταν ἐν τῷ τρίποδι τῆς Μούσης καθίζηται, τότε οὐκ ἔκφρων ἐστίν, οἷον δὲ κρήνη τις τὸ ἐπιὸν ῥεῖν ἑτοίμως ἐᾷ, καὶ τῆς τέχνης οὔσης μιμήσεως ἀναγκάζεται, ἐναντίως ἀλλήλοις ἀνθρώπους ποιῶν διατιθεμένους, ἐναντία λέγειν αὑτῷ πολλάκις, οἶδεν δὲ οὔτ’ εἰ ταῦτα οὔτ’ εἰ θάτερα ἀληθῆ τῶν λεγομένων»; mia la traduzione. Per Platone tutta la poesia (tanto quella drammatica come tragedia e commedia quanto quella diegematica come l’epica) è imitativa, e l’idea è mantenuta nella *Poetica* di Aristotele (cfr. il saggio introduttivo di Diego Lanza ad Aristotele, *Poetica*, a cura di Id., Milano, BUR, 2018 [I ed. 1987], pp. 25 e ss.). Su questo passo seguo l’acuta interpretazione di Giuliano, *Platone e la poesia*, p. 194; mi pare invece parziale, in quanto polarizzata sugli aspetti di svalutazione platonica della poesia, l’analisi di Catherine Collobert, *Poetry as a flawed reproduction. Possession and mimesis*, in *Plato and the*

Mentre gli dei non mentono mai (*Repubblica*, II, 382 e) e sono infallibili (*Leggi*, II, 669 c), l'errore della poesia è comportato dall'imperfezione mimetica.

L'imperfezione della *mimesis* consiste anzitutto nel suo *mimeisthai panta*, nell'imitare tutte le cose:

> Un uomo dunque, a quanto pare, capace per una sua sapienza di trasformarsi in ogni sembianza e di imitare tutte le cose [δυνάμενον ὑπὸ σοφίας παντοδαπὸν γίγνεςθαι καὶ μιμεῖσθαι πάντα χρήματα], se venisse in città da noi volendosi esibire con i suoi poemi, ci prosterneremmo davanti a lui come a una persona sacra e ammirevole e gradevole, ma gli diremmo che non esiste nella nostra città un uomo siffatto e neppure è lecito che vi sopraggiunga, e, cosparsogli il capo di mirra e incoronatolo di bende, lo manderemmo via verso un'altra città. Noi però ci varremo, per giovarcene, di un poeta e di un narratore di miti più austero e meno piacevole, il quale ci imiti le forme espressive dell'uomo onesto [τὴν τοῦ ἐπιεικοῦς λέξιν μιμοῖτο] e modelli i suoi discorsi secondo le tracce che fin dall'inizio abbiamo legiferato quando abbiamo intrapreso l'educazione dei soldati.[14]

Le implicazioni di questo passo sono chiare alla luce della sistematica contrapposizione platonica tra molteplicità del divenire e unicità ideale del vero dal punto di vista teoretico, morale e ontologico.

Sul piano teoretico la verità, di cui la filosofia è Musa (*alethine Mouse*, *Repubblica*, 548 b), è contrapposta alla molteplicità della *doxa*; su quello morale, come emerge dal passo appena citato, la semplicità dell'«onesto» è contrapposta alla molteplicità delle cose e delle passioni; sul piano psicologico ed estetico, all'originaria armonia aritmetico musicale che struttura l'anima umana (*Timeo*, 41 d) è contrapposta la molteplicità negativa delle

poets, ed. by Pierre Destrée and Fritz-Gregor Herrmann, Leiden-Boston, Brill, 2011, pp. 41-61.

14. Platone, *Repubblica*, III, 398 a, ed. Vegetti, p. 110: «Ἄνδρα δή, ὡς ἔοικε, δυνάμενον ὑπὸ σοφίας παντοδαπὸν γίγνεσθαι καὶ μιμεῖσθαι πάντα χρήματα, εἰ ἡμῖν ἀφίκοιτο εἰς τὴν πόλιν αὐτός τε καὶ τὰ ποιήματα βουλόμενος ἐπιδείξασθαι, προσκυνοῖμεν ἂν αὐτὸν ὡς ἱερὸν καὶ θαυμαστὸν καὶ ἡδύν, εἴποιμεν δ' ἂν ὅτι οὐκ ἔστιν τοιοῦτος ἀνὴρ ἐν τῇ πόλει παρ' ἡμῖν οὔτε θέμις ἐγγενέσθαι, ἀποπέμποιμέν τε εἰς ἄλλην πόλιν μύρον κατὰ τῆς κεφαλῆς καταχέαντες καὶ ἐρίῳ στέψαντες, αὐτοὶ δ' ἂν τῷ αὐστηροτέρῳ καὶ ἀηδεστέρῳ ποιητῇ χρῴμεθα καὶ μυθολόγῳ ὠφελίας ἕνεκα, ὃς ἡμῖν τὴν τοῦ ἐπιεικοῦς λέξιν μιμοῖτο καὶ τὰ λεγόμενα λέγοι ἐν ἐκείνοις τοῖς τύποις οἷς κατ' ἀρχὰς ἐνομοθετησάμεθα, ὅτε τοὺς στρατιώτας ἐπεχειροῦμεν παιδεύειν». Rendo letteralmente τοῦ ἐπιεικοῦς, dell'"uomo onesto" (in luogo di "dell'uomo valente" che è nella traduzione di Vegetti da me riprodotta nel resto del passo) per l'importanza che questa parola avrà nella tradizione platonica recepita da Boccaccio (si veda cap. 5, § 5).

passioni, dei ritmi e delle armonie che frammenta l'anima e i suoi moti (*Timeo*, 43 a; *Repubblica*, 603 d - c, su cui si veda in questo capitolo il § 4). La pienezza ontologica appartiene naturalmente al mondo delle idee e non a quello contingente.

Da queste righe della *Repubblica* e dalla generale opposizione tra verità filosofica e molteplicità fenomenica nasce il *mythos* elaborato da Boezio come scena iniziale della *Consolatio*: la Filosofia giunge in aiuto del poeta sofferente scacciando le Muse della poesia passionale che lo accompagnavano per sostituirsi a loro con la poesia della verità (si veda cap. 2, § 1).

Nella *Poetica* di Aristotele il carattere mimetico della poesia non è problematizzato ma costatato in apertura;[15] il successivo approfondimento non concerne la mimesi in quanto tale ma il suo potenziale teoretico di superamento del già esperito (cioè dell'accaduto) attraverso la rappresentazione del possibile realisticamente inteso (1451 a 35: «opera del poeta non è dire le cose accadute, ma quali potrebbero accadere e le cose possibili secondo probabilità o necessità»). Tuttavia, probabilmente proprio in relazione al suo potenziale teoretico, la mimesi poetica, identificata con quella tragica, dev'essere imitazione «non di uomini ma di azioni e di un'esistenza» perché è l'unità del personaggio nell'azione a motivare e unificare la molteplicità dei caratteri e degli stati d'animo:

> Ma la più importante tra le parti è la composizione dei fatti; giacché la tragedia è imitazione non di uomini ma di azione e di vita – felicità e infelicità sono nell'azione e il fine è qualcosa dell'azione, non una qualità: si è di una certa qualità secondo i caratteri, ma felici o il contrario secondo le azioni – dunque non si agisce perché siano imitati i caratteri, ma si includono i caratteri in ragione delle azioni, poiché il fine della tragedia sono i fatti e la trama, e il fine ne è la cosa più importante di tutte.[16]

15. Aristotele, *Poetica*, I, 1447 a 14-19, ed. Guastini, pp. 48-49: «Ἐποποιία δὴ καὶ ἡ τῆς τραγῳδίας ποίησις ἔτι δὲ κωμῳδία καὶ ἡ διθυραμβοποιητικὴ καὶ τῆς αὐλητικῆς ἡ πλείστη καὶ κιθαριστικῆς πᾶσαι τυγχάνουσιν οὖσαι μιμήσεις τὸ σύνολον· διαφέρουσι δὲ ἀλλήλων τρισίν· ἢ γὰρ τῷ ἐν ἑτέροις μιμεῖσθαι ἢ τῷ ἕτερα ἢ τῷ ἑτέρως καὶ μὴ τὸν αὐτὸν τρόπον» («Dunque, il poema epico e la poesia tragica, e inoltre la commedia e la poesia ditirambica e la maggior parte dell'auletica e della citaristica sono tutti quanti, nell'insieme, imitazioni; che tuttavia differiscono tra loro in tre modi: o per imitare per mezzo di cose diverse, o per imitare cose diverse, o per imitare in modo diverso e non nella stessa maniera»).

16. Aristotele, *Poetica*, VI, 1450 a 15-24, ed. Guastini, pp. 60-61: «Μέγιστον δὲ τούτων ἐστὶν ἡ τῶν πραγμάτων σύστασις· ἡ γὰρ τραγῳδία μίμησίς ἐστιν οὐκ ἀνθρώπων ἀλλὰ πράξεως καὶ βίου – εὐδαιμονία καὶ κακοδαιμονία ἐν πράξει ἐστίν καὶ τὸ τέλος πρᾶξίς τις ἐστίν, οὐ

I commenti stranamente ne tacciono,[17] ma è chiaro che, con questa specificazione, Aristotele sta risolvendo il rifiuto platonico della molteplicità dei caratteri nell'imitazione «di uomini» posta nel III libro della *Repubblica* attraverso un principio unificante che non è più l'unicità del modello ideale, ma un elemento immanente al molteplice: l'unità dell'azione.

Il problema riaffiora tuttavia nel rischio di frammentazione del «racconto» poetico. La buona poesia è imitazione di un «tutto concluso» (8, 1451 a) dotato di «continuità» mentre quella cattiva è «episodica»:

> Fra le trame e le azioni semplici, quelle episodiche sono le peggiori; chiamo episodica una trama in cui gli episodi vengono uno dopo l'altro senza probabilità né necessità. Esse sono composte dai cattivi poeti per loro stessa responsabilità, dai buoni per responsabilità degli attori.[18]

Quest'unità immanente al divenire è una delle zone critiche del concetto di poesia tracciato nella *Poetica*: segno evidente della non risoluzione, in fondo, del nesso tra poesia della contingenza e frammentazione denunciato dalla *Repubblica* platonica, che Boezio accentuerà nella *Consolatio* attraverso il concetto di Fortuna.

3. Mimesis*: vanità, instabilità*

L'imperfezione della *mimesis* non risiede solo nella molteplicità delle sue rappresentazioni, ma anche nella loro vanità. Il poeta apparentemente capace di fabbricare ogni oggetto riflette in realtà nel suo specchio solo fantasmi:

> - Questo stesso artigiano non solo è capace di costruire ogni tipo di mobile, ma fabbrica anche tutto ciò che cresce dalla terra, e produce tutti i viventi, compreso se stesso, e per giunta produce la terra e il cielo e gli dèi e tutto ciò che vi è nel cielo e sottoterra nell'Ade.
> - Certo straordinario -, disse, - è il sofista di cui parli.
> [...]

ποιότης· εἰσὶν δὲ κατὰ μὲν τὰ ἤθη ποιοί τινες, κατὰ δὲ τὰς πράξεις εὐδαίμονες ἢ τοὐναντίον – οὔκουν ὅπως τὰ ἤθη μιμήσωνται πράττουσιν, ἀλλὰ τὰ ἤθη συμπεριλαμβάνουσιν διὰ τὰς πράξεις· ὥστε τὰ πράγματα καὶ ὁ μῦθος τέλος τῆς τραγῳδίας, τὸ δὲ τέλος μέγιστον ἁπάντων».

17. Non vi fanno cenno né Gallavotti, né Guastini, né Lanza.

18. Aristotele, *Poetica*, IX, 1451 b 34-35, ed. Guastini, pp. 66-69: «Τῶν δὲ ἁπλῶν μύθων καὶ πράξεων αἱ ἐπεισοδιώδεις εἰσὶν χείρισται· λέγω δ' ἐπεισοδιώδη μῦθον ἐν ᾧ τὰ ἐπεισόδια μετ' ἄλληλα οὔτ' εἰκὸς οὔτ' ἀνάγκη εἶναι. Τοιαῦται δὲ ποιοῦνται ὑπὸ μὲν τῶν φαύλων ποιητῶν δι' αὐτούς, ὑπὸ δὲ τῶν ἀγαθῶν διὰ τοὺς ὑποκριτάς».

- Non è difficile -, dissi io, - anzi è attuabile spesso e rapidamente, direi molto rapidamente, se vuoi prendere uno specchio e girarlo in ogni direzione [εἰ 'θέλεις λαβὼν κάτοπτρον περιφέρειν πανταχῇ]: subito farai il sole e quanto vi è nel cielo, subito la terra, subito te stesso e gli altri viventi e mobili e piante e tutto ciò di cui ora si diceva.
- Sì -, disse, - apparenze, non però cose che veramente esistono [φαινόμενα, οὐ μέντοι ὄντα γέ που τῇ ἀληθείᾳ].[19]

Si tratta di immagini instabili. Il nostro occhio è infatti immerso nel divenire al punto tale che l'oggetto appare mutevole come quando viene contemplato prima fuori e poi dentro l'acqua:

- Per Zeus -, dissi io, - ma questo imitare verte sul terzo livello a partire dalla verità. O no?
- Sì.
- Ma su quale parte dell'anima esercita il potere che possiede?
- Di che cosa stai parlando?
- Di questo: l'identica grandezza non ci appare uguale se la vista la percepisce da vicino o da lontano.
- No, in effetti.
- E gli stessi oggetti, a seconda che vengano osservati nell'acqua o fuori, appaiono curvi o dritti, concavi o convessi, a causa dell'errore della vista riguardo ai colori, ed è chiaro che nella nostra anima è presente ogni sorta di confusione di questo tipo.[20]

19. Platone, *Repubblica*, X, 596 c - e, ed. Vegetti, pp. 38-39: «ὁ αὐτὸς γὰρ οὗτος χειροτέχνης οὐ μόνον πάντα οἷός τε σκεύη ποιῆσαι, ἀλλὰ καὶ τὰ ἐκ τῆς γῆς φυόμενα ἅπαντα ποιεῖ καὶ ζῷα πάντα ἐργάζεται, τά τε ἄλλα καὶ ἑαυτόν, καὶ πρὸς τούτοις γῆν καὶ οὐρανὸν καὶ θεοὺς καὶ πάντα τὰ ἐν οὐρανῷ καὶ τὰ ἐν Ἅιδου ὑπὸ γῆς ἅπαντα ἐργάζεται.
- Πάνυ θαυμαστόν, ἔφη, λέγεις σοφιστήν.
[...] - Οὐ χαλεπός, ἦν δ' ἐγώ, ἀλλὰ πολλαχῇ καὶ ταχὺ δημιουργούμενος, τάχιστα δέ που, εἰ 'θέλεις λαβὼν κάτοπτρον [e] περιφέρειν πανταχῇ· ταχὺ μὲν ἥλιον ποιήσεις καὶ τὰ ἐν τῷ οὐρανῷ, ταχὺ δὲ γῆν, ταχὺ δὲ σαυτόν τε καὶ τἆλλα ζῷα καὶ σκεύη καὶ φυτὰ καὶ πάντα ὅσα νυνδὴ ἐλέγετο.
- Ναί, ἔφη, φαινόμενα, οὐ μέντοι ὄντα γέ που τῇ ἀληθείᾳ».

20. Platone, *Repubblica*, X, 609 c - d, ed. Vegetti, pp. 51-52: «Πρὸς Διός, ἦν δ' ἐγώ, τὸ δὲ δὴ μιμεῖσθαι τοῦτο οὐ περὶ τρίτον μέν τί ἐστιν ἀπὸ τῆς ἀληθείας; ἢ γάρ;
- Ναί.
- Πρὸς δὲ δὴ ποῖόν τί ἐστιν τῶν τοῦ ἀνθρώπου ἔχον τὴν δύναμιν ἣν ἔχει;
- Τοῦ ποίου τινὸς πέρι λέγεις;
- Τοῦ τοιοῦδε· ταὐτόν που ἡμῖν μέγεθος ἐγγύθεν τε καὶ πόρρωθεν διὰ τῆς ὄψεως οὐκ ἴσον φαίνεται.
- Οὐ γάρ.

Il neoplatonismo ha tentato di risolvere l'instabilità della mimesi poetica cercando di avvicinarla all'oggetto vero, e cioè all'idea (*Enneades*, 5, 8, 1) e considerando arte e natura imitazioni equidistanti da essa. Nell'ottica plotiniana il grado di vicinanza dell'arte all'idea dipende dall'artista: se egli possiede dentro di sé la forma dell'opera questa sarà perfettamente riuscita poiché non imita la natura, che è essa stessa imitazione, ma l'idea stessa.[21] Il contatto diretto dell'arte con l'oggetto è così indebolito e sostituito dalla relazione diretta con la forma; Petrarca sfrutterà questo tema nel ritratto di Laura di Simone Martini (*Rerum vulgarium fragmenta*, 76-77, su cui si veda il cap. 4, § 5).

Nella *Poetica* aristotelica il problema non sussiste: gli artisti imitano o «per possesso dell'arte» o «per semplice pratica» (*Poetica*, I, 1447 a 8-20), ma imitano l'oggetto e non la sua forma.

Tuttavia, se si abbandona la *Poetica* e ci si rivolge al *De anima*, dove è fissato il ruolo dell'immagine sensibile nel processo conoscitivo, si scopre che la problematicità del rapporto tra immagine e oggetto è addirittura potenziata.

L'immaginazione nasce dalla sensazione ed è presupposta dal concetto (*De anima*, 427 a); può essere non veritiera, perché concepita dalla parte sensibile dell'anima e dunque offuscata dalle passioni (*De anima*, 429 a), ma «non si può pensare senza immagine» (*De memoria et reminiscentia*, 449 b 31 - 450 a 1).[22]

La concezione della *mimesis* platonica come immagine fantasmatica, turbata, incerta è dunque, in realtà, non risolta ma potenziata da Aristotele.

- Καὶ ταὐτὰ καμπύλα τε καὶ εὐθέα ἐν ὕδατί τε θεωμένοις καὶ ἔξω, καὶ κοῖλά τε δὴ καὶ ἐξέχοντα διὰ τὴν περὶ τὰ χρώματα αὖ πλάνην της οψεως, καὶ πᾶσά τις ταραχὴ δήλη [d] ἡμῖν ἐνοῦσα αὕτη ἐν τῇ ψυχῇ».

21. Su questo aspetto dell'estetica plotiniana si veda Christian Vassallo, *La dimensione estetica nel pensiero di Plotino. Proposte per una nuova lettura dei trattati «Sul bello» e «Sul bello intelligibile»*, Napoli, Giannini, 2009, e Oiva Kuisma, *Art or experience: a study on Plotinus' aesthetics*, Helsinki, Societas Scientiarum Fennica, 2003. Su Plotino e la poesia resta attuale Enrique Angel Ramos Jurado, *El filósofo ante la poética según Plotino*, in «Helmantica», 36/1 (1985), pp. 95-106.

22. Cfr. *Phantasia / imaginatio*, atti del V Colloquio Internazionale del Lessico Intellettuale Europeo, a cura di Massimo Luigi Bianchi e Marta Fattori, Firenze, Olshki, 1986, e Augusto Illuminati, *Quasi una fantasia. Funzioni cognitive dell'immaginazione nei commentari di Aristotele*, in *Materiali per una storia e teoria dell'immaginazione*, s.l., s.n., 1999 (Quaderni dell'Istituto di Filosofia-Urbino, 6), pp. 9-54.

Questo dato, cancellato dall'interpretazione cinquecentesca dell'estetica aristotelica (cap. 6, § 1), è invece pienamente recuperato come elemento di concordismo platonico-aristotelico da Boezio (cap. 2). Di qui, anzitutto, giungerà al Medioevo l'idea che «l'immaginazione può dirsi percezione della cosa a patto che non si attribuisca importanza alla sua veridicità».[23]

4. *La varietà dei suoni*

Il nesso tra molteplicità e poesia non riguarda solo le immagini rappresentate ma anche i suoni.

Il *mimeisthai panta chremata* di Platone è infatti certamente la consapevole ripresa di una rappresentazione arcaica della poesia contenuta nel terzo inno omerico ad Apollo, dove le fanciulle di Delo che cantano l'inno al dio sono capaci «di esprimere le voci e gli accenti di tutti gli uomini [πάντων δ' ἀνθρώπων φωνὰς καὶ κρεμβαλιαστὺν / μιμεῖσθ' ἴσασιν]»:

Anche c'è un grande prodigio, di cui non morrà mai la gloria,
quelle Deliadi fanciulle serventi del saettatore
che non appena, al principio, han cantato l'inno ad Apollo,
e così a Leto nonché ad Artemide saettatrice,
nel celebrare memorie di uomini antichi e di donne
levano il canto e alle stirpi degli uomini dànno allegrezza.
E le parlate nonché le voci degli uomini tutti
sanno imitare: chiunque direbbe poi d'essere lui
che sta parlando: a tal punto il loro bel canto s'accorda.[24]

In questo testo, che rappresenta la prima occorrenza del verbo *mimeisthai* in riferimento alla poesia,[25] le fanciulle di Delo sanno produrre varietà

23. Lo scrive nel sec. XII il teologo e commentatore di Boezio Gilberto di Poitiers, *Expositio in Boethii librum contra Euthychen et Nestorium*, I, 21, ed. Häring, p. 246: «rei perceptio sine veritatis ipsius assensione recte dicitur "imaginatio"».

24. *Inni Omerici*, III, 156-164, pp. 120-121: «πρὸς δὲ τόδε μέγα θαῦμα, ὅου κλέος οὔποτ' ὀλεῖται, / κοῦραι Δηλιάδες Ἑκατηβελέταο θεράπναι· / αἵ τ' ἐπεὶ ἂρ πρῶτον μὲν Ἀπόλλων' ὑμνήσωσιν, / αὖτις δ' αὖ Λητώ τε καὶ Ἄρτεμιν ἰοχέαιραν, / μνησάμεναι ἀνδρῶν τε παλαιῶν ἠδὲ γυναικῶν / ὕμνον ἀείδουσιν, θέλγουσι δὲ φῦλ' ἀνθρώπων. / πάντων δ' ἀνθρώπων φωνὰς καὶ κρεμβαλιαστὺν / μιμεῖσθ' ἴσασιν· φαίη δέ κεν αὐτὸς ἕκαστος / φθέγγεσθ'· οὕτω σφιν καλὴ συνάρηρεν ἀοιδή».

25. Cfr. *The Princeton Handbook of Poetic Terms*, ed. by Stephen Cushman and Roland Greene, third addition, Princeton, Princeton University Press, 2016, p. 208, e Jenny

di accenti e voci in modo tale che chiunque potrebbe riconoscervi anche sé stesso: la loro poesia è dunque una collezione di individualità e uno specchio del molteplice.

Questo *mimeisthai panta* di voci dipenderà a sua volta dai lirici, e in particolare dal più antico autoritratto di poeta pervenutoci, cioè quello di Alcmane discepolo del canto delle pernici[26] e conoscitore delle «voci di tutti gli uccelli» («οἶδα δ' ὀρνίχων νόμως / πάντων»).[27]

La sua conoscenza è capacità di riproduzione delle voci di tutti gli uccelli: il verbo *mimeisthai* non è citato, ma il suo significato è pienamente implicato dai versi di Alcmane. Il modello di poesia identificato da Platone con la *mimesis* del divenire e da lui rifiutato è dunque, in sostanza, quello del poeta lirico, non tramite della verità divina ma specchio della varietà instabile e molteplice del mondo.

L'identificazione tra il canto dei poeti e quello degli uccelli, che Lucrezio considera infatti una specie di mito originario (*De rerum natura*, V, 1377-79), raccoglie appunto il senso della collezione di singolarità non solo di oggetti, ma anche di voci e stati d'animo.[28]

È probabilmente per reagire al modello lirico e ridisegnare l'immagine del poeta in senso metafisico che Platone continua a descriverlo come un essere alato in quanto volto al cielo e ispirato dal dio:

> Infatti, cosa lieve, alata e sacra è il poeta, e incapace di poetare se prima non sia ispirato dal dio e non sia fuori di senno.[29]

A partire dal momento in cui il poeta alato di Platone concorre al lirico che imita il canto degli uccelli, questa figura è orientabile in direzioni

Strauss Clay, *The Politics of Olympus. Form and Meaning in the Major Homeric Hymn*, Londra, Bristol Classic Press, 2006², p. 50.

26. Si veda sul tema, rilevato in Aristotele, *Poetica*, ed. Gallavotti, p. XIII, Francesco Buè, *La musica degli uccelli e la parola del divino: Alcmane e Messiaen*, in «Rivista di cultura classica e medioevale», 57/2 (2015), pp. 365-383.

27. Il frammento di Alcmane si legge in *Poetarum Melicorum Graecorum Fragmenta* I: Alcman, Stesichorus, Ibycus, ed. by Malcolm Davies, Oxford, Oxford University Press, 1991, p. 40.

28. Nella *Repubblica* (ad es. 605 c 10 - d 5) si allude all'espressione di sentimenti e stati d'animo come fattore fondamentale della resa dell'oggetto della poesia. In *Ione*, 535 b - e, questa trasmissione di stati d'animo lega il poeta, l'attore e il pubblico e ha origine nel dio che possiede il poeta (passi discussi in Giuliano, *Platone e la poesia*, p. 30).

29. Platone, *Ione*, 534 b, p. 117: «κοῦφον γὰρ χρῆμα ποιητής ἐστιν καὶ πτηνὸν καὶ ἱερόν, καὶ οὐ πρότερον οἷός τε ποιεῖν πρὶν ἂν ἔνθεός τε γένηται καὶ ἔκφρων καὶ ὁ νοῦς μηκέτι ἐν αὐτῷ ἐνῇ».

opposte: da un lato può avere ali simili a quelle con cui l'anima torna al cielo nel *Fedro* – opera nella quale la poesia è uno dei mezzi di questa elevazione – e dall'altro può riprodurre con la voce la varietà musicale del mondo.

Nel sistema platonico la musica infatti, in quanto arte mimetica, come la poesia corre il rischio di rispecchiare la molteplicità attraverso la *polychordia* (cioè la varietà strumentale), i ritmi *pokiloi* (cioè vari, tradizionalmente legati alla lirica) e in particolare le dipodie come il giambo e il trocheo.[30] Il rapporto tra varietà dei ritmi e varietà molteplice della contingenza è assorbito dalla *Consolatio* boeziana e di qui dai *Rerum vulgarium fragmenta* petrarcheschi (*Rerum vulgarium fragmenta*, 1, il «vario stile / in ch'io piango e ragiono»).

Il rifiuto platonico della varietà ritmica si inserisce nel più ampio motivo aritmetico-morale contenuto nell'VIII libro della *Repubblica* (546 c), secondo cui la storia cosmica è governata da un'armonia positiva e accrescitiva «fatta di un numero uguale da ogni lato» e corrispondente a un «quadrato» e un'altra portatrice di disordine e distruzione «fatta in parte di fattori uguali, in parte di fattori diversi» corrispondente a un «rettangolo». L'opposizione tra unità e molteplicità si traduce dunque in una istanza cosmica che è al contempo armonica, aritmetica e morale.

Le dipodie giambiche e trocaiche rifiutate da Platone sono invece interpretate da Aristotele in chiave storica positiva: la loro comparsa rappresenta secondo il filosofo un'evoluzione in senso "realistico" della tragedia, un avvicinamento dei ritmi teatrali a quelli della parola dialogata nella vita reale:

> a partire da brevi trame e da un'espressione comica poiché evolveva dal satiresco, ‹la tragedia› assunse in seguito tono solenne e il suo metro, da tetrametro, diventò giambo. All'inizio, infatti, si utilizzava il tetrametro, poiché la poesia era satiresca e maggiormente legata alla danza, ma affermandosi lo stile ‹parlato›, la natura stessa trovò il metro appropriato: infatti, il giambo, tra i metri, è il più adatto al parlato; segno di ciò è che nel parlare tra noi pronunciamo molti giambi, ma raramente esametri, e solo quando usciamo dall'intonazione del parlato.[31]

30. Si veda su questo l'acuta analisi di Compagnino, *La poesia e la città*, p. 80.

31. Aristotele, *Poetica*, 1449 a 19, ed. Guastini, p. 55: «ἐκ μικρῶν μύθων καὶ λέξεως γελοίας διὰ τὸ ἐκ σατυρικοῦ μεταβαλεῖν ὀψὲ ἀπεσεμνύνθη, τό τε μέτρον ἐκ τετραμέτρου ἰαμβεῖον ἐγένετο. Τὸ μὲν γὰρ πρῶτον τετραμέτρῳ ἐχρῶντο διὰ τὸ σατυρικὴν καὶ ὀρχηστικωτέραν εἶναι τὴν ποίησιν, λέξεως δὲ γενομένης αὐτὴ ἡ φύσις τὸ οἰκεῖον μέτρον εὗρε· μάλιστα γὰρ λεκτικὸν τῶν μέτρων τὸ ἰαμβεῖόν ἐστιν· σημεῖον δὲ τούτου, πλεῖστα γὰρ

5. *Poesia e frammentazione dell'anima*

Come si è visto in *Leggi*, 719 c - d, passo esaminato al § 1, la molteplicità riflessa dalla poesia mescola il buono e il moralmente deteriore senza indicare chiaramente dov'è la verità. La poesia comporta dunque effetti di frammentazione dell'animo, indotti in forma di contraddizione interiore, dell'essere divisi e in lotta con sé stessi:

- Prospettiamo così la questione: la poesia mimetica, diciamo, rappresenta uomini che compiono azioni forzate o volontarie e ritengono che esse determinino la loro situazione buona o cattiva, e in tutto ciò provano dolore o gioia. Può forse essere qualcosa di diverso da questo?
- No.
- Ma in tutto ciò l'uomo si trova in una disposizione d'animo unitaria [ὁμονοητικῶς ἄνθρωπος διάκειται] oppure, come era diviso e discordante nell'aspetto, cosa che lo portava a formulare opinioni contrarie sui medesimi oggetti, così anche nelle azioni è in rivolta e in conflitto con se stesso [στασιάζει τε καὶ μάχεται αὐτὸς αὑτῷ]? Ma, se ricordo bene, non abbiamo nessun bisogno di metterci d'accordo su questo, perché già nei libri precedenti avevamo ampiamente riconosciuto che la nostra anima è sempre piena di innumerevoli contraddizioni simultanee del genere.[32]

Non è però il solo Boezio a consegnare quest'idea al Medioevo: la teoria sull'unità e frammentazione dell'anima è esposta anche nel *Timeo*, in una zona testuale integralmente accessibile al lettore medioevale. Vi si legge che la parte immortale dell'anima è strutturata per combinazione aritmetica di due cerchi dell'identico e del diverso (41 d), il cui moto circolare e armonico, quando viene turbato dalle passioni (43 a), va ristabilito per mezzo della musica (47 d - e), poiché, commenta efficacemente Gugliel-

ἰαμβεῖα λέγομεν ἐν τῇ διαλέκτῳ τῇ πρὸς ἀλ ήλους, ἑξάμετρα δὲ ὀλιγάκις καὶ ἐκβαίνοντες τῆς λεκτικῆς ἁρμονίας».

32. Platone, *Repubblica*, X, 603 c - e, ed. Vegetti, p. 54: «Ὧδε δὴ προθώμεθα πράττοντας, φαμέν, ἀνθρώπους μιμεῖται ἡ μιμητικὴ βιαίους ἢ ἑκουσίας πράξεις, καὶ ἐκ τοῦ πράττειν ἢ εὖ οἰομένους ἢ κακῶς πεπραγέναι, καὶ ἐν τούτοις δὴ πᾶσιν ἢ λυπουμένους ἢ χαίροντας. μή τι ἄλλο ἦν παρὰ ταῦτα;
- Οὐδέν.
- Ἆρ' οὖν ἐν ἅπασι τούτοις ὁμονοητικῶς ἄνθρωπος διάκειται; ἢ ὥσπερ κατὰ τὴν ὄψιν ἐστασίαζεν καὶ ἐναντίας εἶχεν ἐν ἑαυτῷ δόξας ἅμα περὶ τῶν αὐτῶν, οὕτω καὶ ἐν ταῖς πράξεσι στασιάζει τε καὶ μάχεται αὐτὸς αὑτῷ; ἀναμιμνῄσκομαι δὲ ὅτι τοῦτό γε νῦν οὐδὲν δεῖ ἡμᾶς διομολογεῖσθαι· ἐν γὰρ τοῖς ἄνω λόγοις ἱκανῶς πάντα ταῦτα διωμολογησάμεθα, ὅτι μυρίων τοιούτων ἐναντιωμάτων ἅμα γιγνομένων ἡ ψυχὴ γέμει ἡμῶν».

mo di Conches, l'utilità delle melodie è «che l'uomo si rende moralmente conforme all'armonia che percepisce nei suoni» («Haec [utilitas est in melodiis] scilicet ut qualem concordiam in sonis homo perciperet, eandem in moribus conformarent»).[33] Così questa figura psicologica diverrà quella fondamentale della poesia petrarchesca: lacerazione interiore e *fragmentum* (cap. 3, § 3). Dei *fragmenta* platonico-boeziani Petrarca si appropria da grande autore, ma restando nel loro solco: la lacerazione dell'anima e la contraddizione interiore sono inevitabile conseguenza di una poesia che eccita il movimento passionale.

6. *Il male dell'elegia e la medicina della filosofia*

L'immagine che apre la *Consolazione della filosofia* – Boezio sofferente, la Musa poetica giovanile ormai incapace di soccorrerlo e scacciata dalla filosofia – non discende solo dalla scena del bando del poeta delle passioni dalla *polis* che abbiamo analizzato nel par. 1, ma anche da un secondo passo della *Repubblica*, che contiene la seguente prescrizione:

> - Come nel gioco dei dadi, bisogna disporre le proprie decisioni tenendo conto della sorte uscita, seguendo la via indicata dalla ragione. Se abbiamo ricevuto un colpo, non dobbiamo passare il tempo a gridare come fanciulli, tenendo con la mano la parte colpita, bensì abituare sempre l'anima a guarire e raddrizzare il più presto possibile la parte caduta ammalata, lasciando il lamento [l'elegia] per la medicina [ἰατρικῇ θρηνῳδίαν ἀφανίζοντα].
> - Questo -, disse, - sarebbe il modo più corretto di comportarsi nelle disgrazie. Perciò, lo ripetiamo, la parte migliore di noi vuole seguire questo ragionamento.
> - È chiaro.
> - Ma quella che ci spinge a ricordare la sofferenza e a lamentarci senza mai saziarsene, non la definiremo irrazionale, pigra e amica della viltà?
> - Sì, le daremo questa definizione.
> - Perciò soltanto il carattere emotivo diviene oggetto di una ricca e varia imitazione, mentre quello riflessivo e calmo, essendo quasi sempre uguale a se stesso, non è facile da imitare né da capire se viene imitato.[34]

33. Guglielmo di Conches, *Glosae super Platonem*, CLIII, 2-4, p. 275.

34. A quella di Vegetti, cui mi attengo nel resto del libro, preferisco qui la traduzione di Mario Vitali (Platone, *Repubblica*, X, 604 c - e, ed. Kohlenberger, Vitali, pp. 803-804). Questo il passo originale: «ὥσπερ ἐν πτώσει κύβων πρὸς τὰ πεπτωκότα τίθεσθαι τὰ αὐτοῦ

In caso di incidente («se abbiamo ricevuto un colpo»), Platone consiglia il passaggio dall'atteggiamento passivo del «lamento» a quello attivo della cura.

Le traduzioni moderne appiattiscono il testo sul solo significato morale, interpretando *threnodia* nella generica accezione di "lamento" ma – strano che nessun commento alla *Consolatio* lo noti – Boezio gli dà il senso tecnico-letterario di "elegia", visto che le Muse delle passioni scacciate dalla filosofia perché incapaci di curare il protagonista sono appunto quelle elegiache (cap. 2, § 2).

I commenti moderni alla *Repubblica* non rilevano l'interpretazione specifica del testo platonico proposta da Boezio: il bando della poesia del molteplice ad opera dei filosofi del III libro della *Repubblica* esaminato al § 1 si concretizza qui, nel libro X, in contrapposizione tra la filosofia e un tipo particolare ed emblematico di poesia passionale, cioè l'elegia.

Questa opposizione specifica coincide d'altronde con la doppia caratterizzazione del poeta archetipico: Orfeo è da un lato poeta filosofo, civilizzatore delle prime società umane (tema recepito dallo stesso Platone, *Gorgia*, 493),[35] dall'altro il cantore delle passioni a cui nel *Simposio*

πράγματα, ὅπῃ ὁ λόγος αἱρεῖ βέλτιστ' ἂν ἔχειν, ἀλλὰ μὴ προσπταίσαντας καθάπερ παῖδας ἐχομένους τοῦ πληγέντος ἐν τῷ βοᾶν διατρίβειν, ἀλλ' ἀεὶ ἐθίζειν τὴν ψυχὴν ὅτι τάχιστα γίγνεσθαι πρὸς τὸ ἰᾶσθαί τε καὶ ἐπανορθοῦν τὸ πεσόν τε καὶ νοσῆσαν, ἰατρικῇ θρηνῳδίαν ἀφανίζοντα.

- Ὀρθότατα γοῦν ἄν τις, ἔφη, πρὸς τὰς τύχας οὕτω προσφέροιτο. Οὐκοῦν, φαμέν, τὸ μὲν βέλτιστον τούτῳ τῷ λογισμῷ ἐθέλει ἕπεσθαι.

- Δῆλον δή.

- Τὸ δὲ πρὸς τὰς ἀναμνήσεις τε τοῦ πάθους καὶ πρὸς τοὺς ὀδυρμοὺς ἄγον καὶ ἀπλήστως ἔχον αὐτῶν ἆρ' οὐκ ἀλόγιστόν τε φήσομεν εἶναι καὶ ἀργὸν καὶ δειλίας φίλον;

- Φήσομεν μὲν οὖν.

- Οὐκοῦν τὸ μὲν πολλὴν μίμησιν καὶ ποικίλην ἔχει, τὸ ἀγανακτητικόν, τὸ δὲ φρόνιμόν τε καὶ ἡσύχιον ἦθος, παραπλήσιον ὂν ἀεὶ αὐτὸ αὐτῷ, οὔτε ῥᾴδιον μιμήσασθαι οὔτε μιμουμένου εὐπετὲς καταμαθεῖν, ἄλλως τε καὶ πανηγύρει καὶ παντοδαποῖς ἀνθρώποις εἰς θέατρα συλλεγομένοις· ἀλλοτρίου γάρ που πάθους ἡ μίμησις αὐτοῖς γίγνεται».

35. Per le molte attestazioni del mito si veda Marco Ercoles, *Orfeo apollineo (tra lirica arcaica e critica letteraria d'età classica)*, in «Annali Online dell'Università di Ferrara-Lettere», 2 (2009), pp. 47-67. Il neoplatonismo continuerà a dare del mitico poeta un'immagine sapienziale: autore di opere teogoniche e cosmogoniche, e seguito in ciò da Platone poiché «tutta la teologia greca è figlia della mistagogia di Orfeo», scrive Proclo (*Theologia platonica*, I, 5), sottolineando che «il suo insegnamento sulle cose divine è degno di fede anche se non è fondato sul ragionamento verosimile né sulla dimostrazione» ma ottenuto «attraverso l'invasamento divino» (commento alla *Repubblica*, III, 341). Cfr. su ciò Lau-

platonico è applicato appunto il ritratto del poeta dedito alla *threnodia* e privo della forza di agire che nel passo della *Repubblica* appena esaminato è connesso alla negatività della poesia mimetica. Mentre Alcesti ha il coraggio di morire – cioè rinunciare al mondo – per amore, Orfeo non sa fare altro che rimpiangere il mondo praticando l'elegia per entrare nell'Ade da vivo. Per questo, in cambio dei suoi vani lamenti, ottiene non Euridice ma un suo fantasma:

> E di questa mia affermazione offre agli Elleni una bella testimonianza la figlia di Pelia, Alcesti, che volle, lei sola, morire per il suo sposo, che pure aveva padre e madre [...]. E questo gesto da lei compiuto parve così bello non solo agli uomini, ma anche agli dèi, tanto che questi, pur avendo concesso solo a pochissimi uomini fra i tanti che compirono molte e belle azioni questo dono di lasciar tornare l'anima dall'Ade, tuttavia lasciarono tornare la sua, ammirando ciò che aveva fatto: così anche gli dèi onorano l'impegno e la virtù a servizio di Eros. Orfeo invece, figlio di Eagro, gli dei lo mandarono via dall'Ade senza alcun risultato, ma gli mostrarono un'immagine della donna [φάσμα δείξαντες τῆς γυναικὸς] per cui era venuto, senza restituirla in persona, perché sembrò loro un debole, da suonatore di cetra quale era [ὅτι μαλθακίζεσθαι ἐδόκει, ἅτε ὢν κιθαρῳδός], e che non avesse il coraggio, come Alcesti, di morire per Eros, e capace invece di ingegnarsi di penetrare vivo nell'Ade.[36]

L'opposizione tra i due Orfei non è, in definitiva, che un conflitto tra evanescenza dell'immagine contingente e acquisizione di una saggezza più durevole dell'immagine contingente. Proprio in questa chiave – e probabilmente sul filo dell'affinità tra l'Orfeo del *Simposio* e il poeta elegiaco della *Repubblica* – Boezio pone al centro della *Consolatio* la fallimentare catabasi di Orfeo agl'inferi e lo svanire del fantasma di Euridice (*Consolatio Philosophiae*, III, 12, cu cui si veda il cap. 2, § 3).

rence Vieillefon, *La figure d'Orphée dans l'Antiquité tardive. Les mutations d'un mythe : du héros païen au chantre chrétien*, Paris, De Boccard, 2003, pp. 31-32.

36. Platone, *Simposio*, 179 c - d, pp. 26-29: «τούτου δὲ καὶ ἡ Πελίου θυγάτηρ Ἄλκηστις ἱκανὴν μαρτυρίαν παρέχεται ὑπὲρ τοῦδε τοῦ λόγου εἰς τοὺς Ἕλληνας, ἐθελήσασα μόνη ὑπὲρ τοῦ αὑτῆς ἀνδρὸς ἀποθανεῖν, ὄντων αὐτῷ πατρός τε καὶ μητρός [...] καὶ τοῦτ' ἐργασαμένη τὸ ἔργον οὕτω καλὸν ἔδοξεν ἐργάσασθαι οὐ μόνον ἀνθρώποις ἀλλὰ καὶ θεοῖς, ὥστε πολλῶν πολλὰ καὶ καλὰ ἐργασαμένων εὐαριθμήτοις δή τισιν ἔδοσαν τοῦτο γέρας οἱ θεοί, ἐξ Ἅιδου ἀνεῖναι πάλιν τὴν ψυχήν, ἀλλὰ τὴν ἐκείνης ἀνεῖσαν ἀγασθέντες τῷ ἔργῳ· οὕτω καὶ θεοὶ τὴν περὶ τὸν ἔρωτα σπουδήν τε καὶ ἀρετὴν μάλιστα τιμῶσιν. Ὀρφέα δὲ τὸν Οἰάγρου ἀτελῆ ἀπέπεμψαν ἐξ Ἅιδου, φάσμα δείξαντες τῆς γυναικὸς ἐφ' ἣν ἧκεν, αὐτὴν δὲ οὐ δόντες, ὅτι μαλθακίζεσθαι ἐδόκει, ἅτε ὢν κιθαρῳδός, καὶ οὐ τολμᾶν ἕνεκα τοῦ ἔρωτος ἀποθνῄσκειν ὥσπερ Ἄλκηστις, ἀλλὰ διαμηχανᾶσθαι ζῶν εἰσιέναι εἰς Ἅιδου».

Il passo della *Repubblica* sull'abbandono dell'elegia per la filosofia oppone al «carattere emotivo» che si esprime nel «lamento» un «carattere riflessivo e calmo», difficile da imitare in quanto «sempre uguale a se stesso».

Il carattere razionale, stabile e unitario qui elogiato è naturalmente quello della filosofia, costante termine di confronto per la valutazione della poesia: il testo di Simonide analizzato nel Protagora (338 e - 347 b) è valutato ponendo i suoi contenuti a confronto con la verità acquisibile attraverso il *logos*, insomma in relazione alla sua validità filosofica.[37]

È questa poesia platonica orientata verso l'unità e la stabilità della verità filosofica a essere proposta come modello positivo da Boezio nella *Consolatio*; il genere di poesia promosso da Platone, quello degli «inni» e degli «encomi» (relativo cioè alla verità metafisica e all'elogio morale),[38] è infatti impiegato dalla Filosofia di Boezio.

Mentre Platone considera questi generi di poesia positivi in quanto portatori di una unità morale opposta alla frammentazione psicologica causata dalla poesia passionale, Aristotele – di qui Orazio e la tradizione precettistica che ne dipende – svolge la preferenza platonica per inni ed encomi in chiave sociale, in relazione ai personaggi rappresentati nella poesia drammatica (alla forma più alta, quella tragica, sono adatti protagonisti nobili come re e regine).

Nel sistema aristotelico, la poesia guida le passioni alla loro espressione non distruttiva attraverso la catarsi:[39] a questa prospettiva è certamente ispirata la funzione morale che Boccaccio – lettore, come vedremo, della *Poetica* – attribuisce al *Decameron* nel proemio dell'opera (si veda cap. 5, § 5).

37. Cfr. Giuliano, *Platone e la poesia*, p. 296.

38. Platone, *Repubblica*, X, 606 e - 607 a, ed. Vegetti, p. 60: «[occorre] poi sapere che in una città si deve accogliere solo quel tanto della poesia che consiste negli inni agli dei e negli encomi degli uomini buoni. Se invece tu vi accogliessi la Musa piacevolmente addolcita della lirica o dell'epica, il piacere e il dolore regnerebbero nella tua città invece della legge e del principio razionale che la comunità avrà in ogni circostanza considerato il migliore» («εἰδέναι [χρὴ] δὲ ὅτι ὅσον μόνον ὕμνους θεοῖς καὶ ἐγκώμια τοῖς ἀγαθοῖς ποιήσεως παραδεκτέον εἰς πόλιν· εἰ δὲ τὴν ἡδυσμένην Μοῦσαν παραδέξῃ ἐν μέλεσιν ἢ ἔπεσιν, ἡδονή σοι καὶ λύπη ἐν τῇ πόλει βασιλεύσετον ἀντὶ νόμου τε καὶ τοῦ κοινῇ ἀεὶ δόξαντος εἶναι βελτίστου λόγου»).

39. Accolgo la precisazione del concetto di catarsi proposta nell'ed. Guastini, a pp. 161 e ss.

7. *Poesia come ispirazione divina*

Il *palaios mythos*, la favola antica dell'ispirazione divina del poeta codificata da Democrito e poi da Platone, quindi penetrata nel mondo latino attraverso Cicerone (*De Oratore*, II, 194; *De Divinatione*, I, 80) e Orazio (*Ars poetica*, 295-298), è di grande rilievo per la tradizione medioevale poiché comporta un'associazione antichissima tra poesia e divinazione.

Questo nesso, mantenuto da Platone (*Fedro*, 244 b: poesia e divinazione sono due forme di *theia mania*, sintetizzate nella Sibilla),[40] in epoca cristiana riceve conferma dalla sovrapposizione biblica tra poeti e profeti[41] ed è dunque assorbito molto presto dalla cultura cristiana.

Il secolare dibattito tra chi sostiene la volontà dantesca di dare alla *Commedia* valore profetico e chi ritiene che l'opera avesse per l'autore un valore "solo" poetico ha oscurato un dato storico, e cioè che nella cultura medioevale il rapporto tra poeti e profeti non è alternativo ma di tendenziale sovrapposizione.

8. *Poesia come talento individuale*

La nozione platonica di poesia metafisicamente ispirata, assorbita rapidamente dalla cultura cristiana, è affiancata nel Medioevo da una sua

40. Cfr. Giuliano, *Platone e la poesia*, pp. 178 e ss.

41. La sovrapposizione, motivata all'origine dalla forma poetica dei libri profetici, è così pervasiva da dar luogo a una variantistica specifica. Nel discorso all'Areopago di Atene San Paolo, per farsi intendere dai greci gentili, esprime il rapporto tra l'uomo e il divino con un'immagine che dice appartenere ai poeti pagani (*Act*, XVII 28: «Stans Paulum in medio Areopagi ait: "Viri athenienses [...] quaerere deum si forte adtractent, eum aut inveniant quamvis non longe sit ab unoquoque nostrum. In ipso enim vivimus et movemur et sumus sicut et quidam vestrum poetarum dixerunt"». La cosiddetta recensione "occidentale" del testo degli *Atti* omette la parola ποιητῶν (*Bezae Codex*, p. 865: «ώςπερ καί τινες τῶν καθ' ὑμᾶς εἰρήκασιν»; «sicut secundum vos sunt quidam dixerunt»), mentre la recensione siriaca la trasforma in σοφῶν (nelle versioni latine da essa dipendenti: *prophetae*); cfr. *The Acts of the Apostles*, pp. 168-169. Una testimonianza sullo stato del testo in epoca trecentesca è data dal volgarizzamento di Domenico Cavalca (*Volgarizzamento degli Atti apostolici*, cap. XII, pp. 82-84): «E stando Paolo in Atene [...] disputava co' filosofi pagani, cioè cogli epicurei, e cogli stoici,e con altre sette. [...] egli [Dio] dà vita, e spirazione ad ogni cosa [...] e induce tutti a cercare lui, e a conoscere per opere. Se forse lo possiamo trovare, avvegnaché egli non ci sia da lungi, perocché in lui, e per lui viviamo, e moviamoci, e siamo eziandio, secondoché dissero certi vostri Poeti antichi, che noi siamo sua generazione, e schiatta, e sua simiglianza».

formidabile concorrente: l'idea aristotelica di poesia come disposizione naturale dell'individuo alla produzione di immagini, cioè alla *mimesis*, connessa a una forma peculiare di piacere:

> Videntur autem genuisse omnino poeticam cause due quedam, et ipse naturales [αὗται φυσικαί]. Nam imitari connatum hominibus est ex pueris [Τό τε γὰρ μιμεῖσθαι σύμφυτον τοῖς ἀνθρώποις ἐκ παίδων], et hoc differunt ad aliis animalibus, quia maxime imitativum est et imitationes facit et propter gaudere imitaminibus omnes. Signum autem huius, quod accidit in opere. Que enim ipsa tristabiliter videmus, horum ymagines que maxime expresse considerantes gaudemus [τούτων τὰς εἰκόνας τὰς μάλιστα ἠκριβωμένας χαίρομεν θεωροῦντες], puta bestiolarum formas vilissimarum et mortuorum. Causa autem et huius, quia addiscere non solum philosophis delectabilissimus, sed et aliis similiter omnibus ad breve communicantibus ipsum. Propter hoc enim gaudent ymagines aspicientes, quia accidit considerantes addiscere et sillogyzare qui unumquodque, puta quod iste ille [Διὰ γὰρ τοῦτο χαίρουσι τὰς εἰκόνας ὁρῶντες, ὅτι συμβαίνει θεωροῦντας μανθάνειν καὶ συλλογίζεσθαι τί ἕκαστον, οἷον ὅτι οὗτος ἐκεῖνος]; quod si forte non prius vidit, non imitamen faciet delectationes, sed propter elaborationem aut colorationem aut propter talem aliquam aliam causam. Secundum naturam autem ente nobis ipso imitari et armonia et rythmo (metra enim quod sint partes rythmorum manifestum) a principio apti nati et ipsa maxime paulative adducentes [οἱ πεφυκότες πρὸς αὐτὰ μάλιστα κατὰ μικρὸν προάγοντες] produxerunt poesim ex informibus.[42]

42. Aristotele, *Poetica*, 4, 1448 b 3, versione di Guglielmo di Moerbeke, p. 6: «Due, invece, appaiono le cause da cui è nata l'arte poetica nel suo insieme ed entrambe naturali. L'imitare, infatti, è connaturato agli esseri umani fin dall'infanzia e ciò li distingue dagli altri animali: perché sono i più inclini all'imitazione e attraverso l'imitazione si procurano le prime conoscenze, e perché sono portati tutti a provare piacere delle imitazioni. Ne è segno ciò che accade davanti alle opere "d'imitazione": infatti, di quelle cose che nella realtà vediamo con pena, proviamo invece piacere a contemplare le immagini più accurate, ad esempio, le forme degli animali meno apprezzati e dei morti. Causa anche di questo è che l'apprendere è la cosa più piacevole, non solo per i filosofi, ma anche per gli altri, benché ne partecipino in misura minore. Per questo, quindi, proviamo piacere a guardare le immagini: perché, contemplandole, accade che apprendiamo e sillogizziamo su cos'è ciascuna cosa, ad esempio che questo è quello. Giacché, se per caso "qualcosa" non sia mai stato visto prima, non produrrà piacere in quanto immagine imitativa, ma per la foggia, il colore, o per altre cause del genere. Essendo noi portati per natura all'imitare, all'armonia e al ritmo (i metri, infatti, è chiaro che sono parti del ritmo), all'inizio coloro che in queste cose tendevano verso il grado sommo, a poco a poco hanno dato luogo alla poesia, progredendo dalle iniziali improvvisazioni», traduzione tratta da Aristotele, *Poetica*, ed. Guastini, p. 53.

La poesia come libera produzione di immagini e fonte di piacere è probabilmente concepita da Aristotele proprio sulla base del tipo "negativo" di *mimesis* della contingenza condannato nella *Repubblica*: la riabilitazione della poesia mondana è parte della critica aristotelica alla metafisica platonica.

La disposizione alla produzione di *ymagines* e *rythmi* è dunque naturale negli uomini e particolarmente sviluppata in alcuni.

Su coloro che hanno una speciale disposizione a produrre immagini non si dice nulla di più nella *Poetica*, ma il tema è sviluppato nell'*Etica Nicomachea* e nelle opere biologiche.

Qui si parla di un tipo umano la cui complessione psicofisica è dominata dalla bile nera, portato per natura alla produzione abbondantissima di immagini (*De memoria et reminiscentia*, 453 a 14-19; *De divinatione*, 464 a 32 - b 1), incline a concepire desideri eccessivi proprio perché non segue la ragione ma piuttosto l'immaginazione:

> Maxime autem acuti et melancolici secundum irrefrenatam incontinenciam sunt incontinentes. Hii quidem enim propter velocitatem, hii autem propter vehemenciam, non expectant racionem, propter sequentes esse fantasie.[43]

Per questo il malinconico è incapace di giudicare e deliberare:

> Hic quidem enim ipsorum non inmansivus quibus utique consiliabitur, melancolicus autem neque consiliativus totaliter.[44]

Come vedremo meglio, il tema trova sviluppo specifico in *De anima*, 429 a, dove si spiega che chi segue le immagini sensibili si lascia guidare da esse e non può dunque seguire la ragione: riprendendo – talvolta anche letteralmente – questo insieme di passi e di nozioni, Guittone d'Arezzo affermerà che «dove regge amor regge follore» (cap. 3, § 1) e Guido Cavalcanti elaborerà l'idea che amore «fuor di salute giudicar mantene» (cap. 4, § 2).

Si tratta dello stesso carattere dominato dalla bile nera (malinconico) tratteggiato nel notissimo *Problema* 30.1, dove questa complessione

43. Aristotele, *Etica Nicomachea*, VII, 1150 b 25, versione Grossatesta, p. 286 («soprattutto quelli di mente acuta [il testo originale ha *oxeis*, "rapidi"] e i malinconici sono incontinenti. Alcuni per la rapidità e altri per l'impetuosità non si attengono alla ragione poiché seguono l'immaginazione»). Tra le versioni possibili si sceglie la *recensio pura* della versione di Grossatesta poiché è quella più diffusa (la *recensio recognita* differisce inoltre di pochissimo e in modo raramente apprezzabile nelle citazioni degli scrittori medioevali) cui si aggiungerà la diffusissima *Etica volgare*, certamente fruita da Dante e da Guittone (cfr. cap. 5).

44. Aristotele, *Etica Nicomachea*, VII, 1152 a 19, versione Grossatesta, p. 290.

è considerata tipica degli uomini eccezionali, tra cui sono esplicitamente menzionati anche i poeti:

> Perché tutti gli uomini eccezionali in filosofia, in politica, in poesia o nelle arti [πάντες ὅσοι περιττοὶ γεγόνασιν ἄνδρες ἢ κατὰ φιλοσοφίαν ἢ πολιτικὴν ἢ ποίησιν ἢ τέχνας] hanno un temperamento malinconico, e alcuni sono al punto tale che sono affetti dagli stati patologici derivati dalla bile nera [λαμβάνεσθαι τοῖς ἀπὸ μελαίνης χολῆς ἀρρωστήμασιν]?[45]

Fabio Massimo Giuliano ha giustamente osservato che in termini di storia delle idee quest'opuscolo costituisce il primo tentativo di spiegare l'ispirazione poetica non sul piano metafisico ma su quello della psicofisiologia individuale.[46] Intuizione formidabile, da sviluppare e ampliare: questa nuova prospettiva è data non solo dal *Problema* 30.1, ma dall'intera costellazione di passi aristotelici da me menzionati, contenutisticamente omogenea in merito al tema.

Il tradizionale rilievo secondo cui in Aristotele la malinconia sarebbe uno stato puramente patologico non mi pare infatti sostenibile. Il *Problema* definisce la malinconia come uno stato naturale ma suscettibile di sviluppo in senso patologico. Nell'opuscolo le due dimensioni, una attuale – la natura – e una potenziale – la malattia – coesistono in radice, come d'altronde nell'*Etica Nicomachea*[47] e negli opuscoli biologici.

Del tutto secondaria, per il nostro discorso, è poi la questione della paternità probabilmente teofrastea dell'opuscolo,[48] visto che il Medioevo attribuiva l'opera ad Aristotele.

45. Aristotele, *Problema* 30.1, ed. Centrone, p. 55. Quest'edizione è priva del testo greco, presente invece insieme alla traduzione nella meno recente ma ugualmente ottima ed. Angelino, Salvaneschi. Per la versione latina medioevale si veda il cap. 4, § 4.

46. Si veda Giuliano, *Platone e la poesia*, p. 187.

47. Proprio a causa della loro eccessiva inclinazione al desiderio i malinconici per natura necessitano di cure (Aristotele, *Etica Nicomachea*, 54 b 11, versione Grossatesta, p. 297: «Melancolici autem secundum naturam, indigent semper medicina. Et enim corpus morsum consumitur propter complexionem, et semper in appetitu vehementi sunt», «I malinconici per natura hanno sempre bisogno di essere curati con la medicina. Infatti il corpo è consumato dal morso della complessione, e hanno sempre desideri molto forti»). Angelino e Salvaneschi (Aristotele, *Problema* 30.1, ed. Angelino, Salvaneschi, p. 36) sostengono, credo correttamente, la sostanziale omogeneità tra *Etica Nicomachea* e *Problema* 30.1 in merito alla concezione della malinconia come natura e non come patologia. In quanto natura, sebbene soggetta a esiti patologici, questa complessione è descritta anche in *De somno et vigilia*, 457 a 25 - b 26.

48. Sulla questione attributiva e sulla compatibilità dottrinale dell'opuscolo con le opere aristoteliche autentiche si veda Bruno Centrone, *Μελαγχολικός in Aristotele e il Pro-*

Rilevante per la tradizione medioevale, invece, è il fatto che il carattere estremo del malinconico, autenticamente aristotelico perché presente in forme sostanzialmente omogenee nell'*Etica* e nei *Parva Naturalia*, ha costituito sin da epoca classica il tallone d'Achille del sistema etico aristotelico, in nome del quale rigettare l'ideale della *metriopatheia*, cioè la possibilità, affermata da Aristotele, di vivere le passioni limitandole: lo fa Cicerone nelle *Tusculanae* e lo farà, seguendo Cicerone, anche Petrarca (cap. 4, § 4).

D'altronde la potenziale emersione di un carattere "estremo" nella morale aristotelica centrata sulla medietà è implicata anche dalla massima espressione di virtù tracciata nell'*Etica Nicomachea*, cioè dal tipo del magnanimo, in cui eccesso ed eccezionalità si combinano (1107 b 22). Il tema è problematico per il sistema aristotelico, ma non per la sua ricezione medioevale, poiché è del tutto in linea con l'antropologia cristiana, imperniata sugli estremi coincidenti della *peraltissima humilitas* del Cristo.[49]

Posta questa generale compatibilità, il carattere estremo del malinconico è assorbito in modo assai vario nella cultura medioevale e lascia traccia di sé negli esiti moralmente negativi della vita monastica come nella descrizione dell'*exstasis* mistica.

blema XXX, 1, in *Studi sui Problemata physici aristotelici*, a cura di Id., Napoli, Bibliopolis, 2011, pp. 309-339, con bibliografia. Gli argomenti qui proposti sono ripresi in Aristotele, *Problema* 30.1, ed. Centrone, pp. 9-12 e 44-48.

49. Infatti, contrariamente a quanto si è tradizionalmente affermato, la magnanimità non è affatto «estranea [...] al cristianesimo» (così René Antoine Gauthier, *Magnanimité. L'idéal de la grandeur dans la philosophie païenne et dans la théologie chrétienne*, Paris, Vrin, 1951, pp. 179-184, nel suo primo capitolo *La magnanimité, étrangère à la Bible et au Christianisme primitif*), né è vero che la parola *magnanimità* non compare nelle Scritture (*ibidem*). In realtà, quando dovette tradurre i moti dell'animo che caratterizzano i condottieri d'Israele, di fronte a una locuzione ebraica che indica «grandi esitazioni del cuore» o «grandi decisioni del cuore» (*Iud*, 5, 15: גְּדֹלִים חִקְקֵי־לֵב:, espressione quasi identica al versetto 16: גְּדוֹלִים חִקְרֵי־לֵב:), Girolamo non trovò di meglio che renderla con «magnanimorum [...] contentio» (La *Septuaginta*, più fedele all'ebraico, legge invece: «μεγάλοι ἐξικνούμενοι καρδίαν» e al 16 «μεγάλοι ἐξετασμοὶ καρδίας»): per Girolamo la magnanimità era già una virtù cristiana. Nel Nuovo Testamento la magnanimità è tacito attributo della forza d'animo cristiana pronta a sostenere i meno forti nella fede, definiti *pusillanimes* (*Thess*, 5, 12-14: «Rogamus autem vos, fratres, ut noveritis eos qui laborant inter vos, et præsunt vobis in Domino, et monent vos, ut habeatis illos abundantius in caritate propter opus illorum : pacem habete cum eis. Rogamus autem vos, fratres, corripite inquietos, consolamini pusillanimes, suscipite infirmos, patientes estote ad omnes»). Già all'altezza della predicazione di Paolo, dunque, alcuni aspetti della magnanimità sono parte del sistema morale cristiano, per il quale eccesso e virtù coincidono senza alcuna contraddizione.

La grande diffrazione dei caratteri del malinconico nella tradizione post classica consegue al suo carattere sostanzialmente molteplice e plurale, e questo ci permette di chiudere il cerchio del nostro discorso.

Jackie Pigeaud ha sottolineato che il melanconico riunisce in sé, potenzialmente, tutti i caratteri di tutti gli uomini[50] senza notare che già Platone aveva tracciato un ritratto analogo proprio a proposito del poeta delle passioni («un uomo capace di imitare tutte le cose»).

Desiderio e immagine del molteplice sono i caratteri che Aristotele coglie nella rappresentazione platonica della mimesi della contingenza, per svilupparli dal punto di vista psicologico e fisiologico del soggetto che li produce.

Platone aveva condannato moralmente l'imitazione del molteplice; lo stigma platonico diviene in Aristotele problematicità, esito aperto e potenzialmente opposto sul piano morale di un'immaginazione eccezionalmente capace di accogliere la molteplicità, ma anche soggetta a rimanerne schiacciata, a confondersi con essa. È questa molteplicità, in fondo, a conferire al tipo malinconico la sua forza nella lunga durata:

> La melanconia [...] come dato identitario dell'uomo europeo, ha potuto avere una tale forza immaginale ed emblematica proprio perché aperta alla totalità dell'umano, non solo agli scenari della disforia e del rifiuto della vita, ma persino al riso e al lazzo ubriaco, nonché allo scherno, alla satira, alla derisione, alla risata finale.[51]

9. *Poesia come desiderio*

In quanto desiderio per eccellenza, la passione che colpisce il malinconico è spesso identificata con l'amore nella tradizione medica, che sviluppa il tema talvolta con accenti aneddotici e letterari. Così fa un autore importante per la medicina medioevale come Areteo di Cappadocia:

50. Aristote, *L'homme de génie et la mélancolie*, ed. par Jackie Pigeaud, Paris, Payot et Rivages, 2006 (I ed. 1988), pp. 15-16: «le mélancolique a en lui, comme possibles, tous les caractères de tous les hommes». Di Pigeaud si veda *La maladie de l'âme. Étude sur la relation de l'âme et du corps dans la tradition médico-philosophique antique*, Paris, Belles Lettres, 1981, e *De la mélancolie. Fragments de poétique et d'histoire*, Paris, Dilecta, 2005.

51. Sono le parole introduttive di Roberto Gigliucci al bellissimo volume da lui curato *La malinconia. Dal monaco medievale al poeta crepuscolare*, Milano, Rizzoli, 2009, p. 6.

> Ci si può richiamare all'autorità di Omero, là dove dice: «... fra essi si alzò / l'eroe Atride Agamennone dall'ampio potere / stravolto: nero da ogni lato, il diaframma di ira / traboccava, e gli occhi assomigliavano a fuoco lampeggiante» (Omero, *Iliade*, I, 101-104). Tali divengono i malinconici [...]: si tratta di uno stato depressivo basato su una ossessione della facoltà immaginativa [...]. Si dice che uno di essi [dei malinconici], incurabilmente ammalato, amasse una ragazza; mentre a nulla gli giovavano i medici, fu curato dall'amore. [...] Ridiede pace alla propria mente, essendone medico l'amore.[52]

La caratterizzazione letteraria dell'amore è a sua volta perfettamente inserita in questa tradizione già per Lucrezio[53] e la trattatistica medioevale sull'amore importerà infatti largamente queste nozioni etico-biologiche – anzitutto il nesso aristotelico tra desiderio e immaginazione accompagnato dall'incapacità di giudizio razionale.

I poeti d'amore medioevali, che almeno da Guittone in poi sono in stretto contatto coi testi aristotelici, disporranno anzitutto delle fonti primarie – *Etica Nicomachea*, *De anima*, *Parva naturalia* – su cui costruire il rapporto tra desiderio, produzione di immagini e incapacità di giudizio: come vedremo, infatti, è la diretta rielaborazione delle fonti filosofiche e segnatamente aristoteliche a strutturare il discorso guittoniano e cavalcantiano.

In questo modo, la poesia d'amore assorbirà e veicolerà la rappresentazione del poeta caratterizzato da uno sfrenato desiderio del mondo, che nella tradizione italiana prevarrà progressivamente sul tipo del poeta ispirato da Dio.

52. Il trattatello sulla malinconia costituisce il V capitolo del III libro dell'opera medica di Areteo ed è stato meritoriamente proposto in traduzione italiana in appendice a Aristotele, *Problema* 30.1, ed. Angelino, Salvaneschi, pp. 49-51 (dalla cui p. 49 cito il passo appena riportato; originale greco in Areteo di Cappadocia, *Sulla malinconia*, p. 39). Come è stato giustamente osservato da Carlo Angelino e Enrica Salvaneschi, «questo improvviso impennarsi del tenore stilistico, che nella clausola ἔρωτι ἰητρῷ, amore medico, tanto risente di suggestioni platoniche quanto sembra presentire i virtuosismi delicati della materia cortese» (*La malinconia dell'uomo di genio*, a cura di Carlo Angelino ed Enrica Salvaneschi, Genova, il Melangolo, 1981, p. 41).

53. Sul tema si veda il classico Robert D. Brown, *Lucretius on Love and Sex. A Commentary on* De Rerum Natura *IV, 1030-1287, with Prolegomena, Text and Translation*, Leiden, Brill, 1987, e il recente Luciano Landolfi, *Simulacra et Pabula Amoris. Lucrezio e il linguaggio dell'eros*, Bologna, Patron, 2013, con le importanti osservazioni di Bruna Pieri, *Lucrezio, l'amore e la funzione poetica. Note a margine di uno studio recente*, in «Rivista di Filologia e di Istruzione Classica», 143/2 (2015), pp. 394-403. Non disponibile, come è noto, ai lettori medioevali, Lucrezio documenta tuttavia l'antichità e la continuità del tema.

Non solo l'autoritratto del Petrarca lirico, largamente dipendente da questa ampia tradizione peripatetica e medica, include tutti i caratteri più rilevanti del malinconico (desiderio eccessivo, ossessione provocata dalle immagini, incapacità di decidere e giudizio incerto, uscita da sé, solitudine ed erranza per boschi e valli) ma la concettualizzazione cavalcantiana dello stato passionale è sostanzialmente centrata sul nesso tra immagini provocate dal desiderio e impossibilità di «giudicare», mentre l'opposizione tra immagine e concetto liberato dalle immagini (il quale, secondo Guido, non ammette «somiglianza» con le cose sensibili) riproduce ancora il sogno platonico-boeziano di una liberazione dalle immagini, che non è stato naturalmente mai realizzato.

2. Immagine contro numero

1. *Boezio e la poesia*

Esiste un discorso boeziano sulla poesia? La nostra immagine di quest'autore, che continua a coincidere più o meno con quella trasmessaci da Lorenzo Valla – «l'ultimo dei romani e il primo degli scolastici», iniziatore della *translatio studiorum* dalla classicità al Medioevo – non lo contempla.

Nel *Cambridge Companion to Boethius* il tema non compare;[1] le poesie della *Consolatio* sono state studiate sostanzialmente come serbatoio di citazioni classiche[2] o come veicolo di dottrine filosofiche.[3] Il recentissimo commento all'opera di Peter Dronke segna l'enorme progresso di considerare in modo complessivo l'architettura letteraria dell'opera, ma non inquadra la riflessione sulla poesia che essa esprime soprattutto nei primi due libri, tradizionalmente ridotti a una sorta di preambolo auto apologetico ai successivi contenuti dell'opera.

I poeti medioevali mostrano invece di conoscere e riconoscere il discorso di Boezio sulla poesia, che deve esser stato parte del suo programma

1. Nella sezione dedicata alla *Consolazione* i primi due saggi, quello di John Magee (*The Good and morality: Consolatio 2-4*, pp. 181-206) e quello di Robert Sharples (*Fate, prescience and free will*, pp. 207-227), riguardano evidentemente temi dottrinali; il terzo, dedicato alla dimensione letteraria dell'opera (Danuta Shanzer, *Interpreting the Consolatio*, pp. 228-254) prende in esame la questione del genere dell'opera, che combina *consolatio* e satura menippea, fonti classiche e qualche elemento di struttura.

2. Così Gerard O'Daly, *The Poetry of Boethius*, London, Duckwoth, 1991, p. 91.

3. Cfr. Helga Scheible, *Die Gedichte in der «Consolatio Philosophiae» des Boethius*, Heidelberg, Carl Winter, 1972.

di sintesi platonico-aristotelica. L'autore combina l'opposizione platonica tra *mimesis* poetica e verità con la critica aristotelica all'immagine sensibile per sviluppare il discorso in una direzione al tempo stesso tipicamente medioevale e a noi vicinissima.

2. *Il bando della poesia delle passioni: dalla* polis *platonica al conflitto interiore*

La prima trasformazione che la materia platonica subisce in Boezio concerne il *mythos*, la narrazione che la veicola.

Nella *Repubblica* platonica il bando della poesia mimetica avviene sulla scena politica e collettiva della *polis*; Boezio lo trasferisce nella dimensione tipicamente tardoantica della crisi individuale.

L'opposizione tra i filosofi che governano la città e il poeta accusato di eccitare le passioni dei suoi abitanti diviene nella *Consolatio* conflitto interiore tra due parti dell'io: quella razionale governata dalla Filosofia e quella passionale governata dalla poesia dei sentimenti.

L'interiorizzazione del conflitto comporta la trasformazione della sua temporalità, che da sincronica – tale è nella scena platonica l'opposizione tra i filosofi della repubblica e il poeta scacciato – diviene diacronica: la Filosofia che soccorre Boezio sofferente sul suo letto per allontanare le Muse poetiche e "guarirlo" segna per il protagonista una frattura biografica, intellettuale ed esistenziale.

Boezio inaugura così la rappresentazione del poeta al bivio tra due vie, una spirituale e una passionale, che apre la *Consolatio* e poi, sul modello boeziano, i canzonieri di Guittone d'Arezzo e Francesco Petrarca: non vi sono infatti altri precedenti di questo ritratto del poeta nella poesia classica né in quella romanza.

In questa rappresentazione Boezio fonde due scene della *Repubblica*: quella del bando della poesia passionale (cap. 1, § 2) e quella dello sventurato che, subìto un colpo, è esortato da Platone a passare dall'irrazionalità del lamento alla razionalità della cura (cap. 1, § 6).

Giunta sul letto di Boezio sofferente, la Filosofia non si limita infatti a scacciare le Muse poetiche, ma le accusa di non curare («quae [...] nullis remediis foverent») il malato («hunc aegrum»), di aggravare la malattia uccidendo la razionalità e abituando la mente al morbo invece di liberarla («hominumque mentes assuefaciunt, non liberant»):

Haec dum me cum tacitus ipse reputarem querimoniamque lacrimabilem stili officio signarem astitisse mihi supra uerticem uisa est mulier reuerendi admodum uultus [...] Quae ubi poeticas Musas uidit nostro assistentes toro fletibusque meis uerba dictantes, commota paulisper ac toruis inflammata luminibus: Quis, inquit, has scenicas meretriculas ad hunc aegrum permisit accedere, quae dolores eius non modo nullis remediis fouerent, uerum dulcibus insuper alerent uenenis? Hae sunt enim quae infructuosis affectuum spinis uberem fructibus rationis segetem necant hominumque mentes assuefaciunt morbo, non liberant. At si quem profanum, uti uulgo solitum uobis, blanditiae uestrae detraherent, minus moleste ferendum putarem – nihil quippe in eo nostrae operae laederentur – hunc uero Eleaticis atque Academicis studiis innutritum? Sed abite potius, Sirenes usque in exitium dulces, meisque eum Musis curandum sanandumque relinquite.[4]

La *Repubblica* platonica non trasmette dunque a Boezio solo il bando della poesia delle passioni ma anche l'identificazione di questa poesia con una sua forma specifica, cioè l'elegia da abbandonare per la filosofia. Rileggiamo poche righe del passo platonico già esaminato (cap. 1, § 6):

se abbiamo ricevuto un colpo, non dobbiamo passare il tempo a gridare come fanciulli, tenendo con la mano la parte colpita, bensì abituare sempre l'anima a guarire [...] lasciando il lamento [l'elegia] per la medicina [ἰατρικῇ θρηνῳδίαν ἀφανίζοντα].[5]

Nella *Consolatio* lo sventurato dedito alla *threnodia* è Boezio stesso («segnavo, con il lavoro del mio stilo, lamenti bagnati di lacrime»); l'opera è infatti aperta da una notissima elegia – autoritratto (I, m. 1) – che analizzeremo nel prossimo paragrafo.

4. Boezio, *Consolatio Philosophiae*, I, pr. 1, 1-7, ed. Dronke, pp. 5-7: «Mentre in silenzio meditavo dentro di me e con la penna davo espressione al mio doloroso lamento, apparve al mio fianco, in alto al di sopra della mia testa, una donna il cui volto ispirava un grande rispetto [...]. Quando vide che le Muse della poesia stavano attorno al mio letto e dettavano le parole al mio pianto, un po' turbata e con gli adirati occhi in fiamme, disse: Chi ha permesso a queste sgualdrinelle da palcoscenico di avvicinarsi all'ammalato, dato che non potrebbero in alcun modo offrire rimedi alle sue sofferenze, ma anzi le alimenterebbero con dolci veleni? Invero, sono loro quelle che con le sterili spine delle passioni uccidono la messe rigogliosa dei frutti della ragione e rendono le menti umane assuefatte alla malattia, anziché liberarle. Ecco, se le vostre moine attirassero qualche profano, come usualmente vi accade con la gente comune, troverei meno fastidioso sopportarlo. Ma questo, allevato nelle scuole di Elea e di Atene? È meglio che ve ne andiate, Sirene dolci da morire, e lasciate che venga curato e guarito dalle mie Muse!».

5. Platone, *Repubblica*, X, 604 c.

A differenza dei traduttori moderni del testo platonico, la lettura boeziana valorizza il significato tecnico-letterario di *threnodia* e, proprio come Platone, gioca sulla combinazione del senso tecnico con quello generico di lamentela quando poco dopo la Filosofia afferma che è «tempo non di lamentela ma di medicina» (*Consolatio Philosophiae*, I, pr. 2, 1: «Sed medicinae, inquit, tempus est quam querelae»). D'altronde, forse proprio sul modello platonico, in epoca classica l'uso di accoppiare la definizione tecnica di elegia a quella generica di lamento doveva essere comune: nell'*Ars poetica* Orazio definisce l'elegia attraverso il tecnico *elegi [versus]* e il generico *querimonia*.[6]

La lettura "tecnica" che Boezio dà di questo passo della *Repubblica* implica l'identificazione della poesia mimetica anzitutto con l'elegia (come vedremo, in modo più sostanziale che formale) e dunque una scelta interpretativa opposta a quella di Proclo, che sviluppa invece l'associazione tra poesia mimetica e poesia drammatica, sebbene in Platone non vi sia affatto un'identificazione tra le due categorie.

3. *Poesia delle passioni: elegia, fantasma del vissuto, catabasi*

Boezio, accusato di tradimento dal re Teodorico e perso ogni bene mondano (I, 4, 45: «spogliato delle cariche, macchiato nella reputazione, in cambio del bene che ho fatto ho ottenuto la condanna a morte»), reagisce sfogando il proprio stato d'animo in distici elegiaci:

> Carmina qui quondam studio florente peregi,
> flebilis heu maestos cogor inire modos.
> Ecce mihi lacerae dictant scribenda Camenae
> et ueris elegi fletibus ora rigant.[7]

6. Orazio, *Arte poetica*, 75-78, ed. Rostagni, pp. 22-24: «Versibus impariter iunctis querimonia primum, / post etiam inclusa est voti sententia compos: / quis tamen exiguos elegos emiserit auctor / grammatici certant et adhuc sub iudice lis est» («In versi congiunti in modo diseguale furono racchiusi / prima il lamento, poi anche l'espressione di un voto esaudito / su chi fu l'inventore dei brevi versi eliaci / i grammatici discutono e la lite è ancora da risolvere»). Sul passo si veda Mark Edward Clark, *Horace, "Ars Poetica" 75-78: The Origin and Worth of Elegy*, in «The Classical world», 77/1 (1983), p. 1; Richard Freis, *Exiguos Elegos: Are Ars Poetica 75-78 Critical of Love Elegy?*, in «Latomus», 52/2 (1993), pp. 364-371.

7. Boezio, *Consolatio Philosophiae*, I, m. 1, 1-4, ed. Dronke, pp. 4-5: «I versi che un tempo composi con giovanile ardore / devo ora ahimé pronunciare piangendo in dolorosi

Nel primo distico rielabora materiali virgiliani piuttosto convenzionali,[8] ma nel secondo, dove si ritrae con le guance rigate di lacrime elegiache («ueris elegi fletibus ora rigant»), opera una riscrittura molto più interessante.

Le lacrime boeziane citano quelle orfico-elegiache di Enea che nell'Ade «memorans largo fletu simul ora rigabat» mentre tentava di riabbracciare l'ombra di Anchise che gli sfuggiva:

Ille autem: "tua me, genitor, tua tristis imago
saepius occurrens haec limina tendere adegit;
stant sale Tyrrheno classes. da iungere dextram,
da, genitor, teque amplexu ne subtrahe nostro".
sic memorans largo fletu simul ora rigabat
ter conatus ibi collo dare bracchia circum;
ter frustra comprensa manus effugit imago,
par levibus ventis volucrique simillima somno.[9]

Nei commenti non è rilevato l'unico elemento di innovazione con cui Boezio varia la scena dell'*Eneide*, cioè l'inserzione dell'aggettivo *verus* accanto a *fletus*.

Perché questa specificazione? Che cosa vuol dire che il volto di Boezio è rigato da «vere» lacrime?

L'elegia latina classica è tradizionalmente definita *vera* in quanto prossima al vissuto, e superiore in questo senso ai generi alti come la tragedia (anche di questo dibattono Elegia e Tragedia personificate in Ovidio, *Amores*, 3, 1), ma proprio per questo *scaenica*, cioè vicina al genere comico *imitans turpia* (Ovidio, *Tristia*, 2, 515) e *petulans*, lasciva per il suo contenuto erotico (così la personificazione dell'Elegia in Stazio, *Silvae*, I, 2, 7). La "verità" dell'elegia è insomma concretezza, realismo, prossimità

metri. / Lacere ecco le Camene mi dettano quel che scrivere debba / e le elegie mi rigano il volto di lacrime vere».

8. Cioè la brevissima autobiografia poetica con cui Virgilio chiude le *Georgiche*, IV, 564-565: «Illo Vergilium me tempore dulcis alebat / Parthenope studiis florentem ignobilis oti / carmina qui lusi pastorum audaxque / Tityre te patulae cecini sub tegmine fagi» [«io, Virgilio, che sul ritmo dei pastori ho improvvisato, / cantando, con l'ardire della giovinezza, Títiro all'ombra accogliente di un faggio»]) combinata ai versi autobiografici apocrifi riportati dalle antiche *Vite* virgiliane per la formula d'attacco (*Vita Donati* 169-173; Svetonio, *Vita Vergilii*, 42, *Vita Servii*, 35-39: «Ille ego qui quodam…» [«Io che un tempo…»]).

9. Virgilio, *Aeneis*, 5, 695-702.

al vissuto: è prodotta *veris doloribus* (Orazio, *Epistulae*, I, 17, 57) ed *ex vero* (Ovidio, *Amores*, III, 9, 4).[10]

I «veri pianti» del verso 4 sono un calco di questo tipo di locuzioni: Boezio modifica la fonte virgiliana per richiamare il *topos* del realismo elegiaco nella scena iniziale della *Consolatio*.

Perché gli interessa sottolineare l'iperrealismo e il patetismo dell'elegia? Perché questo gli consente di qualificarla in modo identico e opposto alla filosofia che è *alethine Mouse*, «vera Musa» (*Repubblica*, 548b, discusso al cap. 1, § 1), cioè, in sostanza, di fare dell'elegia, «vera» in quanto mimesi della realtà, il doppio negativo della filosofia, «vera» in quanto espressione della verità immutabile e metafisica delle idee.

La caratterizzazione simmetrica delle vere lacrime elegiache e della vera Musa filosofica è d'altronde un'articolazione specifica della generale opposizione tra le Sirene mortali («Sirenes usque in exitium dulces») della poesia e la Musa risanatrice della filosofia.

Ha giustamente notato Peter Dronke che l'elegia iniziale della *Consolatio* è convenzionale perché nasce «per essere demolita»[11] dalla filosofia: direi, sviluppando il ragionamento, che il primo aspetto dell'elegia costruito per essere demolito è quello della sua "verità".

L'apparente concretezza della realtà, una volta che è stata esperita e vissuta, si trasforma infatti nell'evanescenza del fantasma. Il tema è prima espresso in chiave autobiografica e personale con l'evocazione della «tristis imago», l'ombra di Anchise che per tre volte sfugge all'abbraccio del figlio (*Aeneis*, 6, 701-702: «ter frustra comprensa manus effugit imago, / par levibus ventis volucrique simillima somno»), nelle «guance rigate di lacrime» di Boezio e poi affermato in chiave morale e universale al centro dell'opera, dove il mito di Orfeo ed Euridice comporta il rifiuto dell'elegia e la promozione della poesia innodica visto in Platone (cap. 1, § 6).

Alla più alta poesia filosofica rappresentata dall'inno alla reminiscenza della verità (III, m. 11, *Quisquis profunda mente vestigat verum*) si affianca con un metro di eccezionale lunghezza (55 versi) l'emblema negativo dell'elegia, cioè il lamento poetico con cui Orfeo ottiene di scendere

10. Joachim Gruber, *Kommentar zu Boethius De consolatione philosophiae*, Berlin-New York, De Gruyter, 2006, p. 57, rimanda correttamente ai due luoghi oraziani e ovidiani, ma senza sottolineare il valore topico e le implicazioni del tema. Sull'assunzione boeziana di Ovidio si veda Jo-Marie Claassen, *Literary Anamnesis: Boethius Remembers Ovid*, in «Helios», 34 (2007), pp. 1-35.

11. Boezio, *Consolatio Philosophiae*, ed. Dronke, p. xli.

agl'inferi, ma Euridice, oggetto del canto, si rivela un fantasma (III, m. 12, *Felix qui potuit boni*).

Entrambi i metri – discorso interessante per la *Commedia* dantesca – mettono in scena una catabasi.

Nel primo caso si tratta però di una discesa dentro sé stessi per ritrovare la verità offuscata dalla materia[12] (Proclo, *De providentia*, 18, 3 e commento al *Timeo*, II, 244, 14 e 286, 30). Per questo il ritorno in sé stessa dell'anima è disegnato da Boezio come il ricostituirsi della sua unità: una retta che si chiude a cerchio («longos [...] in orbem cogat inflectem motus») dopo la dispersione rappresentata dalla linea «lunga» protesa verso l'esterno (Proclo, commento al *Timeo*, II, 244, 17) e comporta il recupero di una visione liberata dalla nebbia della materia e guidata dalla «Musa di Platone che fa risuonare la verità» («Platonis Musa personat verum»):

> Quisquis profunda mente vestigat verum
> cupitque nullis ille deviis falli,
> in se revolvat intimi lucem visus
> longosque in orbem cogat inflectens motus
> animumque doceat, quicquid extra molitur,
> suis retrusum possidere thesauris.
> Dudum quod atra texit erroris nubes
> lucebit ipso perspicacius Phoebo.
> Non omne namque mente depulit lumen
> obliviosam corpus invehens molem.
> Haeret profecto semen introrsum veri
> quod excitatur ventilante doctrina.
> Nam cur rogati sponte recta censetis,
> ni mersus alto viveret fomes corde?
> Quodsi Platonis Musa personat verum,
> quod quisque discit, immemor recordatur.[13]

12. Queste fonti, giustamente richiamate in Boezio, *Consolatio Philosophiae*, ed. Moreschini, p. 192, rendono antieconomico il ricorso ad Agostino, *Confessiones*, VII, 16 (proposto da Friederich Klingner, *De Boethii Consolatione Philosophiae* [1921], Zurich-Dublin, Weidmann, 1966, a pp. 36-37), peraltro condizionato dall'incerta conoscenza boeziana dell'opera.

13. Boezio, *Consolatio Philosophiae*, III, m. 11, ed. Dronke, pp. 131-133: «Chiunque con mente profonda investiga il vero / e non vuole errare per falsi sentieri, / rivolga entro di sé la luce del suo occhio interno, / pieghi in circolo i lunghi moti di quella / e insegni all'animo suo / che l'oggetto che cerca fuori di sé / lo possiede sepolto nei suoi tesori: ed ecco, / quello che poco / prima la nera nube dell'errore copriva, / ora brillerà più splendido dello

All'opposto, l'elegia orfica è discesa dell'uomo nel proprio passato terreno e corporeo, la cui immagine rivela la sua inconsistenza di illusione momentanea. L'elegia riesce a commuovere dei e mostri infernali e consente Orfeo di scendere tra i morti, ma il recupero di ciò che è stato vissuto e amato è illusorio quanto più ci si volge verso la sua immagine. Euridice svanisce come un fantasma e Orfeo ne muore:

> Tandem: "Vincimur" arbiter
> umbrarum miserans ait.
> "Donamus comitem viro
> emptam carmine coniugem;
> sed lex dona coherceat,
> ne, dum Tartara liquerit,
> fas sit lumina flectere".
> Quis legem det amantibus?
> Maior lex amor est sibi.
> Heu noctis prope terminos
> Orpheus Eurydicen suam
> vidit, perdidit, occidit.
> Vos haec fabula respicit,
> quicumque in superum diem
> mentem ducere quaeritis;
> nam qui Tartareum in specus
> victus lumina flexerit,
> quicquid praecipuum trahit,
> perdit, dum videt inferos.[14]

stesso Febo. / Infatti non ogni luce tolse alla mente / il corpo, portando con sé la massa che dà oblio; / sicuramente è confitto entro di noi il seme del vero, / che è destato dal soffio della scienza: / perché, infatti, interrogati, da soli giustamente pensate, / se la scintilla non vive sepolta nel profondo del cuore? / Ché se la Musa di Platone fa echeggiare il vero, / quello che ciascuno apprende, immemore lo ricorda».

14. Boezio, *Consolatio Philosophiae*, III, m. 12, ed. Dronke, pp. 140-143: «E infine il signore delle ombre / "Siamo vinti", dice, commiserando; / "doniamo al marito la compagna, / la moglie riscattata col canto; / ma una legge vincoli il dono: / finché non avrà lasciato il Tartaro, / non possa girare lo sguardo". / Chi potrebbe dettar legge a chi ama? / L'amore è, per sé, una legge maggiore. / Ahi, che vicino al termine della notte / Orfeo la sua Euridice / vide, perse – e cadde. / Questo mito riguarda voi, / voi che alla luce superna / volete condurre la mente, / perché alla caverna tartarea / chi, vinto, avrà volto indietro lo sguardo, / tutto il bene che porta con sé, / lo perde, se guarda gli Inferi». Dobbiamo al genio di Peter Dronke la razionalissima, innovativa interpretazione di *occidit* come intransitivo (la i breve essendo imposta dal metro gliconeo del verso) e dunque la scoperta della «con-

Il tradizionale rimando, per questi versi, alla tradizione letteraria relativa alla catabasi di Orfeo (Ovidio, *Metamorfosi*, 10, 1, 1-63, e Virgilio, *Georgicae*, IV, 464-498) è ovvio ma forse meno essenziale di quello, che sarebbe da introdurre, al passo già esaminato del *Fedro* (cfr. cap. 1, § 6) in cui Platone cita la catabasi elegiaca di Orfeo come esempio di arte che ottiene dagli dei la sola produzione di fantasmi. In sostanza, per delineare valori e implicazioni dell'elegia, Boezio evoca nel I libro la catabasi virgiliana di Enea, e nel III, per svelare l'allegoria della catabasi, quella platonica di Orfeo. Al termine del metro si spiega infatti che la favola di Orfeo riguarda coloro che volgono lo sguardo alla «caverna del Tartaro», con allusione al mito narrato da Platone in *Repubblica*, 515 a, secondo cui quando siamo nella materia (nella caverna) vediamo solo «ombre» evanescenti dei veri oggetti del conoscere, costituiti dalle idee.

La poesia del mondo è quindi identificata da Boezio con l'elegia non in senso tecnico ma sostanziale: ogni poesia mimetica è una discesa orfica tra i fantasmi del vissuto, sintetizzata da una doppia immagine – il fantasma di Anchise (I m. 1) e quello di Euridice (III m. 12) – di dissolvenza dell'immagine.

La poesia del mondo è insomma tutt'uno col rischio di perdita a cui è esposta.

4. *Le «scenicae meretriculae» e la «scaena» dell'esistenza*

Il *mimeisthai panta* che caratterizza la poesia della molteplicità nella *Repubblica* di Platone è continuato da Boezio nella qualifica delle Muse poetiche come «scaenicae meretriculae».

La definizione "piccole prostitute" moralizza evidentemente il tema implicato dal *panta* platonico, cioè la disponibilità della poesia ad associarsi a tutti gli elementi della realtà invece che alla sola verità.

Che significato ha, in questo contesto, l'aggettivo *scaenicae*?

L'interpretazione letterale di questa qualifica, pervasiva in epoca medioevale – da Mussato a Petrarca, le Muse *scaenicae* sarebbero quelle del teatro – appare subito come una banalizzazione: in Platone il *mimeisthai*

clusione unica» (p. 320, commento *ad locum*) a cui Boezio conduce il mito: Orfeo muore per lo svanire dell'immagine amata.

riguarda tutta la poesia e non solo tragedia e commedia.[15] Una eventuale restrizione del bando della poesia al teatro sarebbe ancora meno sensato nell'ambito della *Consolatio*.

In che senso allora la Filosofia, impegnata a cacciare le Muse dell'elegia, le definisce *scaenicae*? Il commento alla *Repubblica* di Proclo afferma anche con chiarezza che ogni tipo di poesia del molteplice è bandita da Platone ma ritiene che tragedia e commedia siano i generi più implicati dalla critica platonica per l'evidenza della loro dimensione mimetica.[16]

Proclo suggerisce insomma una teatralità poetica di senso più lato che letterale. *Scaenica*, nella tradizione retorica e oratoria latina, è la parola artificiosamente patetica, contrapposta a quella ispirata da sentimenti autentici e dunque credibili (ad es. Cicerone, *De oratore*, 3, 216 e 220).[17] Punti d'arrivo di questa tradizione sono il nomignolo di una nota attrice-danzatrice dell'epoca affibbiato all'asiano Ortensio (Gellio, *Noctes atticae*, 1, 5, 2) e la rappresentazione geronimiana dell'oratoria «fucata medacio» come *meretricula*.[18]

Nell'"epoca di angoscia"[19] coincidente con la fine del mondo antico, quando il bisogno di spiritualizzazione delle cose umane domina la ricerca filosofica, la concreta pertinenza teatrale della poesia nella *polis* platonica diventa il simbolo della pura apparenza del divenire.

Nel II libro della *Consolatio* la «scaena [...] vitae» di tradizione stoica è la messinscena della fortuna che adesca con immagini di felicità per poi farle svanire (II, pr. 1, 10: «talis erat [fortuna] cum blandiebatur, cum tibi falsae illecebris felicitatis alluderet»). L'incarnazione di questa instabilità, cioè la Fortuna stessa, si rivolge a Boezio chiedendogli

15. Cfr. Giuliano, *Platone e la poesia*, p. 134.

16. Proclo, commento alla *Repubblica*, V, 47, pp. 76-77.

17. Per un esame del significato di scaenicus in questo ambito si veda Francesca Romana Nocchi, *Tecniche teatrali e formazione dell'oratore in Quintiliano*, Berlin-Boston, De Gruyter, 2013, pp. 133-135.

18. Girolamo di Stridone, *Commentarii in epistulam Pauli apostoli ad Galatas*, ed. Raspanti, p. 427: «ut oratorio rhetoricae artis fucata mendacio quasi quaedam meretricula procedat in publicum», passo giustamente citato da Gruber, *Kommentar zu Boethius*, p. 72, a proposito delle *scaenicae meretriculae* boeziane.

19. Traggo la definizione dal classico Eric R. Dodds, *Pagani e cristiani in un'epoca di angoscia. Aspetti dell'esperienza religiosa da Marco Aurelio a Costantino*, trad. it. di Giuliana Lanata, Firenze, La Nuova Italia, 1999 (ed. or. 1965).

An tu in hanc vitae scenam nunc primum subitus hospesque venisti? Ullamne humanis rebus inesse constantiam reris, cum ipsum saepe hominem velox hora dissolvat?[20]

Il discorso sulla poesia contenuto nella *Consolatio* prende insomma le mosse dal genere poetico latino che per antonomasia è specchio della contingenza, definito vero in quanto realistico, per mostrare che la rappresentazione poetica del mondo della fortuna è fatta di immagini inconsistenti come la fortuna stessa.

5. *Molteplicità, caducità: la forma del mondo*

Nella *Consolatio* l'evanescenza del mondo, la sua instabilità e la sua molteplicità non solo solo espresse dall'elegia ma anche dal carme naturalistico sulla caducità.

Questo filone poetico, centrato sulla perennità ciclica della natura, instabile e perpetua allo stesso tempo, e fiorito soprattutto tra il I secolo a.C. e il I secolo d.C. (ad es. Catullo, *Carmina*, 5; Orazio, *Carmina*, I, 4 e IV, 7)[21] è continuato nella poesia mediolatina in chiave sostanzialmente morale (ad es. *Carmina burana*, 17) ma in Boezio conserva il suo carattere originario.

Ne è esempio il metro *Cum polo Phoebus roseis quadrigis* (*Consolatio Philosophiae*, II, 3, m. 3) i cui versi iniziali sono rielaborati da Dante in *Paradiso*, XXX, 4-9.[22]

Si tratta di un testo centrale per il discorso sull'instabilità del mondo sviluppato nel II libro dell'opera. L'esemplificazione dei cicli naturali è affidata a tre casi elencati in un'*ekfrasis* dal ritmo straordinariamente mosso: il passaggio dalla notte al giorno, la variabilità atmosferica (la primavera minac-

20. Boezio, *Consolatio Philosophiae*, II, pr. 3, ed. Dronke, p. 12: «Sei forse arrivato or ora per la prima volta come ospite inatteso sulla scena di questa vita? Credi che nelle cose umane vi sia qualche costanza, quando il tempo fuggevole dissolve spesso anche l'uomo?».

21. Si veda sul tema Marco Fantuzzi, *Caducità dell'uomo ed eternità della natura. Variazioni di un motivo letterario*, in «Quaderni Urbinati di Cultura Classica» , n.s., XXVI/2 (1987), pp. 101-110.

22. Importante sul tema è Luca Lombardo, *Boezio in Dante. La «Consolatio philosophiae» nello scrittoio del poeta*, Venezia, edizioni Ca' Foscari, 2013, p. 526, che valuta il passo ripetendo la posizione di Rocco Murari, *Dante e Boezio*, Bologna, Zanichelli, 1905, pp. 401-402.

ciata dal freddo improvviso) e quella del mare (1-12). I versi finali (13-18) spiegano in sintesi che l'instabilità del mondo è quella delle sue forme («rara [...] constat sua forma mundo») e ne costituisce l'unica legge costante:

Cum polo Phoebus roseis quadrigis
lucem spargere coeperit,
pallet albentes hebetata vultus
flammis stella prementibus.
Cum nemus flatu Zephyri tepentis
uernis inrubuit rosis,
spiret insanum nebulosus Auster,
iam spinis abeat decus.
Saepe tranquillo radiat sereno
immotis mare fluctibus,
saepe feruentes Aquilo procellas
uerso concitat aequore.
Rara si constat sua forma mundo,
si tantas uariat uices,
crede fortunis hominum caducis,
bonis crede fugacibus!
Constat aeterna positumque lege est
ut constet genitum nihil.[23]

Il metro boeziano raccoglie l'eredità del carme naturalistico latino trasformandola in due modi:

1) enfatizza la velocità delle trasformazioni sul piano ritmico con l'uso di trisillabi e quadrisillabi in fine verso (v. 2 *coperit*; v. 4 *prementibus*; v. 7 *nebulosus Auster*; v. 10 *fluctibus*; v. 11 *procellas*; v. 12 *aequore*) e su quello delle immagini attraverso il motivo del cambiamento cromatico che attraversa buona parte del testo (il diffondersi della luce e l'impallidire delle stelle ai vv 1-4; l'accendersi del rosso delle rose ai vv. 5-6);

23. Boezio, *Consolatio Philosophiae*, II, m. 3, ed. Dronke, pp. 48-51: «Quando con rosee quadrighe Febo / in cielo comincia a spargere luce, / impallidiscono le stelle, i volti sbiancati / dai raggi suoi ardenti. / Quando il bosco all'alito del tiepido Zefiro / di rose di primavera s'imporpora, / Austro nebuloso spira furibondo e scompare / la bellezza di quelle che sono già spine. / Spesso nel tranquillo sereno / irraggia il mare dalle immobili onde, / ma spesso il vento del nord scuote le acque / suscitando tempeste furiose. / Se raramente resta fermo il mondo / d'aspetto, tante vicende variando, / davvero credi alle fortune degli uomini / caduche, credi davvero ai beni fugaci! / Per eterna legge è stabilito per certo / che ciò che è nato mai resti fermo».

2) stabilisce una chiara relazione tra forma e significato del testo: al ritmo precipitoso e ai colori cangianti dei primi dodici versi corrisponde perfettamente il senso della poesia sintetizzato negli ultimi cinque: il mondo non ha forma costante (v. 13); l'unica sua stabilità è l'instabilità del divenire (vv. 16-17).

Attraverso questa perfetta rispondenza tra ritmo, mutamento cromatico delle immagini e sentenza finale la poesia boeziana fa del proprio oggetto la sua forma, non diversamente, ad esempio, dalla sestina dantesca *Al poco giorno ed al gran cerchio d'ombra*, giocata sullo stesso paradosso dell'instabilità immutabile della natura, che diviene anche forma ritmica (la permutazione continua delle stesse sei parole rima) e visiva (il dinamismo continuo del verde che muore e nasce).

L'elemento naturalistico presente nella lirica occitanica e volgare delle Origini è tradizionalmente riportato al motivo classico del *locus amoenus*: ma nel caso della sestina dantesca, centrata sulla dialettica tra instabilità e fissità, questo precedente mi pare molto meno affine di quello boeziano.[24]

Nel Canzoniere petrarchesco, boezianamente scisso tra l'elegia per Laura e l'inno alla Vergine, la caducità del mondo, tema cruciale per Petrarca come lo era stata per Boezio, è rappresentata nel son. 291, riscrittura di un testo cardine di questa tradizione, cioè il carme 5 di Catullo (cap. 3, § 7).

6. *Lamento contro preghiera, immagine contro numero*

Favorire la reminiscenza della verità metafisica – il tema del metro III, 11 analizzato nel par. 3 – è il proposito della Filosofia sin dall'inizio dell'opera.

24. Per il topos del *locus amoenus* si veda Ernst Robert Curtius, *Letteratura europea e Medioevo latino* [1948], a cura di Roberto Antonelli, Macerata, Quodlibet, 2022, pp. 219-223. L'ascendenza del motivo stagionale indicata da Curtius è mantenuta ad esempio in Francesca Sanguineti, Oriana Scarpati, *«Comensamen comensarai»: per una tipologia degli* incipit *trobadorici*, in «Romance Philology», 67/1 (2013), pp. 113-138, nella sezione del lavoro dedicata agli incipit trobadorici naturalistici, pp. 114-118. Per un'analisi comparata del metro boeziano e della sestina dantesca si veda Sonia Gentili, *La sestina dantesca: precedenti classici e tardo antichi*, in «l'Alighieri», n.s., 53/2 (2022), pp. 49-56.

> Sui paulisper oblitus est. Recordabitur facile, si quidem nos ante cognouerit; quod ut possit, paulisper lumina eius mortalium rerum nube caligantia tergamus.[25]

Sin da allora è stabilita una contrapposizione tra visione instabile e offuscata delle immagini mondane (gli occhi di Boezio «mortalium rerum nube caligantia») e visione, chiara cioè intellettuale.

A rigore, questo dovrebbe escludere che la Filosofia possa esprimersi attraverso l'immagine poetica. In che cosa si distingue allora la sua poesia da quella mondana?

Proclo aveva affrontato il problema in due modi: 1) aveva risolto la critica platonica alla poesia omerica attribuendo a essa un valore allegorico;[26] 2) aveva mantenuto e potenziato il nesso platonico tra filosofia, forma poetica dell'inno e ritmo musicale.[27]

Allegorismo che dissipa la nebbia dell'immagine svelandola nel suo significato concettuale e *numerus* musicale che caratterizza la verità della poesia in senso non contingente ma scientifico sono i due aspetti, *destruens* e *construens*, della poetica boeziana.

Eliminate le immagini mimetiche, la Filosofia segue Proclo e usa una poesia caratterizzata in senso musicale: Boezio, che sulle prime stenta a riconoscerla, è infatti sordo alla sua musica come «l'asino alla lira».[28]

Ma di quale musica si sta parlando?

Il *numerus* boeziano che lega tra loro le strutture epistemiche del cosmo ha il doppio valore di ritmo e rapporto matematico. Si tratta dell'oggetto conoscitivo del filosofo rammentato dalla Filosofia a Boezio sofferente:

25. Boezio, *Consolatio Philosophiae*, I, pr. 2, 7, ed. Dronke, p. 10: «Si è un po' dimenticato di sé stesso, ma se ne ricorderà facilmente se invero ci ha conosciuto prima. Affinché possa farlo, puliamo un po' i suoi occhi offuscati dalla nube delle cose mortali».

26. Si veda su ciò Donald A. Russell, *Criticism in Antiquity*, Berkeley, University of California Press, 1981, pp. 66-67; Anne D.R. Sheppard, *Studies on the 5th and 6th Essays of Proclus' Commentary on the Republic*, Göttingen, Vandenhoeck and Ruprecht, 1980; *Homer's Ancient Readers*, ed. by John J. Keaney and Robert Lamberton, Princeton, Princeton University Press, 1992.

27. Sull'inno di espressione filosofica cfr. Robert M. Van den Berg, *Proclus' hymns: essays, translations, commentary*, Leiden, Brill, 2001, pp. 13 e ss. Sul valore teurgico di questo linguaggio filosofico si vedano in particolare le pp. 86-110.

28. Boezio, *Consolatio Philosophiae*, I, pr. 4, 1, ed. Dronke, pp. 14-15: «Sentisne, inquit, haec atque animo illabuntur tuo an ὄνος λύρας? Quid fles, quid lacrimis manas?» («Comprendi queste parole, disse, ti penetrano nell'animo? O sei "l'asino della lira?" Perché piangi, perché continui a versar lacrime?»). L'espressione evoca in modo proverbiale Fedro, *Favole*, app. IX.

quaecumque uagos stella recursus
exercet uarios flexa per orbes
comprensam numeris uictor habebat[29]

Colui che conosce filosoficamente è «victor» poiché possiede in modo stabile il proprio oggetto: non la sua concretezza (le «vere» lacrime dell'elegia), ma la sua essenza «comprensa numeris», stretta nel rapporto aritmetico e ritmico.

Si tratta naturalmente della dottrina platonica secondo cui la musica del cosmo è, in quanto rapporto matematico, regola eterna della sua armonia (cfr. cap. 1, § 4); tale dottrina è esplicitamente adottata da Boezio nel *De musica* in relazione alla poesia:

> Humanam vero musicam quisquis in sese ipsum descendit intellegit. Quid est enim quod illam incorpoream rationis vivacitatem corpori misceat, nisi quaedam coaptatio et veluti gravium leviumque vocum quasi unam consonantiam efficiens temperatio? Quid est aliud quod ipsius inter se partes animae coniungat, quae, ut Aristoteli placet, ex rationabili inrationabilique coniuncta est? Quid vero, quod corporis elementa permiscet, aut partes sibimet rata coaptatione contineat? Sed de hac posterius dicam.[30]

In quest'opera si teorizza dunque, oltre alla «musica mundana» (cioè l'armonia del cosmo), una «musica humana» che unifica le parti dell'anima legandole in un tutto («quod corporis elementa permiscet, aut partes sibimet rata coaptatione contineat»). L'ulteriore trattazione del tema promessa dall'autore («Sed de hac posterius dicam»), probabilmente contenuta nei libri perduti dell'opera, non ci perviene. È certo però che Boezio sta qui sintetizzando il passo del *Timeo* già richiamato al cap. 1, § 5, in cui si afferma che l'armonia musicale serve a riaccordare i moti dell'anima divenuti tra loro divergenti:

29. Boezio, *Consolatio Philosophiae*, I, m. 2, 10-12, ed. Dronke, p. 89: «i ricorsi che vaghi ogni stella / tracciasse piegandosi in orbite varie / vincitore racchiudeva nei numeri».

30. Traduco da Boezio, *De institutione musicae*, I, 2, ed. Friedlein, p. 188: «Che cosa sia la musica umana può capirlo chiunque si cali in sé stesso. Che cosa infatti unisce al corpo l'incorporea vivacità della ragione, se non un rapporto armonico [*coaptatio* < *harmonia*], come una giusta combinazione di suoni gravi e acuti che realizzi un'unica consonanza? Inoltre che cos'altro può unire le parti dell'anima, la quale – come dice Aristotele – è congiunta dall'unione dell'irrazionale con il razionale? E ancora: che cosa può mescolare gli elementi del corpo, oppure tenerne insieme le parti con un suo proprio rapporto armonico? Ma di questo parlerò più avanti». L'opera è disponibile in una bella traduzione italiana (Boezio, *De institutione musicae*, ed. Marzi) dalla quale qui tuttavia preferisco distaccarmi.

> Harmonia vero, idem est modulatio, utpote intentio modificata, cognatus et velut consanguineas habens commotiones animae nostrae circuitionibus, prudenter utentibus Musarum munere temperantiaeque causa potius quam oblectationis satis est commoda, quippe quae discrepantes et inconsonantes animae commotiones ad concentum exornationemque concordiae Musis auxiliantibus revocet; rythmus autem datus ut medela contra illepidam numerorumque et modorum nesciam gratiaeque expertem in plerisque naturam.[31]

Si tratta naturalmente di un *numerus* musicale opposto a quello passionale-elegiaco, caratterizzato dalla lacerazione e dalla frammentazione descritta nella *Repubblica*.

La connotazione in senso musicale deve aver pesato sulla ricezione della poesia filosofica boeziana, visto che le poesie pronunciate dalla Filosofia hanno una tradizione indipendente con notazione neumatica nel

31. Traduco da Platone, *Timeo*, versione di Calcidio, 47 c - d, p. 45:«Avendo movimenti affini ai moti circolari della nostra anima l'armonia – cioè la modulazione in base alla modifica dei toni –, per chi usufruisce con discernimento delle Muse, è utile al dono della temperanza piuttosto che al piacere irrazionale, e per ridurre all'ordine e alla bellezza della concordia i moti dell'anima tra loro divergenti [*discrepantes*] e discordanti [*inconsonantes*]. Il ritmo ci è stato dato infatti come medicina contro la rozza natura dei più, ignara di numeri e armonie e priva di grazia». Fornisco anche l'originale greco («ἡ δὲ ἁρμονία, συγγενεῖς ἔχουσα φορὰς ταῖς ἐν ἡμῖν τῆς ψυχῆς περιόδοις, τῷ μετὰ νοῦ προσχρωμένῳ Μούσαις οὐκ ἐφ' ἡδονὴν ἄλογον καθάπερ νῦν εἶναι δοκεῖ χρήσιμος, ἀλλ' ἐπὶ τὴν γεγονυῖαν ἐν ἡμῖν ἀνάρμοστον ψυχῆς περίοδον εἰς κατακόσμησιν καὶ συμφωνίαν ἑαυτῇ σύμμαχος ὑπὸ Μουσῶν δέδοται· καὶ ῥυθμὸς αὖ διὰ τὴν ἄμετρον ἐν ἡμῖν καὶ χαρίτων ἐπιδεᾶ γιγνομένην ἐν τοῖς πλείστοις ἕξιν ἐπίκουρος ἐπὶ ταὐτὰ ὑπὸ τῶν αὐτῶν ἐδόθη») ricordando però che la fruizione boeziana della versione e del commento di Calcidio è convincentemente ipotizzata da Peter Dronke, *The Spell of Calcidius. Platonic Concepts and Images in the Medieval West*, Firenze, Sismel, 2008, pp. 45-48. Questo passo avrà un'importanza cruciale per Petrarca (si veda cap. 3, § 3). Studi assai rilevanti sulla musica umana di Boezio si devono a Cecilia Panti, *Suono interiore e musica umana fra tradizione boeziana e aristotelismo: le glosse pseudo-grossatestiane al «De institutione musica»*, in *Parva naturalia: saperi medievali, natura e vita*, atti dell'XI convegno della Società italiana per lo studio del pensiero medievale (Macerata, 7-9 dicembre 2001), a cura di Chiara Crisciani, Roberto Lambertini, Romana Martorelli Vico, Pisa-Roma, Istituti editoriali e poligrafici internazionali, 2004, pp. 219-245; *Filosofia della musica. Tarda Antichità e Medioevo*, Roma, Carocci, 2008, pp. 86-103. Della stessa autrice, sulla struttura armonica dell'anima nella tradizione medioevale si veda *La musica e l'anima sinfonica*, in *Luoghi e voci del pensiero medievale*, a cura di Maria Teresa Beonio Brocchieri Fumagalli e Riccardo Fedriga, Milano, Encyclomedia Publishers, 2010, pp. 246-260. Sull'origine della categoria boeziana cfr. Donatella Restani, *La «musica humana» e Boezio: ipotesi sulla formazione di un concetto*, in *La musica nell'Impero romano. Testimonianze teoriche e scoperte archeologiche*, atti del Secondo Meeting Annuale di ΜΟΙΣΑ, a cura di Eleonora Rocconi, Pavia, Pavia University Press, 2008, pp. 21-27.

Medioevo,[32] epoca in cui si scelse per lungo tempo di evitare la dissonanza e di impiegare solo unisoni o intervalli consonanti di ottava, quarta e quinta.

Del modello platonico Boezio mantiene insomma l'opposizione tra un'armonia dell'unità e un'armonia della frammentazione, ma allontana dalla musica la dimensione mimetica, che era stata invece riconosciuta da Platone.[33]

La sensibilità boeziana trova riscontro e conferma nella tradizione platonica tardo antica.

Il *Summarium Platonis*, centone platonico circolante nell'occidente latino medioevale descritto al cap. 1, § 9, si apre proprio con la critica delle armonie molteplici contenute in *Repubblica*, III 399 c - d:

> [...] quod habenti virtutem non remordeat. itaque nec comoedias acturum nec tragoedias nec corrupta oratione usurum. et monem modulationem quam canora compositio formaverit numeris tunc esse recipiendam cum ad virtutem referatur. unde etiam improbat scaenica organa quae ex multis et variis chordarum sonis constituta sint nec permittit opifici turpia opera fabricare.[34]

Anche Agostino, seguendo Platone, aveva identificato la musica razionale con l'intero e quella irrazionale con le *partes*, e aveva inoltre rifiutato la dimensione mimetica. La musica è *scientia bene modulandi* (I iii 4: «scienza del misurare ritmico secondo arte») e non imitazione di suoni empirica o istintiva come quella degli uccelli, poiché l'arte non è imitazione ma ragione:

> D. - [...] Nam video tantum valere in artibus imitationem, ut, ea sublata, omnes pene perimantur. Praebent enim se magistri ad imitandum, et hoc ipsum est quod vocant docere.
> M. - Videtur tibi ars ratio esse quaedam, et ii qui arte utuntur, ratione uti: an aliter putas?
> D. - Videtur.
> M. - Quisquis igitur ratione uti non potest, arte non utitur.
> D. - Et hoc concedo.
> M. - Censesne muta animalia, quae etiam irrationalia dicuntur, uti posse ratione?
> D. - Nullo modo.

32. Cfr. Boezio, *Consolatio Philosophiae*, ed. Dronke, pp. xvi-xviii.

33. Sulla dimensione mimetica della musica in Platone si veda Giuliano, *Platone e la poesia*, pp. 58 e ss.

34. *Summarium Platonis*, p. 18.

M. - Aut igitur picas et psittacos et corvos rationalia esse dicturus es animalia, aut imitationem nomine artis temere vocasti. Videmus enim has aves et multa canere ac sonare quodam humano usu, et nonnisi imitando facere: nisi tu aliter credis.
[...]
M. - Quoniam nunc agimus de citharista et tibicine, id est de musicis rebus; volo mihi dicas, utrum corpori tribuendum sit, id est obtemperationi cuidam corporis, si quid isti homines imitatione faciunt.
D. - Ego istam et animo simul et corpori tribuendam puto: quamquam idipsum verbum satis proprie abs te positum est, quod obtemperationem corporis appellasti: non enim obtemperare nisi animo potest.
M. - Video te cautissime imitationem non soli corpori voluisse concedere. Sed numquid scientiam negabis ad solum animum pertinere?
D. - Quis hoc negaverit?
M. - Nullo modo igitur scientiam in sonis nervorum et tibiarum, simul et rationi et imitationi tribuere sineris. Illa enim imitatio non est, ut confessus es, sine corpore; scientiam vero solius animi esse dixisti.
D. - Ex iis quidem quae tibi concessi, fateor hoc esse confectum: sed quid ad rem? Habebit enim et tibicen scientiam in animo. Neque enim cum ei accedit imitatio, quam sine corpore dedi esse non posse, adimet illud quod animo amplectitur.[35]

35. Agostino di Ippona, *De musica*, I, iv 6-7, ed. Marzi, pp. 100-106: «D. - A mio avviso, l'imitazione ha tanto valore nelle arti che con la sua eliminazione tutte potrebbero cessare. Anche gli insegnanti si offrono ad essere imitati e questo appunto essi denominano insegnare.
M.- Ritieni che l'arte è una determinata ragione e che si valgono della ragione coloro che si valgono dell'arte, ovvero no?
D. - Sì.
M.- Chi dunque non può usare la ragione, non può usare l'arte.
D. - Anche questo concedo.
M.- Ritieni che gli animali privi di parole e che quindi sono considerati irragionevoli possono usare la ragione?
D. - Assolutamente no.
M. - Allora o dovrai considerare animali ragionevoli le gazze, i pappagalli e i corvi, ovvero senza criterio hai congiunto l'imitazione al concetto di arte. Osserviamo infatti che questi uccelli cantano e fischiano molti motivi alla maniera degli uomini e che lo fanno per imitazione. Che te ne sembra? [...]
M. - Stiamo trattando ora del citarista, del flautista, e cioè delle esecuzioni musicali. Dimmi dunque se al corpo, cioè a una certa sua soggezione, si deve attribuire quanto questi individui producono per imitazione.
D. - Ma io penso che si deve attribuire allo spirito e insieme al corpo. Quando hai detto soggezione al corpo, hai usato un termine veramente appropriato. Il corpo infatti può essere soggetto soltanto allo spirito.

Gli uccelli, emblema classico dell'origine mimetica della poesia lirica e della molteplicità dei suoni (cap. 1, § 5), diventano in Agostino il simbolo negativo dell'estrazione puramente fisica, sensoriale, istintiva del ritmo e della musica, opposta appunto alla sua caratterizzazione scientifico-matematica.

L'obiettivo di una definizione radicalmente metafisica (Agostino, *Retractationes*, I, 11, 1: «a corporalibus numeris [...] ad inmutabiles numeros qui iam in ipsa sunt inmutabili veritate») dell'armonia musicale dovette rendere più lontana, per questi autori, la prospettiva di una sua espressione tecnica concreta.

In Boezio questo ritmo non è mai tradotto in esempio reale e la stessa poesia filosofica non si distingue in concreto da quella mondana se non per la connotazione generalmente elegiaca di quest'ultima.

Sebbene il sentiero aritmetico indicato da Boezio e Agostino non sia definito in modo soddisfacente a parere degli stessi autori, esso non deve considerarsi interrotto presso i poeti italiani: gli studi sull'origine della struttura aritmetica del sonetto hanno seguito la pista pitagorica[36] ma quella agostiniano-boeziana è forse la più ovvia.

M. - Noto che con molto discernimento hai attribuito l'imitazione non soltanto al corpo. Ma potresti affermare che la scienza non appartiene esclusivamente allo spirito?
D. - E chi lo potrebbe?
M. - Dunque ti è assolutamente impossibile far dipendere da ragione e imitazione una scienza consistente nei suoni delle cetre e dei flauti. Infatti, come hai ammesso, non si dà imitazione senza l'intervento del corpo. Hai affermato anche al contrario che la scienza è soltanto dello spirito».

36. Mi riferisco agli studi sull'aritmetica del sonetto e in generale sull'aspetto numerologico della poesia italiana delle origini di Wilhelm Pötters (*Nascita del sonetto. Metrica e matematica al tempo di Federico II*, Ravenna, Longo, 1998; Id., *Chi era Laura? Strutture linguistiche e matematiche nel Canzoniere di Francesco Petrarca*, Bologna, Il Mulino, 1987; Id., *Chi era Beatrice? Teoria e allegoria del cosmo nella poesia di Dante*, Canterano, Aracne, 2018) e a quelli di D'Arco Silvio Avalle oggi raccolti nel volume *Le forme del canto. La poesia nella scuola tardoantica e altomedievale*, a cura di Maria Sofia Lannutti, Firenze, Edizioni del Galluzzo per la Fondazione Ezio Franceschini, 2017 (Quaderni di stilistica e metrica italiana, 7). Per il rapporto tra musica e poesia italiana medioevale sono essenziali, oggi, gli studi di Maria Sofia Lannutti, di cui mi limito a ricordare *Tradizione e innovazione nel pensiero musicale di Dante*, in *La biblioteca di Dante*, a cura di Roberto Antonelli e Lorenzo Mainini, Roma, Bardi Edizioni, 2022, pp. 743-761; *Petrarca e la musica, tra Francia e Italia*, in «Chroniques Italiennes», 42 (2022), pp. 67-88; *Da Casella a Checolino. Poesia e musica tra Duecento e Trecento a Firenze e Bologna*, in *La linea Bologna-Firenze. Cultura letteraria, saperi e scambi culturali nell'Italia del Due e Trecento*, a cura di Johannes Bartuschat e Sara Ferrilli, Ravenna, Longo, 2024, pp. 149-161.

Interpretando insomma temi platonici centrali nella cultura del suo tempo, Boezio consegna al Medioevo due prospettive poetiche in conflitto tra loro: quella (promossa ma non concretamente realizzata) di una poesia filosofica non mimetica nella misura in cui detiene il possesso stabile del suo oggetto non attraverso l'immagine ma attraverso il numero, e quella (condannata e coincidente con l'intera tradizione elegiaca) di una poesia mimetica che, secondo il modello della *Repubblica* platonica, non riflette l'immagine dell'oggetto (quella dell'equazione tra poesia e pittura di tradizione aristotelico-oraziana) ma lotta con la sua evanescenza.

3. Il poeta al bivio

1. *Strutture boeziane nel canzoniere d'autore*

Poiché nella *Consolatio* l'affermazione della filosofia coincide con la negazione della poesia delle passioni l'opera è strutturata su coppie di immagini opposte. Il poeta elegiaco è opposto al filosofo; le Muse della filosofia alle sirene della poesia; la verità alla realtà; la medicina filosofica al veleno elegiaco; il numero all'immagine sensibile.

La struttura del libro medioevale di liriche volgari nasce da questa rappresentazione della poesia dialettizzata a un mondo di verità a essa speculare e contrario, vicina al proprio fallimento, prossima a un suo desiderabile superamento.

Il canzoniere italiano d'autore deve inoltre al modello boeziano l'autoritratto del poeta posto all'inizio del libro: non semplicemente l'uomo invecchiato che dice al proprio lettore di non essere più quello di un tempo, trasmesso dalla tradizione elegiaca e oraziana, ma il poeta che accoglie il lettore rinnegando la poesia che ha praticato: è il caso del canzoniere di Guittone d'Arezzo e di quello di Francesco Petrarca.

Già si è detto però che, per quanto strutturante, la questione posta ai poeti dalla *Consolatio* – in che modo la poesia possa sollevarsi dal piano della contingenza a quello della verità – non reca con sé una soluzione – cioè un modello di poesia metafisica tecnicamente definito.

2. *La frattura tra poesia d'amore e poesia filosofica nel canzoniere di Guittone d'Arezzo*

La prima raccolta poetica d'autore in lingua italiana, quella di Guittone, ha un ordinamento molto caratterizzato che – è stato giustamente notato da Michelangelo Picone – anticipa quello dei *Rerum vulgarium fragmenta* petrarcheschi.

L'invenzione fondamentale di Guittone – trasformare in struttura una frattura biografica e poetica – è continuata da Petrarca; entrambi i canzonieri sono aperti da un testo proemiale centrato sulla presa d'atto del fallimento della poesia d'amore e dei suoi valori.

Il libro di Guittone è "sepolto" in uno dei tre grandi canzonieri delle origini, il Laurenziano Rediano 9, che antologizza su base metrica.[1] La sezione guittoniana presenta però anche un altro principio di ordinamento poiché individua due periodi della biografia dell'autore, coincidenti con due fasi della sua poetica: a «Guittone», cioè alla fase della sua vita che precedette l'entrata nell'ordine dei frati Gaudenti, è attribuita la poesia d'amore, mentre a «fra' Guittone» è attribuita la poesia filosofica e morale.

La sequenza dei pezzi mostra che alla svolta biografica corrispondente al cambio di poetica si sovrappone il tradizionale ordinamento metrico: la bipartizione in sonetti e canzoni è intersecata da quella biografico-poetica (secondo la sequenza canzoni morali, canzoni erotiche, sonetti erotici, sonetti morali)[2] in modo da comportare una messa in prospettiva della poesia d'amore, non solo incapsulata nella materia morale che occupa il primo e l'ultimo quarto della raccolta, ma anche esplicitamente rifiutata nella canzone d'esordio *Ora parrà s'eo saverò cantare*.

La struttura appena descritta non è autografa, ma non può che essere d'autore: l'ordinamento biografico-poetico realizza perfettamente la frattura poetica e intellettuale teorizzata nella canzone proemiale.

Michelangelo Picone, a cui si deve l'interpretazione più convincente della struttura del libro, indicò il modello delle *Confessioni* di Agostino:

> La bipartizione delle poesie in amorose e morali, e dello stesso poeta in Guittone e fra Guittone [...] anticipa quella analoga del canzoniere petrarchesco: essa segna cioè la netta volontà dell'autore di costruire la sua opera secondo il modello agostiniano della *conversio*, del passaggio dall'homo *vetus* all'homo

1. La formula è di Michelangelo Picone, *Guittone e i due tempi del «Canzoniere»* [1995], in Id., *Percorsi della lirica duecentesca*, Firenze, Cadmo, 2003, pp. 105-122, a p. 105. Sul codice si veda Lino Leonardi, *Il Canzoniere Laurenziano*, Firenze, Sismel, 2007.

2. Ecco la sequenza esatta: 24 canzoni morali aperte dalla proemiale canzone della conversione, *Ora parrà s'eo saverò cantare*, 24 canzoni d'amore, 85 sonetti erotici più uno di maestro Bandino a Guittone, 90 sonetti morali più 6 di corrispondenti.

novus e, secondo la tecnica della *recantatio,* della riscrittura palinodica della poesia profana in sacra.[3]

Il precedente agostiniano può calzare per la conversione, ma non per la coincidenza tra questa e il cambio di poetica: su questo piano, l'unico precedente è Boezio.

Dall'autoritratto dell'autore che ripudia la sua identità di poeta elegiaco per abbracciare quella di filosofo e dalla frattura boeziana tra due fasi biografiche e due tipi di poesia, uno passionale e uno filosofico in quanto liberato dalle passioni, dipendono evidentemente i temi della canzone proemiale di Guittone, aperta appunto da una messa al bando della poesia d'amore («Ora parrà s'eo saverò cantare / e s'eo varrò quanto valer già soglio, / poiché del tutto Amor fuggo e disvoglio») in nome della verità, filosoficamente fondata:

Ora parrà s'eo saverò cantare
e s'eo varrò quanto valer già soglio,
poiché del tutto Amor fuggo e disvoglio,
e più che cosa mai forte mi spare!
Ch'ad om tenuto saggio odo contare
che trovare non sa, né valer punto,
omo d'Amor non punto;
ma ch'è digiunto da verità mi pare,
se lo pensare a lo parlare assembra;
ché 'n tutte parte, ove distringe Amore,
regge follore in loco di savere.[4]

Il nesso tra amore e poesia predicato dall'«om tenuto saggio» (forse, come si sa, il Bernart de Ventadorn di *Chantars no pot gaire valer*), cioè dalla tradizione provenzale, è ritenuto «digiunto da verità», cioè falso, posta da un lato la natura razionale del linguaggio («se lo pensare a lo parlare assembra») e dall'altro l'irrazionalità delle passioni («ché 'n tutte parte, ove distringe Amore, / regge follore in loco di savere»).

Che la frattura biografico-poetica affermata nella poesia iniziale sia di origine boeziana è suggerito, oltre che dall'assenza di altri modelli

3. Picone, *Guittone e i due tempi del «Canzoniere»*, p. 170.

4. Guittone d'Arezzo, *Rime*, a cura di Francesco Egidi, Bari, Laterza, 1940, p. 59. Sui temi morali del canzoniere guittoniano si veda il recente *Guittone morale. Tradizione e interpretazione*, a cura di Lorenzo Geri, Marco Grimaldi, Nicolò Maldina e Maria Rita Traina, Firenze, Sismel, 2019.

forti in tal senso, anche dagli elementi che precisano il tema a varie riprese nella silloge. Margueron, il cui studio sulla cultura guittoniana resta insuperato, non mette quasi mai a frutto la *Consolatio*, inclusa tra le fonti latine del poeta con una riserva derivata dalla testimonianza dantesca secondo cui l'opera sarebbe stata poco diffusa.[5] In realtà, come vedremo, Dante non dice che l'opera era poco nota ma male interpretata (cap. 5, § 2), e Guittone mostra di conoscerla.

Nel sonetto 237, uno dei testi di ritrattazione della precedente produzione poetica,[6] che continua dunque il filo del discorso aperto dalla canzone proemiale, la poesia d'amore è rappresentata come frutto velenoso e mortale, contrapposto invece al frutto-teriaca, che medica e guarisce:

A te, Montuccio, ed agli altri, il cui nomo
non già volontier molto agio 'n obrio,
a cui intendo che savoro ha 'l mi pomo,
che mena il piccioletto arboscel mio,
non diragio ora già quanto e como,
disioso, di voi agio desio;
ma dico tanto ben, che nel meo domo
con voi sovente gioi prendo e ricrio.
E poi de' pomi miei prender vi piace,
per Dio, da' venenosi or vi guardate,
li quali eo ritrattai come mortali;
ma quelli, che triaca io so verace,
contra essi e contr'ogne veleno usate,
a ciò che 'n vita siate eternali.[7]

Troppo generico invocare la sistematica contrapposizione biblica tra buoni frutti e spine (la parabola del seminatore dei sinottici – *Mt*, 13, 1-23; *Mc*, 4, 1-20; *Lc*, 8, 4-15 – e immagini sparse come *Mt*, 7, 16-20 o *Lc*, 6, 43-45): Guittone esprime con questa contrapposizione quella tra poesia spirituale e poesia passionale, esattamente come Boezio. Nella *Consolatio* la poesia del mondo è infatti una pianta dal dolce veleno, le cui spine uccidono il frutto della ragione, e la filosofia una medicina che risana:

5. Claude Margueron, *Recherches sur Guittone d'Arezzo. Sa vie, son époque, sa culture*, Paris, Presses Universitaires de France, 1966, p. 239-240: «A l'actif de Guittone on peut inscrire les auteurs suivants. [...]. Boèce, dont le *De consolatione philosophiae* est assez bien connu, alors que Dante [...] nous certifie vers la fin du siècle que la lecture de ce livre [la *Consolatio philosophiae*] était encore peu répandue».

6. Margueron, *Recherches sur Guittone d'Arezzo*, p. 84.

7. Guittone, *Rime*, ed. Egidi, p. 266.

> Quis, inquit, has scenicas meretriculas ad hunc aegrum permisit accedere, quae dolores eius non modo nullis remediis fouerent, uerum dulcibus insuper alerent uenenis? Hae sunt enim quae infructuosis affectuum spinis uberem fructibus rationis segetem necant hominumque mentes assuefaciunt morbo, non liberant [...] Sed abite potius, Sirenes usque in exitium dulces, meisque eum Musis curandum sanandumque relinquite. [...] medicinae, inquit, tempus quam querelae.[8]

L'ipotesi di una ispirazione boeziana della canzone esordiale trova insomma conferma nell'impiego esplicito della contrapposizione tra poesia morale dei buoni frutti e poesia passionale delle spine in questo secondo testo di ritrattazione.

Guittone rielabora il tema in un mondo in cui il sincretismo boeziano tra Platone e Aristotele è ormai impraticabile, mentre la nuova disponibilità di fonti aristoteliche tradotte in latino, di cui il poeta è uno dei primi frequentatori,[9] offre spunti alla definizione ulteriore di una poesia filosofico-morale. L'identificazione aristotelica tra linguaggio e razionalità fonda ad esempio l'idea che anche l'esercizio della poesia la presupponga e questo esclude in radice la possibilità di una poesia d'amore (*Ora parrà*, v. 6: «ove distringe amore / regge follore in loco di savere») improntata all'idealismo razionalistico di origine aristotelica, la concezione della poesia guittoniana è del tutto divergente dall'irrazionalismo dell'ispirazione poetica concepito da Platone e veicolato nel Medioevo dalla cultura patristica, ma anche dal modello di poesia filosofica boeziano.

In sostanza, Guittone aggiorna il progetto di una poesia dell'astrazione abbandonando la difficilissima strada ritmico-aritmetica avviata su base platonica da Agostino e Boezio, e imboccando invece una via sostanzialmente contenutistica (i nuovi temi aristotelici), che verrà continuata da Dante.

Guittone varia inoltre il modello della *Consolatio* con una seconda innovazione fondamentale. Mentre Boezio abbandona la poesia del mondo

8. Boezio, *Consolatio Philosophiae*, I, pr. 1, 8-11, ed. Dronke, pp. 6-7: «Chi ha permesso a queste sciocche meretrici di teatro di avvicinarsi a questo malato? Esse non soltanto non sono in grado di lenire con alcun rimedio i suoi dolori, ma addirittura glieli accrescono con i loro dolci veleni! Sono loro, infatti, che per mezzo delle sterili spine delle passioni uccidono la messe della ragione, ricca di frutti, e abituano alla malattia la mente dell'uomo, anziché liberarla [...] Andatevene, piuttosto, Sirene dolci fino a procurar la rovina, e lasciatemi quest'uomo, da curare con le mie Muse e guarire!».

9. Si veda Margueron, *Recherches sur Guittone d'Arezzo*, pp. 318-332, discusso in Sonia Gentili, *La vulgarisation de l'Éthique d'Aristote en Italie aux xiii*[e] *et xiv*[e] *siècles: enjeux littéraires et philosophiques*, in «Médiévales» 63 (2012), pp. 47-58, a p. 54.

nella prospettiva già disegnata da Platone – il rifiuto dell'elegia per la filosofia – che va dal passato al futuro, Guittone racconta questa evoluzione in una chiave retrospettiva non riducibile, mi pare, a strategia del compilatore del manoscritto, come ipotizzò Picone:

> Nel canzoniere guittoniano non c'è quindi continuità ideologica né sviluppo stilistico, bensì discontinuità e rottura. È forse la coscienza di una tale frattura fra le due parti che ha indotto il copista di L ad alterare, ma solo per le canzoni, l'ordine cronologico di composizione, trascrivendo i testi di «Frate Guittone» prima di quelli di «Guittone»; ordine che viene però subito ristabilito per i sonetti, e che si trova comunque rispettato per le due forme metriche dal copista di V.[10]

La frattura e lo sguardo restrospettivo sono teorizzati dalla canzone esordiale e realizzati strutturalmente nel libro, che, al netto di possibili riordinamenti locali operati dal copista, appare dunque nella sua sostanza e nel suo complesso progettato dall'autore per esprimere il superamento della poesia d'amore.

3. *La poetica del frammento e il titolo del* Canzoniere *di Petrarca*

Il bivio tra poesia passionale e poesia spirituale sorregge, senza mai risolversi, l'impianto dei *Rerum vulgarium fragmenta* petrarcheschi e si concretizza nell'intermittenza continua dell'immagine vissuta, spenta dal tempo, condannata dalla coscienza eppure riaccesa dalla memoria.

Al contrario di Guittone, Petrarca assolutizza la frattura trasformandola in contraddizione permanente e non razionalizzabile, se è vero che nel processo ad Amore della canzone 360 la ragione, invocata a giudicare e risolvere, si pronuncia alla fine confessando la propria insufficienza (v. 157: «Più tempo abbisogna a tanta lite») e la preghiera finale alla Vergine non è un approdo spirituale ma piuttosto la disperata richiesta di una sospensione *per gratiam* della condanna alla passione.

La frattura iniziale messa in scena da Boezio diviene così in Petrarca l'immagine assoluta dell'identità del poeta, il cui stato di lacerazione non conosce risanamento ma solo il ciclo dell'apparente superamento e

10. Così Picone, *Guittone e i due tempi del «Canzoniere»*, a p. 109. Sull'ordinamento delle canzoni guittoniane si veda inoltre Roberto Leporatti, *Il 'libro' di Guittone e la "Vita Nova"*, in «Nuova rivista di letteratura italiana», 3 (2001), pp. 41-150.

del nuovo prodursi della “frammentazione” passionale platonico-boeziana (capp. 1, § 2 e 2, § 5).

Il titolo *Rerum vulgarium fragmenta*, oggetto di un importante filone della critica petrarchesca,[11] non è mai stato riportato a questa radice culturale. Questa mancata contestualizzazione ha fatto apparire la poetica del *fragmentum* come pura invenzione petrarchesca, mentre è in realtà il geniale svolgimento del tema platonico e in particolare della sua reinterpretazione boeziana.

La parola *fragmentum* / *frammento* compare, come è noto, solo nel titolo (non nei testi) del *Canzoniere*, e nel *Secretum*, mentre l'idea di perdita di unità e dispersione è largamente tematizzata nella raccolta poetica e nel Petrarca latino, in forme che sembrano richiamare e parafrasare idealmente il sostantivo che ci interessa investendo due sfere di significato:

1) il carattere materialmente *sparso*, cioè frammentato e disperso, della poesia del *Canzoniere*. Petrarca accenna a questo aspetto dei materiali usati per comporre il libro in *Familiares*, I, 1, 45 e *Epystole*, I, 1, 30-31; alla dispersione materiale di queste poesie fa eco, sul piano sostanziale, la varietà stilistica («il vario stile in ch'io piango e ragiono»), su cui più giù torneremo;
2) il carattere psicologico e morale di divisione interiore. Petrarca lo esprime ad esempio in *Rerum vulgarium fragmenta*, 135, 26 («et me tenne [Laura] un, ch'or son diviso e sparso»), ma, soprattutto, ne dà una definizione di eccezionale interesse alla fine del *Secretum*:

> A. - Impetratum puta, modo te ipse non deseras; alioquin, iure optimo desereris ab omnibus.
> F. - Adero michi ipse quantum potero, et sparsa anime fragmenta recolligam, moraborque mecum sedulo.[12]

11. Basti ricordare due classici sul tema, e cioè Francisco Rico, *«Rime sparse», «Rerum vulgarium fragmenta». Para el titulo y el primer soneto del «Canzoniere»*, in «Medioevo romanzo», 3/1 (1976), pp. 101-138, e Marco Santagata, *I frammenti dell'anima*, Bologna, il Mulino, 1992, che convergono, tra l'altro, nel presentare i *fragmenta* del titolo come assoluta novità priva di precedenti culturali.

12. Francesco Petrarca, *Secretum*, III, 214, p. 282: «A. - Considerati esaudito, purché tu non diserti te stesso, altrimenti a ragione sarai disertato dagli altri. F. - Mi riunirò a me stesso quanto più riuscirò, e raccoglierò gli sparsi frammenti della mia anima e resterò con me stesso con sollecitudine». Mi distacco dalla bella traduzione di Enrico Fenzi per far emergere i significati – *adero michi*, “mi riavvicinerò a me stesso, mi riunirò con me stesso”; Fenzi propone invece «sarò presente a me stesso»; *morabor mecum*, “resterò con

Si sono indicate per quest'idea di riunificazione con sé stessi ascendenze stoiche e cristiane, che devono intendersi però – anzitutto per i riscontri agostiniani – come assimilazioni del già visto concetto timaico relativo al ripristino dell'unità armonica dell'anima (capp. 1, § 5 e 2, § 6). A Petrarca, lettore dei padri ma anche fruitore diretto del *Timeo* tradotto da Calcidio,[13] si sarà presentata una costellazione culturale omogenea, in cui il concetto tipicamente tardo antico dell'*habitare secum*[14] o celebri formule agostiniane (ad esempio *Confessiones*, II, 1, 1: «colligens me a dispersione, in qua frustatim discissus sum, dum ab uno te aversus in multa evanui») risultano unite da una comune ispirazione timaica, che vale la pena di richiamare:

> Harmonia vero, idem est modulatio, utpote intentio modificata, cognatus et velut consanguineas habens commotiones animae nostrae circuitionibus, prudenter utentibus Musarum munere temperantiaeque causa potius quam oblectationis satis est commoda, quippe quae discrepantes et inconsonantes animae commotiones ad concentum exornationemque concordiae Musis auxualiantibus revocet; rythmus autem datus ut medela contra illepidam numerorumque et modorum nesciam gratiaeque expertem in plerisque naturam.[15]

me stesso" in luogo del «dimorerò in me» di Fenzi – che mi paiono derivare dal passo del *Timeo* discusso di seguito.

13. Del suo Platone mediato dalle *Tusculanae* di Cicerone – percorso che, come vedremo nel cap. 4, § 2, trova perfetto riscontro in Cavalcanti – Petrarca parla in *Secretum*, II, 98, pp. 170-172 : «Apud me [auctoritas] presertim hominis illius, de quo alte michi quidem insedit illud Ciceronis in Tusculano. "Plato" inquit "etsi rationem nullam afferret (vide quid homini tribuo), ipsa autoritate me frangeret"»; «Per me [l'autorità è] soprattutto quella di Platone, del quale mi è rimasto impresso quanto dice Cicerone nelle *Tusculanae*: "Platone, anche se non portasse alcun argomento (vedi quale omaggio gli rendo!) mi demolirebbe con la sua autorità"». Altri temi platonici in Petrarca sono molto ben delineati da Luca Marcozzi, *Petrarca platonico*, Roma, Aracne, 2004, che offre anche una ricognizione di libri accessibili al poeta a p. 50, note 9-12, con bibliografia. Segnalo però che il Par. Lat. 6280 è qui classificato come codice del *Fedone*, mentre contiene il *Timeo* nella versione di Calcidio.

14. Su cui si veda Pierre Courcelle, *«Habitare secum» selon Perse et selon Grégoire le Grand*, in «Revue des Études Anciennes», 69 (1967), pp. 266-279. Per altri riscontri senecani, agostiniani ed evangelici si veda Petrarca, *Secretum*, commento *ad locum*, p. 417, con bibliografia.

15. Platone, *Timeo*, versione di Calcidio, 47 c - d, p. 45: «Avendo movimenti affini ai moti circolari della nostra anima l'armonia – cioè la modulazione in base alla modifica dei toni –, per chi usufruisce con discernimento delle Muse, è utile al dono della temperanza piuttosto che al piacere irrazionale, e per ridurre all'ordine e alla bellezza della concordia i moti dell'anima tra loro divergenti [*discrepantes*] e discordanti [*inconsonantes*]. Il ritmo ci è stato dato infatti come medicina contro la rozza natura dei più, ignara di numeri e armonie

Questa *revocatio ad concentum sui*, questo ritorno del sé alla concordia interiore mi pare la base concettuale del passo delle *Confessioni* e di quello del *Secretum* appena citati.

La *revocatio* armonica è possibile secondo Platone solo grazie alle Muse: punto cruciale per Boezio, che perciò propone una filosofia di forma poetica, e anche per Petrarca, sensibile al tema della costruzione morale dell'individuo su base poetica più che filosofica. Su questo sfondo, dunque, la poesia dei *Rerum vulgarium fragmenta* si propone di esprimere lo stato di *discrepatio*, di «divisione» da sé determinata dalle passioni.

L'amante è non solo interiormente lacerato, ma anche diviso da sé stesso (*Rerum vulgarium fragmenta*, 23, 19-20: «e mi fece obliar me stesso a forza: / che ten di me quel d'entro, et io la scorza») e dagli altri uomini a partire da *Rerum vulgarium fragmenta*, 17, 4: «per cui sola dal mondo son diviso», sonetto che introduce e delinea il tema della solitudine passionale strettamente legato alla condizione psicofisiologica, poi fondamentale nella sestina 22 e nel sonetto 35 (su cui si veda cap. 4, § 4).

Che Petrarca intendesse stabilire una forte tensione evocativa tra titolo e poesie del libro è chiaro dalla soglia dell'opera, dove si fanno incontro al lettore le famose «rime sparse» (*Rerum vulgarium fragmenta*, 1,1).

Nella forma concreta in cui Petrarca concepì il libro – cioè nell'impaginazione del Vat. Lat. 3195 – nel rigo sotto al titolo sono collocati, com'è noto in forma continua, i primi due versi.

All'occhio di chi legge la formula del titolo *Rerum vulgarium fragmenta* risulta dunque materialmente variata e "sottotitolata" al rigo sottostante dalla sequenza «in rime sparse il suono / di quei sospiri ond'io nudriva il core»: è questo il primo caso di nesso intertestuale del libro. Nel "sottotitolo" lo stato di frammentazione investe la poesia («le rime sparse»), la sua materia sentimentale («i sospiri») e il cuore che di questo si nutre.

Al tempo di Petrarca una poetica della frammentazione del sé era teorizzata nel più diffuso commento medioevale alla *Consolatio Philosophiæ* di Boezio, dovuto a Guglielmo di Conches.

In modo tipicamente medioevale, il nesso platonico tra frammentazione interiore e poesia passionale, tema effettivo e strutturante della *Consolatio* boeziana, viene spiegato attraverso una sua localizzazione simbolica nell'incipit dell'opera, ottenuta però attraverso una forzatura del suo significato letterale:

e priva di grazia»; mia la traduzione. Per l'originale greco e la bibliografia sul passo si veda il cap. 2, § 6.

> Lacere Camene dictant. Camaena dicuntur quasi canentes amene quelibet scientie. Sed sunt alie integre, alie lacere. Integre sunt philosophica sententie [...]. Lacere dicuntur poetice sententie, id est scientie fingendi et describendi metrice, quia lacerant corda hominum et inconstantiam reddunt reducendo ad memoriam vel voluptatem vel dolorem, non instruendo vel consolando.[16]

Secondo Gugliemo, raffigurando le Muse elegiache come piangenti e lacere, Boezio le oppone a quelle «integre» della filosofia perché esse «lacerano i cuori umani [quia lacerant corda hominum] e li rendono instabili [et inconstantiam reddunt] risvegliando nella memoria sia il piacere che il dolore [reducendo ad memoriam vel voluptatem vel dolorem] invece di istruire e consolare [non instruendo vel consolando]».

Guglielmo di Conches, commentatore di Boezio e anche, come si è visto al cap. 2, § 6, di Platone, sin dall'inizio della *Consolatio* porta in primo piano la dialettica tra unità psicologica prodotta dalla filosofia e lacerazione interiore determinata dalla poesia passionale. Per farlo, reinterpreta in questo senso l'aspetto lacero dell'elegia, che nel testo boeziano vale in realtà non simbolicamente, ma letteralmente, come segno di miseria e sventura. Guglielmo sovrainterpreta per emblematizzare: e crea così l'immagine di una poetica della lacerazione interiore che il suo commento lega ormai, per i lettori medioevali, al testo boeziano.

Petrarca mostra di aver studiato approfonditamente questa zona della *Consolatio* e la sua tradizione esegetica poiché come vedremo (cap. 4, § 5) ne discute un punto cruciale – quello della cacciata delle Muse poetiche ad opera della Filosofia.[17] La coincidenza tra la poetica della lacerazione

16. Guglielmo di Conches, *Glosae super Boetium*, ed. Lodi Nauta, Turnhout, Brepols, 1999 (Corpus Christianorum. Continuatio Medievalis, 158), p. 11. Traduco il passo: «Le Camene lacere poetano. Sono chiamate Camene, cioè quasi "piacevoli cantanti di ogni scienza". Ma ce ne sono alcune integre e altre lacere. Sono integre quelle della filosofia [...]. Sono lacere quelle della poesia, cioè la scienza dell'imitazione e dell'espressione in versi, perché lacerano i cuori umani e inducono in essi instabilità, richiamando alla memoria piaceri e dolori, senza né insegnare né consolare».

17. Si veda ad esempio Francesco Petrarca, *Inuectiue contra medicum*, I, 142-151, p. 44: «Boetium Severinum aduersus sacras Pyerides testes citas [...]. Ille igitur quid inquit? Ab aegrotantis cura scenicas meretriculas philosophico procul arcet edicto. Viue, bellator egregie: uniuersam poesim letali dardo transfixisti. Certe, siquid eorum de quibus tam temerarie disputas didicisses, scires scenicam illam quam Boetius notat ipsos inter poetas in precio non haberi. Non autem uidisti, cece, quod iuxta erat, licet ad ipsum literis tuis ignoranter inseres. Quid enim ait? "Veris eum Musis curandum sanandumque relinquite". Hee sunt Muse quibus, si qui usquam hodie supersunt, poete gloriantur ac fidunt, quarum ope

boeziana spiegata da Guglielmo e il titolo e "sottotitolo" petrarchesco è complessiva e sostanziale.

Nel commento di Guglielmo a Boezio lo stato di frammentazione è un carattere della poesia – raffigurata come lacera – e della soggettività che la produce o ne fruisce, proprio come nei primi due versi del sonetto proemiale petrarchesco. La formula *lacerationes cordis* di Guglielmo è inoltre perfettamente sovrapponibile all'espressione del *Secretum* «fragmenta [...] anime».

La poetica della lacerazione boeziana ci restituisce il senso esatto del mito finale della canzone 23, aperta da una passione amorosa che in età giovanile ha diviso il poeta da sé stesso, e conclusa dall'immagine di Atteone sbranato dai cani, emblema non solo psicologico dunque, ma anche poematico, di questa lirica d'amore.

La causa della divisione interiore è indicata da Guglielmo nell'azione della poesia sulla memoria che riporta in vita il passato. Petrarca costruisce su questo punto l'intero meccanismo "retrospettivo" del Canzoniere, il cui presente non coincide solo col momento vissuto ma anche col suo tornare vivo attraverso il ricordo, sebbene sia stato già giudicato e rifiutato sul piano morale. Più che la narrazione di uno svolgimento, il Canzoniere trasmette al lettore la dinamica e il senso di un ritorno ciclico del vissuto riacceso attraverso la rievocazione poetica, vero motore narrativo dell'opera.

È notevole, infine, la ripresa petrarchesca di un ultimo punto della poetica esposta da Guglielmo di Conches.

Nel suo commento a Boezio, la poesia passionale è caratterizzata anche da ciò che non riesce a fare: al contrario della poesia filosofica, capace di guarire le lacerazioni interiori "unificando" l'anima, l'elegia non può «istruire né consolare».

C'è un'immagine di Laura posta al capezzale di Francesco, dal valore macrotestuale, non meno rilevante di quella dafnea e a essa complementare, che disegna un trionfo mancato della poesia metafisica su quella passionale, e dunque un percorso petrarchesco opposto a quello boeziano.

non egra corpora mactare, sed egris animis succurrere didicerunt». Su questo punto si veda Sonia Gentili, *Poesia e immagine: storia di un'idea da Boezio a Boccaccio*, in *Immagine poetica, immaginazione: Dante e la cultura medioevale*, a cura di Ead. = «Letteratura & Arte», 6 (2018), pp. 159-174, e Ead., *Le poète chassé de la ville: un thème platonicien chez Pétrarque et Boccace*, in *L'homme comme animal politique et parlant*, a cura di Gianluca Briguglia, Sonia Gentili e Irène Rosier-Catach = «Philosophical Readings», XII/1 (2020), pp. 196-204.

Nella prima sezione del libro, Laura appare al capezzale di Petrarca come la Filosofia era apparsa sul letto di Boezio (250, 1: «Solea lontana in sonno consolarme»; 282, 1-2: «Alma felice che sovente torni / a consolar le mie notti dolenti»); si tratta, secondo Santagata, di «una serie di apparizioni notturne»,[18] ma il ricorrere della sua azione consolatoria in entrambi i testi aggancia la scena a quella boeziana più che alla generica tradizione della *visio in somniis*.

La cosa si fa chiarissima nella canzone 359, una delle soglie finali dell'opera, posta subito prima del processo ad Amore (360) anche per fondare concettualmente e poeticamente lo scacco riservato in questo testo alla ragione.

Una notevole intuizione dei punti di contatto tra la filosofia boeziana e la Laura consolatrice di questa canzone si deve a Rosanna Bettarini:

> La donna che siede sulla sponda del letto come la bella Filosofia nella Consolatio di Boezio, amorevole e severa, insofferente a lacrime e querele («quanto era meglio alzar da terra l'ali...», v. 39), ostile al linguaggio delle Muse «usque in exitium dulces», inabile a guarire le piaghe dell'anima («queste dolci tue fallaci ciance», quarta stanza), e che vuole interpretati i suoi signa distintivi.[19]

L'intuizione meritava di essere approfondita mentre regredisce a cursoria segnalazione tra altri modelli possibili in Santagata.

Dopo la sua morte, dunque, nella canzone 359, Laura torna a manifestarsi nella forma dell'allegoria consolatrice di stampo boeziano:[20] «ponsi del letto in su la sponda manca» (v. 3), spirito del paradiso disceso solo per consolare Francesco (v. 11: «mi mossi e vengo sol per consolarte»). Laura parla ormai con le parole metafisiche della sua collocazione eterna, caratterizzate poeticamente dal richiamo all'Orfeo non più elegiaco ma sapienziale: esse «i sassi romper ponno» (v. 70), cioè vincere la materia con la sapienza dello spirito. Fin qui saremmo nella piena esecuzione del modello della *Consolatio*.

18. La formula compare nell'introduzione al sonetto 282 in Petrarca, *Rerum vulgarium fragmenta*, ed. Santagata, p. 1134.

19. Petrarca, *Rerum vulgarium fragmenta*, ed. Bettarini, vol. II, p. 1664.

20. La canzone è fortemente e geneticamente legata al *Triumphus mortis*, come dimostrò Emilio Pasquini, *La canzone CCCLIX*, in «Lectura Petrarce», V (1985), pp. 227-247, ma il testo del *Triumphus* non esibisce gli elementi boeziani contenuti nella canzone. Questo, a prescindere dalla cronologia, indica che la contestualizzazione del testo nel Canzoniere è segnato proprio dalla ripresa del filo consolatorio teso dai due testi precedenti.

Succede invece che le parole di Laura non riescono a medicare la nostalgia petrarchesca per «i capei biondi e l'aureo nodo», cioè per la fisicità di Laura, il cui «spirito ignudo» genera non consolazione ma solo pianto:

Quando il soave mio fido conforto
per dar riposo a la mia vita stanca
ponsi del letto in su la sponda manca
con quel suo dolce ragionare accorto,
tutto di pietà et di paura smorto
dico: «Onde vien' tu ora, o felice alma?»
Un ramoscel di palma
et un di lauro trae del suo bel seno,
et dice: «Dal sereno
ciel empireo et di quelle sante parti
mi mossi et vengo sol per consolarti.
[…]
«Son questi i capei biondi, et l'aureo nodo,
– dich'io – ch'ancor mi stringe, et quei belli occhi
che fur mio sol?» «Non errar con li sciocchi,
né parlar – dice – o creder a lor modo.
Spirito ignudo sono, e 'n ciel mi godo:
quel che tu cerchi è terra, già molt'anni,
ma per trarti d'affanni
m'è dato a parer tale; et anchor quella
sarò, più che mai bella,
a te più cara, sí selvaggia et pia,
salvando inseme tua salute et mia».
I' piango; et ella il volto
co le sue man' m'asciuga, et poi sospira
dolcemente, et s'adira
con parole che i sassi romper ponno:
et dopo questo si parte ella, e 'l sonno.

Come la Filosofia boeziana, che spiega i simboli raffigurati sulla sua veste, così la Laura celeste «vuole riconosciute», dice efficacemente Bettarini, le proprie insegne paradisiache che accoppiano la poesia – il lauro – al trionfo dello spirito sulla materia – la palma.

La canzone segna dunque il momento della spiritualizzazione in senso platonico-cristiano della poesia, proposta da Laura ormai santa, così come nella *Consolatio* la Filosofia annette la poesia ai suoi territori metafisici e sapienziali. La differenza tra le due situazioni sta nel fatto che l'azione consolatoria della donna metafisica e la spiritualizzazione della poesia di cui essa è portatrice, riuscita nella *Consolatio*, qui fallisce perché il suo alunno non riesce a distogliere lo sguardo dalle immagini del mondo.

Se la cacciata delle Muse elegiache da parte della Filosofia boeziana è continuata nel rimprovero rivolto da Laura al pianto elegiaco di Francesco, *Consolatio* e *Rerum vulgarium fragmenta* divergono nella risposta del protagonista: Boezio lascia l'elegia per la filosofia come è prescritto da Platone; Petrarca resta invece nell'elegia del mondo e nel proprio pianto.

La contrapposizione di immagini – le insegne dello spirito esibite da Laura celeste contro quelle del corpo di Laura terrena rimpiante da Francesco – implica un remoto ma autentico sapore dantesco della scena.

Dante è qui poco presente in termini di dirette citazioni,[21] ma è chiamato in causa da una allusione complessiva alle «false immagini di bene» mondane rimproverate da Beatrice al suo protetto sulla soglia del Paradiso, a loro volta disegnate sull'imperfezione del bene nelle immagini mondane espressa nella *Consolatio*.[22] Come si vedrà (cap. 5, § 2), in Dante il tema si iscrive in un superamento della frattura boeziana tra poesia passionale e poesia filosofica opposto alla dialettica permanente del Canzoniere, e dunque l'evocazione di questo punto serve a Petrarca a marcare, diversificandola da quella dantesca, la propria presa di posizione sul tema.

Per questo Laura usa le parole con cui il Virgilio dantesco accusa Dante di non capire l'ordine dell'eterno e di riportarlo a sentimenti mondani (*Inf.* XX, 28: «ancor sei tu degli altri sciocchi? Qui vive la pietà quand'è ben morta»). Risulta significativo su questo piano soprattutto l'uso del verbo *errare*: gli «erranti» sono infatti coloro contro cui nel IV trattato del *Convivio* Dante scrive le nuove rime filosofiche e spirituali abbandonando le dolci rime d'amore, a ciò invitato dagli atti di rimprovero della sua donna.

21. Si veda sul tema Claudio Giunta, *Memoria di Dante nei Trionfi*, in «Rivista di Letteratura Italiana», 11 (1993), pp. 441-452.

22. Si tratta di *Purgatorio*, XXX, 130-133, dove Beatrice incontra Dante dicendo a Virgilio che «volse i suoi passi per via non vera / imagini di ben seguendo false / che nulla promission rendono intera»). Il passo (su cui si veda il cap. 5, § 2) riscrive *Consolatio philosophiae*, III, pr. 9, 30, ed. Dronke, pp. 112-113: «hec [mortales res] igitur vel imagines veri boni vel imperfecta quaedam bona dare mortalibus videntur, verum autem atque perfectum bonum conferre non possunt» («esse [le cose mortali] sembrano offrire immagini mortali del vero bene, o di qualche specie di bene imperfetto, ma non possono garantire il bene vero e perfetto»; cfr. Dante Alighieri, *Purgatorio*, commento Inglese, p. 368.

Il *pattern* boeziano è deviato da Petrarca verso il soggettivismo dei *Rerum vulgarium fragmenta*, dove non è più la celeste consolatrice a cacciare la poesia delle passioni, ma la consolazione di quest'ultima a essere rifiutata dal poeta elegiaco, inconsolabile perché condannato al ricordo.

Poco prima, d'altronde, nella canzone 270, l'episodio di Orfeo che perde Euridice posto al centro della *Consolatio* come emblema dell'incapacità della poesia di trattenere i suoi fantasmi terreni è anch'esso ripreso da una prospettiva opposta a quella boeziana: non dal punto di vista della saggezza filosofica che condanna l'elegia di Orfeo per l'amata, ma da quello dello stesso Orfeo sofferente che rimprovera all'Amore di non poter esercitare il proprio dominio sull'eterno (Laura è raffigurata come tesoro – vv. 5-6: «Il mio amato tesoro in terra trova, / che m'è nascosto» –, simbolo dei beni instabili della fortuna nel libro II della *Consolatio*). Amore raffigurato in forma di Orfeo non può richiamare in vita Laura (vv. 29-30: «Ora al tuo richiamar venir non degno / ché segnoria non hai fuor del tuo regno»),[23] tema d'altronde implicato nella canzone 323, in cui Laura è collocata in una sorta di Paradiso terrestre e connotata con i tratti della Matelda dantesca, ma questa promessa di perennità è smentita: Laura-Matelda muore come Euridice.[24]

L'Orfeo petrarchesco, in generale veicolato dalle fonti ovidiane e virgiliane,[25] è però filtrato dall'immagine boeziana del poeta che volgendosi al bene perduto sceglie la strada del Tartaro (*Consolatio Philosophiae*, III, m. 12, 55-56: «[...] qui Tartareum in specus / victus lumina flexerit») nell'autoritratto di Petrarca che, voltosi indietro, ha imboccato la via che tradizionalmente conduce agl'inferi, cioè quella posta a sinistra del bivio pitagorico.[26]

23. Sul motivo della perdita radicale di ciò che è rapito dalla morte fisica si veda Enrico Fenzi, *La canzone 270 (Amor se vuo' ch'i' torni al giogo anticho)*, in «Atti e memorie dell'Accademia Galileiana di Scienze Lettere ed Arti in Padova», 118 (2005-2006), pp. 291-308, e Id., *I percorsi del lutto (Rvf 271-280)*, in *Canzoniere: lettura macro e micro testuale*, Ravenna, Longo, 2007, pp. 595-616.

24. Si veda su ciò la fine analisi di Alessandro Pancheri, *Laura de Paradiso (terrestre)*, in *Il Dante di Petrarca*, atti del convegno Internazionale di Arezzo (4-6 novembre 2021), a cura di Natascia Tonelli, Padova, Antenore, 2024, pp. 37-61, a p. 59.

25. Soprattutto queste fonti sono valorizzate nella bella analisi di Maria Sofia Lannutti, *«Orpheus alter». La riformulazione del mito di Orfeo nel Canzoniere di Petrarca*, in «Giornale storico della letteratura italiana», 141 (2024), pp. 161-201.

26. Petrarca, *Secretum*, III, 152, pp. 222-223: «A.: [...] Que quamvis, ut nosti optime, fabulosa narratio tota sit, ad nature tamen ordinem respexit ille, dum fingeret. Sed cum obstupuisses ad illius occursum, cur ad levam potissimum deflexisti? F.: Puto quia proclivior videbatur et latior; dextera enim et ardua et angusta est. A.: Laborem igitur timuisti [...]»

4. *La soggettivizzazione della poesia*

Petrarca rilegge il modello boeziano sottoponendo la rappresentazione della poesia a una soggettivizzazione che investe anche la dialettica stilistica del Canzoniere.

L'autenticità del pianto elegiaco non è solo segno della sua realtà, ma anche del fatto che la poesia rischia cioè di non sollevarsi dalla passione che esprime, cioè di confondersi coi «veri pianti»: il venir meno della distanza minima ed essenziale tra vissuto e parola, tra passione ed espressione è, come si sa, il limite della poesia amorosa denunciato da Guittone (*Ora parrà s'eo saverò cantar*, 10-11: non può esserci poesia d'amore perché «dove distringe Amore / regge follore») ed è anche la sconfitta regolare e periodica della poesia nei *Rerum vulgarium fragmenta*. Nello sviluppo petrarchesco del tema (292, 14 «e la cetera mia rivolta in pianto», verso in cui la traccia boeziana concorre a quella biblica)[27] la poesia-pianto è appunto il limite "inferiore" della poesia, quello superiore essendo costituito dalla preghiera della canzone 366. Si tratta dei due poli espressivi platonico-boeziani: quello innodico e quello mimetico (capp. 1, § 6 e 2, § 6).

I pianti attribuiti al poeta nel sonetto proemiale (v. 5: «piango e ragiono») sono il punto d'avvio del testo boeziano ma, avverte Guglielmo di Conches, prevedono due diverse possibilità di lettura:

> Elegi est versus de miseria, elegi est enim de miseria. Rigant ora veris fletibus id est sunt cause quare fleam, quia scribendo reducebatur miseria ad memoriam; et inde cogitabatur ad lacrimas.
> Sed notandum est quod dicit "veris fletibus". Sunt enim quidam ex adulatione et non veri, ut ait Iuvenalis, cum de adulatore loqueretur. «Flet, si lacrimas conspexit amici, nec dolet».

(A.: [...] Ma perché mai tu, precisamente, quando sei rimasto sbalordito nel vederla, hai piegato per la strada di sinistra? F.: Perché mi sembrava più facile, credo, e più larga. Quella di destra è difficile e stretta. A.: Dunque hai avuto paura della fatica [...]»). Il tema è rapidamente richiamato in *Rerum vulgarium fragmenta*, 264, 21.

27. Si veda ad esempio l'Arrighetto (in *Volgarizzamenti del Due e Trecento*, a cura di Cesare Segre, Torino, Utet, 1964, pp. 217-236, a p. 220): «Il mio canto è volto in pianto, e la dolcezza della mia viuola è convertita in amaritudine di lagrime». Sulle mutazioni medievali della fonte biblica sino all'immagine petrarchecsa si veda Francisco Rico, *Un poema de Gautier de Châtillon: fuente, forma y sentido de "Versa est in luctum"* [1977], ora in Id., *Estudios de literatura y otras cosas*, Barcelona, Ediciones Destino, 2002, pp. 13-33.

Sunt alii et veri qui ex dolore vel pietate proveniunt. Aliter potest legi versus iste, scilicet quod elegi sit genitivus hoc modo: Camene lacere dictant michi scribenda et rigant mea ora elegi id est miseri.[28]

I versi non sono ormai più in grado di produrre nessun altro suono che quello della sofferenza: è «il suono / dei sospiri» petrarchesco. Le due letture del passo indicate da Guglielmo, però, danno luogo a due immagini leggermente diverse.

Al centro della prima lettura c'è la soggettività allegorica della poesia elegiaca («veris elegi fletibis ora rigant»: *elegi* è al nominativo e dunque «i versi elegiaci bagnano il volto di vere lacrime»), mentre la seconda è centrata sulla soggettività lirica, sui pianti del poeta (*elegi* è al genitivo e dunque «il volto dello sventurato è bagnato da vere lacrime»): è evidentemente questa la strada petrarchesca (*Rerum vulgarium fragmenta*, 1, 5: il «vario stile in ch'io piango e ragiono»).

La figurazione boeziana della poesia delle passioni gioca un ruolo di fonte "primaria" nella tradizione medioevale anche in quanto assorbe l'immagine elegiaca della passione che detta al poeta ciò che scrive, la cui formulazione ovidiana (*Amores*, II, 1, 138: «me [...] Carmina quae mihi dictat Amor») assorbita da Boezio (*Consolatio Philosophiae*, I m. 1, 3: «mihi [...] dictant scribenda Camenae»)[29] è impiegata da Dante per raffigurare il «nuovo stile» in *Purgatorio*, XXIV, 52-54 («[...] io mi son un che, quando / amor mi spira, noto, e a quel modo / ch'e' ditta dentro vo significando»).[30]

La tradizione elegiaca seguita da Boezio e Dante valorizza l'immagine di sapore più arcaico e "oggettivo", che pone in primo piano la personificazione della poesia, mentre Petrarca sceglie quella che risulta a noi più "moderna", centrata sulla soggettività del poeta.

28. Gugliemo di Conches, *Glosae super Boethium*, p. 11: «Quello elegiaco è un metro dedicato alla condizione di miseria; questa è infatti la materia dell'elegia. Le guance si rigano di vere lacrime, cioè sono la causa per cui piango, perché scrivendo la sofferenza è richiamata alla memoria e ci si arrovella sino alle lacrime. Tuttavia bisogna notare che dice "con vere lacrime". Ce ne sono infatti di non vere, causate dalla volontà di adulare, come dice Giovenale quando parla di questo: "Piange se ha visto piangere l'amico, ma senza soffrire". Altre invece sono vere: vengono dal dolore e dalla compassione. Questo verso si può leggere diversamente, e cioè interpretando *elegi* come genitivo, in questo modo: Le lacere Camene mi dettano le cose da scrivere e rigano le mie guance di elegiaco, vale a dire di sventurato».

29. Si veda sul tema Claassen, *Literary Anamnesis*.

30. Per le fonti del luogo dantesco cfr. Dante Alighieri, *Purgatorio*, commento Inglese, p. 295.

5. *Poesia delle passioni e «vario stile»*

Il «vario stile» che per esplicita affermazione petrarchesca (*Rerum vulgarium fragmenta* 1: «Il vario stile in ch'io piango e ragiono») caratterizza il Canzoniere è spiegato dall'autore, e dunque dai commentatori di ogni tempo, come effetto della varietà di sentimenti che caratterizza la passione amorosa;[31] a questo si è aggiunta la costatazione che i due poli della varietà sono, secondo la norma platonico-boeziana, il pianto e il ragionamento (in Boezio il razionalismo filosofico; in Petrarca la meditazione spirituale).

Questo nesso, giudicato originale e moderno,[32] è invece antichissimo e tradizionale: si è detto che il rapporto tra lirica e varietà del canto è il più arcaico dei motivi prefilosofici assorbiti nel concetto di *mimesis* poetica da Platone, che lega strettamente varietà dei suoni e frammentazione interiore di origine passionale (capp. 1, § 4 e 1, § 5). Il capitolo medioevale di questa tradizione, costituito dalla condanna della varietà dei ritmi contenuta nel *De musica* di Boezio e in quello di Agostino, è certamente presente a Petrarca, che conosce entrambe le opere.[33]

Il nesso tecnico tra varietà e lirica affermato da Isidoro di Siviglia, approfondito dalla critica recente in relazione a Petrarca,[34] non è alternativo alla caratterizzazione morale della *varietas* ma interno a essa, poiché discende dallo stesso insieme di nozioni platoniche di cui è d'altronde permeato il capitolo isidoriano sui poeti.[35]

31. Ad esempio Santagata, *I frammenti dell'anima*, p. 106.

32. Cfr. Guido Capovilla, *«Sí vario stile». Studi sul canzoniere del Petrarca*, Modena, Mucchi, 1998, p. 7: «la consapevolezza della assoluta originalità della propria scrittura lirica, laboriosamente modellata e calibrata nella sua varietà stilistica».

33. Dell'origine platonica del nesso, che lascia traccia di sé in una valutazione più o meno larvatamente negativa della varietà, presente in Petrarca stesso, i lettori divengono più coscienti, naturalmente, in epoca cinquecentesca: Giulio Camillo commenta il vario stile petrarchesco riportandolo appunto alla caratterizzazione varia e molteplice dello stato passionale data dal *Simposio* platonico (Giulio Camillo, *Espositione sopra 'l primo e 'l secondo sonetto del Petrarca*, p. 217).

34. Mi riferisco all'indagine intelligente e documentata di Marco Grimaldi, *Petrarca, il «vario stile e l'idea di lirica»*, in «Carte romanze», 2/1 (2014), pp. 152-210.

35. Mi riferisco a Isidoro di Siviglia, *Etymologiae*, VIII, viii, 4, p. 658: «Lyrici poetae ἀπὸ τοῦ ληρεῖν, id est a varietate carminum. Unde et lyra dicta» («I poeti lirici hanno tratto nome ἀπὸ τοῦ ληρεῖν, cioè dal verbo delirare riferito alla varietà dei carmi, verbo da cui ha preso il nome anche la lira»). La distinzione isidoriana fra i tre tipi di discorso poetico ricalca quelli illustrati da Socrate in Platone, *Repubblica*, III, 392 c - 398 b (VIII 7,11), p. 661: «Apud poetas autem tres characteres esse dicendi: unum, in quo tantum poeta loquitur, ut

Isidoro raccoglie dai grammatici classici la paretimologia che connettendo la poesia lirica al verbo ληρεῖν ("sragionare", "mutare continuamente d'animo") sintetizza appunto il nesso originario tra varietà lirica e mutevolezza psicologica. Attribuire la tematizzazione dell'interiorità a Petrarca e alla tradizione post petrarchesca in opposizione a una concezione antica della *varietas* lirica di tipo tecnico e "oggettivo", come è stato fatto recentemente,[36] vuol dire cancellare il nesso tra ritmo e movimenti passionali, centrale nell'estetica antica e di qui in quella boeziana e agostiniana.[37]

6. *Illusorietà dell'immagine, inconoscibilità dell'idea*

Alla grande poesia visionaria medioevale portata al suo limite d'altezza da Dante si oppone la continua allucinazione delle vanità petrarchesche: tanto la visione dantesca è uno schiarirsi progressivo, lineare e ininterrotto dell'essere che fonda l'uomo, quanto quella petrarchesca è un'intermitten-

est in libris Vergilii Georgicorum: alium dramaticum, in quo nusquam poeta loquitur, ut est in comoediis et tragoediis: tertium mixtum, ut est in Aeneide. Nam poeta illic et introductae personae loquuntur» («Presso i poeti sono in uso tre differenti generi espressivi: il primo è quello in cui parla unicamente l'autore, come avviene nelle Georgiche di Virgilio; il secondo è il genere drammatico, in cui l'autore non parla mai, come avviene nelle commedie e nelle tragedie; il terzo è il genere misto, un esempio del quale è offerto dall'Eneide, in cui infatti parlano l'autore come i personaggi di volta in volta presentati»); nessun rimando a fonti nell'ed. Valastro Canale da me impiegata.

36. Si legge in Grimaldi, *Petrarca, il «vario stile» e l'idea di lirica*, pp. 154-155: «I dizionari delle maggiori lingue moderne assegnano tre significati principali al termine lirica (non tengo conto della "musica lirica"). Il Grande dizionario italiano dell'uso distingue ad esempio tra: 1) nell'antica Grecia, la poesia cantata o recitata al suono della lira; 2) nel Medioevo, poesia accompagnata dalla musica, di argomento prevalentemente amoroso; 3) nell'Età moderna, un genere di poesia incentrato sulla soggettività»; assunto questo quadro, si conclude a p. 196 che «il concetto di varietà lirica in Petrarca sembrerebbe inoltre costituire il punto di raccordo tra il paradigma classico della lirica come "poesia cantata al suono della lira" e quello moderno di "poesia dell'interiorità"». La definizione da dizionario, calcata, come lo stesso Grimaldi nota, sulla formula dei grammatici alessandrini, è però impoverita e superficialmente denotativa, privata della complessità estetica del tema alla quale invece la cultura medioevale – e Petrarca *in primis* – aveva pieno accesso attraverso il nesso tra varietà ritmica e frammentazione morale tracciato da Boezio e Agostino.

37. Su questo tema generale resta valido il classico Hermann Abert, *Die Lehre vom Ethos in der griechischen Musik: Ein Beitrag zur Musikästhetik des klassischen Altertums* [1899], Tutzing, Schneider, 1968.

za continua dell'immagine, spenta dal tempo e condannata dalla coscienza ma riaccesa dalla memoria, in un ciclo inesauribile che ha il suo unico elemento di evoluzione nella consunzione del soggetto che lo vive.

Nella vanità delle passioni e della loro espressione («le vane speranze e 'l van dolore», v. 6; «il mio vaneggiar», v. 11) affermata nel sonetto proemiale del Canzoniere convergono motivi biblici e platonici.

La vertigine della dissoluzione del molteplice in puro nulla e il sentimento di frammentazione e dissipazione del mondo esperienziale che pervade i *Rerum vulgarium fragmenta* trovano il loro fondamento nel platonismo assorbito attraverso gli autori tardo antichi (Agostino, Boezio, Macrobio) e nell'antiscentismo cristiano, che Petrarca interpreta in chiave radicale, con esiti di grande modernità.

Il tema della *vanitas* del mondo e della scienza che lo elegge a oggetto, chiave filosofica della polemica cristiana contro la scienza pagana, apre l'*Hexaemeron* di Basilio di Cesarea, modello della successiva tradizione di commento alla *Genesi*:

> Le geometria e le ricerche aritmetiche, gli studi intorno ai solidi, la rinomata astronomia, vanità opprimente [ἡ πολυάσχολος ματαιότης], a quale fine si volgono? Perché coloro che si dedicano a quegli studi hanno creduto questo mondo visibile coeterno a Dio, creatore dell'universo, elevandolo, pur circoscritto e materiale, alla stessa gloria che compete alla natura incomprensibile e invisibile, senza essere capaci di capire che se le parti soggiacciono alla corruzione e al cambiamento, anche il tutto è necessariamente soggetto un giorno alla stessa sorte delle sue parti. Ma essi hanno vaneggiato nei loro pensieri, e il loro cuore stolto si è ottenebrato, e pur dicendosi sapienti hanno perso la ragione [...] pur osservando con tanta acutezza le cose vane, hanno chiuso gli occhi davanti alla conoscenza della verità.[38]

38. Basilio di Cesarea, *Sulla Genesi*, I, 3, p. 15: «Γεωμετρίαι γὰρ καὶ ἀριθμητικαὶ μέθοδοι, καὶ αἱ περὶ τῶν στερεῶν πραγματεῖαι, καὶ ἡ πολυθρύλλητος ἀστρονομία, ἡ πολυάσχολος ματαιότης, πρὸς ποῖον καταστρέφουσι τέλος; Εἴπερ οἱ περὶ ταῦτα ἐσπουδακότες συναΐδιον εἶναι τῷ κτίστῃ τῶν ὅλων Θεῷ καὶ τὸν ὁρώμενον τοῦτον κόσμον διενοήθησαν, πρὸς τὴν αὐτὴν δόξαν ἀγαγόντες τὸν περιγεγραμμένον καὶ σῶμα ἔχοντα ὑλικόν, τῇ ἀπεριλήπτῳ καὶ ἀοράτῳ φύσει, μηδὲ τοσοῦτον δυνηθέντες ἐννοηθῆναι, ὅτι οὗ τὰ μέρη φθοραῖς καὶ ἀλλοιώσεσιν ὑπόκειται, τούτου καὶ τὸ ὅλον ἀνάγκη ποτὲ τὰ αὐτὰ παθήματα τοῖς οἰκείοις μέρεσιν ὑποστῆναι. Ἀλλὰ τοσοῦτον " Ἐματαιώθησαν τοῖς διαλογισμοῖς αὐτῶν, καὶ ἐσκοτίσθη ἡ ἀσύνετος αὐτῶν καρδία, καὶ φάσκοντες εἶναι σοφοὶ, ἐμωράνθησαν" [...] οὕτως ὀξὺ περὶ τὰ μάταια βλέποντες, ἑκόντες πρὸς τὴν σύνεσιν τῆς ἀληθείας ἀπετυφλώθησαν».

Sviluppando il *vanitas vanitatum* di *Eccl.* 1, 2, Basilio oppone ai fisici sostenitori dell'eternità della materia l'opposto concetto del mondo come immagine illusoria poiché radicalmente transeunte, creato dal nulla e al nulla destinato. La scienza delle cose mondane è quindi vana poiché è vano l'oggetto su cui si esercita. L'antiscientismo basiliano è continuato da Petrarca negli stessi termini, e sempre per tagliare alla radice la questione dell'eternità del mondo:

> Ad summam videte cunta mortalia que sub celo sunt vosque cum ceteris mundumque ipsum, quem quidam somniant immortalem: videte ut ad finem omnia magno impetu rapiuntur creata de nichilo et, nisi in Illo subsisterent qui creavit, iamiam ad nichilum deventura.[39]

Dalla tradizione di commento alla *Genesi* derivata da Basilio Petrarca trae il proprio rasoio ontologico, consistente nel *nihil* da cui le cose sono create e poi incessantemente risucchiate («rapiuntur»). Il movimento turbinoso del mondo è un venire dal niente per poi essere vorticosamente riattratto dal niente: questo è il punto "fisico" sostanziale su cui si basa la *vanitas* della scienza.

Nel *De ignorantia* Petrarca obietta all'eternità del mondo non solo la «prevedibile carta» dell'*antiquitas mundi*[40] ma la necessità di partire dalle «cose invisibili» di cui parla Basilio invece che dalla materia (*De ignorantia*, 127).

L'idea basiliana assunta da Petrarca, secondo cui la materia è *vanitas* e fantasma mentre lo spirito è mistero, e dunque la scienza è essa stessa vana, coincide nei risultati – anche se non nelle premesse – con antiscientismi di origine materialistica come quello di Nicola di Autrecourt: approda cioè all'illusorietà del mondo del divenire e dei nessi – come quello causale – che sembrano spiegarlo.

Due mentalità opposte – quella dell'atomista di Autrecourt e quella dell'"antifilosofico" Petrarca – condividono il tema trecentesco dell'incon-

39. Francesco Petrarca, *De otio religioso*, II, 8, 6, pp. 252-253 : «In ultimo, vedete tutte le realtà mortali che sono sotto il cielo, vedete voi insieme agli altri e questo stesso mondo, che taluni sognano immortale; vedete come tutte le cose create dal nulla sono rapite a gran forza verso la fine e, se non le sostenesse Colui che le creò, sarebbero già ora destinate al nulla».

40. Così sintetizza la posizione di Petrarca Luca Bianchi, *L'inizio dei tempi. Antichità e novità del mondo da Bonaventura a Newton,* Firenze, Olschki, 1987, p. 58.

sistenza dei nessi e degli ordini di ragionamento che la scienza aristotelica aveva offerto. D'altronde i Padri (ad esempio Gregorio di Nissa nel commento all'*Ecclesiaste*) avevano ben messo in guardia contro la tentazione "nichilista" in cui il concetto scritturale del mondo come *vanitas* può indurre il cristiano. Per cogliere la portata del rischio, vale la pena di riflettere sul fatto che, se si cade appunto nella tentazione di far coincidere col niente ciò che dal niente è stato creato, il principio aristotelico apparentemente contrario alla creazione *ex nihilo* («ex nihil nihilo fit», si legge in *Fisica*, 187 a 27 - 29 e 191 a 30-32) libera un suo paradossale significato positivo.

La ricchezza delle suggestioni offerte dal tema del mondo come *vanitas* possono cogliersi in Petrarca solo se si riportano all'idea, centrale nei *Rerum vulgarium fragmenta*, che le cose mortali si manifestano agli occhi dell'uomo con la brevità vana del fantasma: è questo il primo e fondamentale significato della definizione complessiva dell'amore terreno come *errore* nel primo sonetto dei *Rerum vulgarium fragmenta*. Le poesie in morte di Laura narrano una perdita senza riscatto in cui, accanto al valore assoluto delle cose celesti espresso nella canzone finale alla Vergine, c'è il valore assoluto di ciò che era e non è più e l'irredimibilità, anch'essa assoluta, della morte.

Entrambe le due dimensioni, quella vana e fantasmatica delle cose mortali, e quella eterna e basilianamente «invisibile» delle cose celesti, sono assolute, radicalmente divergenti e non in grado di compensarsi reciprocamente né di essere poste in una sequenza di superamento dell'una attraverso l'altra: sta in ciò la radicale innovazione petrarchesca del valore della morte dell'amata, che nell'orizzonte stilnovistico, e particolarmente in Dante, era invece vissuta come via di perfezionamento spirituale dalla dimensione umana a quella divina. In Petrarca, questa singolare radicalizzazione delle due dimensioni terrena e divina si trattiene solo un passo al di qua del rischio nichilista segnalato da Gregorio di Nissa: lo testimonia l'insistenza sul motivo della terra cui Laura in morte è ridotta, per nulla controbilanciato, in definitiva, dalle poche e meno partecipi menzioni della sua anima collocata in cielo.

Se vi si trattiene, non è per merito delle «invisibili» cose celesti, ma piuttosto per colpa del dolore che inchioda l'animo al bene perduto che non può tornare: su questa strada orfica Petrarca non cede alla suggestione nichilistica poiché incontra e riesuma grandi immagini pagane dell'amore incondizionato per il mondo, come quella di ispirazione epicurea contenuta nel carme 5 di Catullo.

7. *Nostalgia del mondo*

Attraverso il tema delle quattro passioni stoiche Petrarca inserisce anche il mondo dei sentimenti nel vortice rapinoso dei fantasmi terreni coi quali non v'è mediazione possibile: o si allontanano totalmente o si appartiene loro totalmente.

Il recupero della nozione stoica di passione è svolto da Petrarca, in base alla lezione virgiliana,[41] nei termini di una materia che trattiene fatalmente le anime verso la terra. Il concetto è rappresentato dal poeta nella dimensione materialistica conferitagli da Virgilio *iuxta propria principia* (ad esempio, *Rerum vulgarium fragmenta*, 360, 69-75: «legno vecchio mai non rose tarlo / come questi [cioè amore] il mio core, in che s'annida, / et di morte lo sfida. / Quinci nascon le lagrime e i martiri, / le parole e i sospiri, di ch'io mi vo stancando, e forse altrui») ferma restando la natura non deterministica e materiale, ma spirituale e dovuta al libero arbitrio, dell'impero delle passioni nell'individuo (canzone 70, 31-37: «Che parlo? o dove sono? e chi m'inganna, / altri ch'io stesso e 'l desïar soverchio? / Già s'i' trascorro il ciel di cerchio in cerchio, / nessun pianeta a pianger mi condanna. / Se mortal velo il mio veder appanna, / che colpa è de le stelle, / o de le cose belle?»).[42]

Della morale aristotelica Petrarca rifiuta l'ottimismo intellettualistico non solo a proposito dell'identificazione tra sapere e sentire – quell'equazione tra conoscenza e felicità che Leopardi, seguendo il suo Petrarca, rifiuterà anche nel caso della morale epicurea – ma in rapporto al controllo delle passioni. Aristotele lo aveva attribuito alla virtù della temperanza in base all'idea che l'anima sensitiva fosse irrazionale per essenza ma razionale per partecipazione (*Etica Nicomachea*, 1102 b 13-31): in parole povere, aveva affermato che l'anima sensitiva sa "ascoltare" rimbrotti e moniti che le indirizza la ragione, come fa il fanciullo col pedagogo (*Etica Nicomachea*, 1119 a 34 - b 16). Come si vedrà nel prossimo capitolo, Petrarca assorbe l'argomento con cui nelle *Tusculanae* Cicerone dimostra impossibile la temperanza aristotelica e afferma che l'unica forma di governo delle passioni consiste nella loro eliminazione.

41. La lezione è affidata ad Anchise nella spiegazione della metempsicosi che egli rende al figlio Enea disceso agl'inferi in *Aeneis*, 6, 733 e ss.

42. Il tema stoico-virgiliano è così cristianizzato in Lattanzio, *Institutiones*, VII, 20; Agostino, *De civitate Dei*, XIV, 3-5; *Purgatorio*, XXV, 103 e ss.

Ecco perché nella seconda sezione dei *Rerum vulgarium fragmenta* i motivi della progressiva spiritualizzazione di Laura e della provvidenzialità della sua morte sono fragili ed episodici, mentre domina ovunque il tema della perdita senza riscatto in cui, accanto al valore assoluto delle cose celesti espresso nella canzone finale alla Vergine, è cantato il valore assoluto di ciò che era e non è più.

È la stessa collocazione celeste di Laura a subire nel Canzoniere un'interessante variazione posta sotto il segno del carme 5 di Catullo, dove il tempo lineare e finito della vita umana è opposto non all'eternità metafisica, come accadrà presso i poeti cristiani, bensì al mistero astrale dei cicli perenni della materia e della natura: «soles occidere et redire possunt: / nobis cum semel occidit breuis lux, / nox est perpetua una dormienda [gli astri tramontano e possono tornare: / noi, quando questa breve luce muore / dobbiamo dormire una notte senza fine]» (vv. 4-6).

Ho già segnalato la necessità di rilevare la macroscopica allusione petrarchesca a questi versi,[43] costituita dall'intero sonetto 291:

Quand'io veggio dal ciel scender l'Aurora
co la fronte di rose et co' crin' d'oro,
Amor m'assale, ond'io mi discoloro,
et dico sospirando: Ivi è Laura ora.

O felice Titon, tu sai ben l'ora
da ricovrare il tuo caro tesoro:
ma io che debbo far del dolce alloro?
che se 'l vo' riveder, conven ch'io mora.

I vostri dipartir' non son sí duri,
ch'almen di notte suol tornar colei
che non â schifo le tue bianche chiome:

le mie notti fa triste, e i giorni oscuri,
quella che n'à portato i penser' miei,
né di sè m'à lasciato altro che 'l nome.

Nelle quartine Laura è collocata ed evocata non nel cielo teologico e spirituale dei santi ma in quello mitologico e naturalistico dell'alternanza

43. Cfr. Sonia Gentili, *Note a Dante (Inf. III, 60; Par I, 112) e Petrarca (Rvf 53 e 291)*, in *Per Enrico Fenzi. Saggi di allievi e amici per i suoi ottant'anni*, a cura di Paolo Borsa, Paolo Falzone, Luca Fiorentini, Sonia Gentili, Luca Marcozzi, Sabrina Stroppa e Natascia Tonelli, Firenze, Le Lettere, 2020, pp. 263-270, a p. 266 e ss.

tra luce e buio; qui l'Aurora ritrova ogni notte Titone mentre l'amante non ritroverà la sua donna. Le due terzine sono quindi occupate dalla contrapposizione catulliana, sviluppata nella forma drammatica cara al Petrarca moralista dei due personaggi in dialogo.

L'amante non medita sulla brevità della sua vita opponendola al ciclo perenne degli astri, come in Catullo, ma svolge il tema indirizzandosi direttamente alle entità astrali, di cui contrappone il *dipartire*, compensato ogni notte dal ritorno, a quello definitivo degli uomini.

L'opposizione catulliana è variata con geometrica finezza. Sul piano del suono, i *dipartir* echeggiano l'elemento concettualmente forte del pezzo catulliano, cioè il *redire*, traducendolo nel suo opposto semantico, l'andarsene. Il ciclo notte / giorno, nei versi latini limitato all'ambito umano (la vita come *brevis lux* seguita dalla *nox una*), investe anche il cosmo naturale (l'alternanza che garantisce il ritrovarsi perenne di Titone e dell'Aurora), i cui ritmi Catullo aveva lasciato invece imprecisati («soles occidere et redire possunt»). Con movimento opposto a quello catulliano, che andava dai molti giorni della vita all'unica notte della morte, quest'ultima immagine nel sonetto petrarchesco risulta articolata e variata. La notte, qui, non è più solo lo stato fisico di chi è morto, ma la condizione morale di chi resta in vita avendo perso l'amata: per costui la vita si fa buia e notturna («le mie notti fa triste e giorni oscuri»). Così diffratta, la *nox* di Petrarca è sdoppiata in un ulteriore parallelismo oppositivo: alla notte del ritorno degli astri corrisponde la notte del non ritorno per gli uomini.[44]

44. Mi pare quindi da rimeditare la proposta di Billanovich (Giuseppe Billanovich, *Il Catullo della Cattedrale di Verona*, in *Scire litteras. Forschungen zum mittelalterlichen Geistesleben*, hrsg. von S. Krämer und M. Bernhard, München, Bayerische Akademie der Wissenschaften, 1988, pp. 35-57) che riconobbe un'eco di Catullo VII, 7-8 («quam sidera multa, cum tacet nox, / furtivos hominum vident amores») in *Rerum vulgarium fragmenta*, 22, 32, prima sestina del libro centrata sulla tradizione provenzale dell'"alba", genere strettamente romanzo eppure vicinissimo alla sensibilità tutta fisica e drammaticamente segnata dal correre del tempo umano che è propria del carme catulliano. I vv. 31-33 sono piuttosto da porre in relazione con la *nox* del carme V, poiché sono potenziali eco catulliane le locuzioni sottolineate: «Con lei foss'io da che si parte il sole, / et non ci vedess'altri che le stelle, / sol una nocte, et mai non fosse l'alba», con fine ribaltamento dell'infinita notte della morte in una infinita notte d'amore. Per l'accesso al testo catulliano (nel 1345 presso la Capitolare di Verona, ma il dato non è incontrovertibile) si veda Berthold Luis Ullmann, *Petrarch's acquaitance with Catullus* [1955], in Id., *Studies in the Italian Renaissance*, Roma, Edizioni di Storia e Letteratura, 1973, pp. 177-796; Vittorio Di Benedetto, *Probabili echi di Catullo in Petrarca*, in «Quaderni petrarcheschi», IV (1987), pp. 225-227.

L'elemento "realistico" della poesia catulliana prevalente sulla sua letterarietà (alessandrina, callimachea) e sommamente difficile da rendere in sede di traduzione[45] è costituito, credo, proprio da questo disperato amore per il mondo come nostalgia dei singoli giorni che non torneranno. Recuperando la disperata vitalità catulliana, Petrarca affianca alla cosmologia teologica sua e del suo tempo la cosmologia naturalistica dei *soles* e dei loro cicli, ideale di perennità fisica che alla vita umana è negato.

In luogo di questa perennità fisica, desiderata e impossibile, è il desiderio frustrato a dare una pena così tremenda da apparire perenne all'amante: sulla via che conduce ai temi della sestina Petrarca incontra la dottrina stoico-virgiliana delle passioni depositate sull'anima come macchie di materia resistenti alla morte del corpo nei vari cicli di metempsicosi. Di questo tema dell'*Eneide*, che in sede cristiana (da Lattanzio e Dante) riceve sempre la stessa costante esegesi correttiva del prevalere del corpo sull'anima (è l'anima ad amare e peccare, non la materia a contagiarla di sé),[46] Petrarca conserva invece il senso originario per affermare la perennità dell'amore come desiderio d'un corpo (*Rerum vulgarium fragmenta*, 360, 72). Il «carcere cieco» di virgiliana memoria (*Aeneis*, 6, 734) alluso in 264, 5-6, cioè la corporeità, è quello in cui il Poeta è stato rinchiuso dalla passione amorosa (364, 12).

Il tessuto catulliano-virgiliano è impiegato insomma per disegnare la frattura psicologica tra impulso passionale e impulso morale come un bivio non solo tra due tipi di ascensione (le ali dell'amore e quelle dell'anima agostiniano-platoniche, «altro salire al cielo» delineato nella sestina 142) ma anche tra due tipi di cielo: quello fisico e perenne degli astri (291) e quello eterno e spirituale della Vergine (366). È nel cielo fisico di *Rerum vulgarium fragmenta*, 291 che Laura è collocata, desiderata e pianta: «ivi è Laura ora», dice l'amante vedendo «dal ciel scender l'Aurora» (291,4). Sa che il suo *dipartire*, al contrario di quello dell'alba, non conoscerà ritorno.

45. Sul tema della traduzione catulliana si vedano le fini osservazioni di Alfredo Maria Morelli, *Catullo, o il lepos impossibile del secondo Novecento italiano (Quasimodo e gli altri)*, in *«Un compito infinito». Testi classici e traduzioni d'autore nel Novecento italiano*, a cura di Federico Condello e Andrea Rodighiero, Bologna, Bononiae University Press, 2015, pp. 153-177.

46. Si veda su questo Sonia Gentili, *L'uomo aristotelico alle origini della letteratura italiana*, Roma, Carocci, 2005, pp. 113-115.

4. Poesia e desiderio

1. *Ispirazione divina o talento individuale*

Quando Boccaccio – lo si vedrà nel capitolo successivo – riprenderà il vecchio argomento platonico dell'ispirazione divina della poesia lo farà in chiave apologetica,[1] ma per difendere la propria identità di autore dall'ac-

1. Giovanni Boccaccio, *Genealogiae deorum gentilium*, XIV, 7, pp. 1398-1402: «Poesis, quam negligentes abiciunt et ignari, est feruor quidam exquisite inueniendi atque dicendi, seu scribendi, quod inueneris. Qui, ex sinu Dei procedens, paucis mentibus, ut arbitror, in creatione conceditur, ex quo, quoniam mirabilis sit, rarissimi semper fuerunt poete. Huius enim feruoris sunt sublimes effectus, ut puta mentem in desiderium dicendi compellere [...], irritare torpentes, desides animare, temerarios retrahere [...]. Preterea delectabiles nature artificio solitudines oportune sunt, sic et tranquillitas animi et secularis glorie appetitus, et persepe plurimum profuit etatis ardor, nam si deficiat hec, non numquam excogitata torpescit ingenium. [...] Si ergo legerint, quid Tullius Cicero, homo phylosophus non poeta, dixerit ea in oratione, quam apud senatum habuit pro Aulo Licinio Archya, in fidem forsan faciliorem deuenient. Dicit enim sic: "Atque sic a summis hominibus eruditissimisque accepimus. Ceterarum studia et doctrina et preceptis et arte constare, poetam natura ipsa ualere, et mentis uiribus excitare, et quasi diuino quodam spiritu inflari"» («La poesia – che gli ignoranti e i negligenti rifiutano – è un certo fervore di trovare pensieri eletti e di dire e descrivere ciò che si è trovato. Questo fervore, procedendo dal grembo divino, a poche menti – come credo – è concesso nella creazione; e perciò, poiché è mirabile, i poeti furono sempre rarissimi. Sublimi sono infatti gli effetti di questo fervore: come, ad esempio, spingere la mente al desiderio di esprimere, [...] scuotere i torpidi, animare i pigri, frenare i temerari [...]. Inoltre sono opportune le solitudini, dilettevoli per artificio di natura; e così anche la tranquillità dell'animo e il desiderio di una gloria secolare; e assai spesso molto giovò l'ardore dell'età; poiché, se queste cose manchino, talora l'ingegno s'intorpidisce attorno alle cose pensate. [...] Se dunque essi leggeranno quello che Tullio Cicerone, filosofo, non poeta, disse in quell'orazione che tenne in senato a favore di Aulo Licinio Archia forse verranno più agevolmente a credermi. Egli dice infatti: "E così abbiamo appreso da uomini

cusa di pensare troppo alle donne ricorrerà all'idea della poesia come talento individuale, nonché alla coincidenza tra attività poetica e desiderio: «Le Muse sono donne» (*Decameron*, IV, proemio).

È una posizione meno personale di quanto sembri: nella tradizione poetica l'idea dell'ispirazione divina vale come difesa della poesia dalle accuse di immoralità che i filosofi ereditarono da Platone e continuarono a rivolgere alla poesia (così Petrarca nelle *Invective contra medicum* o Boccaccio nella *Difesa della poesia* appena ricordata), ma in concreto individua una minoranza di opere, o del tutto eccezionali e isolate – la *Commedia* dantesca – o al contrario fortemente convenzionali (letteratura visionaria etc.) e di scarso effetto sulla tradizione poetica.

Il bivio platonico che separa poesia delle passioni e poesia della verità, di grande impatto strutturale sui canzonieri d'autore (cap. 3), svolge un ruolo di drammatizzazione del tormento del poeta ma non disegna un'alternativa concreta alla poesia del mondo.

Si è già detto che l'ideale di una poesia dell'eterno affidata a un modello ritmico-aritmetico è, sin dalla proposta boeziana, sostanzialmente teorico e privo di una chiara realizzazione formale, e non lascia traccia di sé se non in qualche aspetto metrico (ricorsività numerologiche, opposizione tra forme innodiche e forme elegiache) delle grandi opere di poesia in volgare (cap. 2, § 5).

La poesia delle passioni invece, rifiutata sul piano morale ma così largamente praticata da divenire per i lettori la poesia per antonomasia, impone l'idea aristotelica e antimetafisica di poesia come inclinazione individuale.

Questa prospettiva che alle vette spirituali dell'ispirazione divina sostituisce l'abisso psicofisico dell'individualità del poeta, da cui emergono concatenandosi desiderio e immagine, è destinata a dominare la tradizione successiva.

La sua forza sta nel superamento dell'astratto moralismo platonico in nome di una concezione scientifico-biologica e dunque "concreta" dell'individuo: le potenzialità distruttive attribuite da Platone alla poesia divengono qui lo sbocco potenziale di una complessità psicofisica aperta a esiti di perfezionamento come di annientamento dell'io, non determinabile né ipotecabile nel suo esito.

sommi e dottissimi che lo studio delle altre discipline è costituito di dottrina, precetti ed arte; ma che il poeta vale per la stessa natura ed è mosso dalle forze dell'ingegno e quasi ispirato da un certo afflato divino"»).

Il terreno su cui quest'idea di poesia si sviluppa presso i poeti d'amore è quello del nesso aristotelico tra desiderio e immaginazione, assorbito da una costellazione di fonti che esprimono la teoria delle passioni aristotelica e le varie sue determinazioni biologiche.[2]

2. *Immagine e desiderio: scienza, poesia*

L'immagine, traccia della visione sensibile, in quanto desiderata è capace di oscurare la vera visione – quella intellettuale – ed è dunque di dubbio valore mimetico: turbata dalle passioni, né oggettiva né stabile né certa.

Il rapporto tra immagine e desiderio stabilito nei testi etico-biologici di Aristotele (cap. 1, § 9) è completato dall'effetto di oscuramento intellettuale che esso implica nel passo del *De anima* che indaga la nascita dell'immagine sensibile, la sua natura e i suoi effetti dal punto di vista teoretico:

> Fantasia utique erit motus a sensu secundum actum facto. Quoniam autem visus maxime sensus est, et nomen ab ipso φάους, id est quod est lux, accepit, quoniam sine φωτός, id est lumine, non est videre. Et propter hoc quoniam permanent et quod similia sunt sensibus [καὶ διὰ τὸ ἐμμένειν καὶ ὁμοίας εἶναι ταῖς αἰσθήσεσι,] multa per ipsos operantur animalia: alia quidem propter id quod non habent intellectum, ut bestie, alia vero ex velamento intellectus aut egritudine aut somno, ut homines [διὰ τὸ ἐπικαλύπτεσθαι τὸν νοῦν ἐνίοτε πάθει ἢ νόσῳ ἢ ὕπνῳ, οἷον οἱ ἄνθρωποι].[3]

2. Per il Medioevo latino la ricca tradizione di studi fondata da Bruno Nardi, *L'amore e i medici medioevali* [1959], in Id., *Saggi e note di critica dantesca*, premessa alla ristampa di Francesco Santi, Firenze, Sismel, 2013, pp. 283-287, trova il suo più recente compimento in Natascia Tonelli, *Fisiologia della passione. Poesia d'amore e medicina da Cavalcanti a Boccaccio*, Firenze, Sismel, 2015, con relativa bibliografia. Per il mondo arabo disponiamo oggi di uno studio imprescindibile anche per la comprensione della tradizione latina e cioè il capitolo *Passioni* della splendida *Antologia della letteratura araba dalle origini al XVIII secolo*, a cura di Mirella Cassarino, Antonella Ghersetti, Letizia Osti e Samuela Pagani, Roma, Carocci, 2024, pp. 191-238.

3. Aristotele, *De anima*, 428 b - 429 a, versione di Guglielmo di Moerbeke, 429 a 1-7, p. 197: («Essa [*scil.* l'immaginazione] può essere definita un movimento causato da una sensazione in atto. Ma come la vista è il principale dei nostri sensi, l'immaginazione riceve il suo nome dalla luce, perché non è possibile vedere senza luce. E poiché permane ed è simile alle sensazioni [hoc quoniam permanent et quod similia sunt sensibus < καὶ διὰ τὸ ἐμμένειν καὶ ὁμοίας εἶναι ταῖς αἰσθήσεσι,], gli animali agiscono molto spesso per mezzo di essa e per mezzo di sensazioni: i primi, perché non hanno l'intelletto, come le bestie brute;

La produzione dell'immagine (*fantasia* o *imaginatio*) è scandita da due momenti: prima il suo formarsi, cioè il passaggio dalla potenza all'atto grazie alla sensazione della vista («fantasia [...] erit [...] motus a sensu secundum actum facto») poi il suo permanere nell'anima («permanet»).

In quanto le immagini somigliano alle sensazioni («similia sensibus»), esse guidano le azioni degli animali privi di ragione, ma anche quelle degli uomini quando l'intelletto è velato dalle passioni, dalla malattia o dal sonno.

Il nesso tra immagine e desiderio include dunque l'idea ossimorica di una visione che oscura la vista intellettuale già rilevata nella *Consolatio* boeziana (cap. 2, § 3) e che è naturale ribaltamento del *theorein* (*speculare*, *considerare* nella tradizione latina), 'vedere con gli occhi dell'intelletto'.[4]

Non mi pare sia stato rilevato che Guido Cavalcanti descrive la genesi dell'amore proprio in base a questo passo del *De anima*, traendone i due momenti genetici dell'attuarsi e del permanere, nonché il legame tra immagine, desiderio e oscuramento intellettuale:

In quella parte – dove sta memora
prende suo stato, – sì formato, – come
diaffan da lume, – d'una scuritate
la qual da Marte – vène, e fa demora;
elli è creato – da sensato; – nom'è,
d'alma costume – e de cor volontate.

altri, perché il loro intelletto è talvolta oscurato dalla passione [ex velamento intellectus < διὰ τὸ ἐπικαλύπτεσθαι τὸν νοῦν], dalla malattia o dal sonno, come gli uomini»).

4. Il tema è indagato in Giorgio Stabile, *Teoria della visione come teoria della conoscenza*, in Id., *Dante e la filosofia della natura. Percezioni, linguaggi, cosmologie*, Firenze, SISMEL, 2007, pp. 9-30. Punto d'arrivo della tradizionale riflessione filosofica sulle immagini implicate dal verbo è la sintesi di Martin Heidegger, *Saggi e discorsi* [1954], a cura di Gianni Vattimo, Milano, Mursia, 1976, p. 32: «Il termine *teoria* viene dal verbo greco *theorein*. Il sostantivo che gli corrisponde è theoria. Queste parole posseggono un elevato e misterioso significato. Il verbo *theorein* deriva da due radici: *thea* e *horao*. *Thea* (cfr. teatro) è l'aspetto, l'apparire in cui qualcosa si mostra, la veduta nella quale si offre. Platone chiama questo apparire, in cui una cosa presente mostra ciò che essa è, *eidos*. Aver visto, *eidenai*, questo apparire è sapere. La seconda radice che compare nel verbo *theorein*, *horao*, significa: guardare qualcosa, osservare, considerare. Da qui risulta che *theorein* è *thean horao*: guardare l'aspetto sotto cui la cosa presente appare, e in virtù di questa vista sostare, vedendo, presso di essa. [...] La due radici da cui è composta la parola, *thea* e *horao*, possono suonare, con un'altra accentuazione, *theà* e *ora*. *Theà* è la dea. Come tale appare a Parmenide, il pensatore delle origini, la *Aletheia*, la disvelatezza, da cui e in cui la cosa presente si dispiega come presente. [...] La teoria nel senso antico, cioè primitivo ma niente affatto invecchiato, è il guardare, custodendola, la verità».

Vèn da veduta forma che s'intende,
che prende – nel possibile intelletto,
come in subietto, – loco e dimoranza.[5]

L'amore è causato dalla vista (v. 21: «ven da veduta forma»), come l'immagine (la cui genesi è infatti comparata a quella dell'amore ai vv. 16-17: «come diaffan da lume»), ma è recato in atto da ciò che trasforma l'immagine in causa di *velamentum intellecti*, cioè una *scuritate* proveniente da Marte. Tanto l'immagine quanto l'oscurità prendono «dimora», cioè permangono (l'oscurità *fa demora* nell'anima, l'immagine veduta *prende loco e dimoranza* nell'intelletto possibile).

Più che i medici o i trattati d'amore, qui è il testo aristotelico a comandare: lo dimostrano non solo i due momenti dell'attualizzazione e della permanenza appena evocati, ma anche due elementi di grande sviluppo poetico che tra breve approfondiremo, e cioè: 1) l'opposizione tra oscuramento (ἐπικαλύπτειν > *velare / offuscare*) e chiarezza della visione; 2) la somiglianza tra l'immagine e la sensazione dell'oggetto che la causa, punto presupposto, come si vedrà più giù, da una delle asserzioni meno comprensibili di Guido, e cioè dal fatto che l'intelletto non può «largire somiglianza» (v. 28).

Perfino la natura nominale e non sostanziale della passione d'amore (v. 19: «nom'è»), in sé ricorrente nel dibattito lirico sulla sua natura, corrisponde però anche alla traccia aristotelica in cui l'immaginazione è anzitutto un nome di cui si svela l'origine («la fantasia riceve il suo nome dalla luce»).

Cavalcanti parte dunque dal ragionamento del *De anima* sulla genesi dell'immagine – il prendere forma e il permanere – e sui due elementi che la accompagnano, cioè il desiderio e l'oscuramento intellettuale.

A norma aristotelica, Cavalcanti fa dell'immagine sensibile la causa efficiente del desiderio amoroso («[amore] ven da veduta forma [...] che [...] prende loco e dimoranza»), e dell'oscurità quella formale (amore «è formato [...] e prende suo stato [...] da una scuritate la qual da Marte vène e fa dimora»).

Il parallelismo implicato dall'identica scansione genetica – il formarsi e il permanere – che lega le due cause include un ulteriore parallelo-paradosso utile a suggerire al lettore l'idea che la causa efficiente, cioè l'immagine sensibile, pur posta nel dominio della luce – la visione materiale

5. Guido Cavalcanti, *Donna me prega*, 15-23, ed. Inglese, p. 153.

che la genera – si combini contraddittoriamente a una misteriosa oscurità a essa opposta:

> prende suo stato, – sì formato, – come
> diaffan da lume, – d'una scuritate
> la qual da Marte – vène, e fa demora.

È un paragone o un'opposizione? L'amore causato da una *scuritate* come la – e all'opposto della – immagine del diafano causata dalla luce è anzitutto la trasformazione in enigma[6] delle due opposte potenzialità della visione espresse da Aristotele: «la luce è l'atto del diafano in quanto diafano; dove il diafano è in potenza, là c'è anche oscurità» (Aristotele, *De anima*, 418 b).

L'oscuramento dell'intelletto menzionato nel *De anima* («ex velamento intellecti») è identificato dai commentatori medievali col processo fisiologico dell'«offuscamento [...] a causa della perdita della ragione causata dalla malinconia» («intellectum velatum propter quedam amentiam melancholie»).[7]

L'azione della *obscuritas* malinconica è nel *Colliget* di Averroè tra gli «accidenti» che colpiscono le facoltà dell'immaginazione (immaginativa,

6. Lo sintetizza benissimo Giorgio Inglese nell'introduzione al testo da lui fissato (Cavalcanti, *Donna me prega*, ed. Inglese, p. 147): «Di sicuro, essa [la canzone] si presenta come un tour de force metrico [...]. Il formidabile condizionamento lessicale, che ne deriva, aggiunge difficoltà a difficoltà (impiego di tecnicismi filosofici, ma non sempre in accezione rigorosa o univoca; perifrasi, metonimie, ellissi, antifrasi...), sì che la canzone si presenta come un rebus, i cui pochi elementi in chiaro sono a loro volta ambivalenti».

7. Ad esempio Alberto Magno, *De anima*, lib. 3, tract. 1, cap. 9, p. 176, 26-67: «Quia autem phantasmata sunt similia sensibus, fit conversio ad ea sicut ad sensibilia, quando non est advertens ratio vel estimativa cognitio. Et ideo multa per phantasiam operantur animalia, sicut supra diximus, alia quidem, quia intellectum non habent, sicut bruta, alia vero ex hoc quod habent intellectum velatum propter aliquam amentiam melancholiae vel ebrietatis aut egritudinis cerebri aut proter somnum, qui licet per se sit ligamentum sensuum, tamen etiam ligat intellectus per accidens» («Poiché le immagini sono simili alle sensazioni, ad esse ci si volge come alle cose sensibili quando la ragione o l'estimativa non sono vigili. E così gli animali effettuano molte operazioni guidati dall'immaginazione, come si è detto prima, perché non hanno intelletto come i bruti, oppure perché l'intelletto è velato a causa di qualche offuscamento provocato da malinconia o ebbrezza o malattia cerebrale o a causa del sonno, che anche se di per sé inibisce solo i sensi, per accidente inibisce anche l'intelletto»). Il nesso tra malinconia e Marte, non menzionato da Alberto, è implicato all'origine dal rapporto tra produzione di immagini e illimitatezza del desiderio già vista nell'*Etica Nicomachea*, dunque dalla combinazione tra concupiscenza e ira.

cogitativa e memoria) e da cui esse possono essere corrotte (*corrumpi*), diminuite (*diminui*) o deviate verso operazioni sbagliate (*ad malas operationes permutari*).[8] Quando la bile nera è infiammata dall'ira («quando uritur melancholia et fiunt accidentia cholerae») causa paura e *malae cogitationes* impresse nell'anima «dall'oscurità della malinconia»:

> Et *quando uritur melancholia* et fiunt *accidentia cholerae* in ipsa, tunc convertitur homo ad ferinos mores: et omnes motus ipsius sunt pravi et timorosi et haec impressio fit in anima propter complexionem *obscuritatis melancholie*.[9]

Sembra proprio il discorso di Cavalcanti: l'imprimersi nell'anima dello stato causato dalla *scuritate* («haec impressio fit in anima propter obscuritatis melancholie» = vv. 15-17: «In quella parte dove sta memora prende suo stato, sì formato [...] d'una scuritate [...] e fa demora»), la descrizione dell'uomo impaurito («omnes motus ipisus sunt pravi e timorosi» = v. 47: «la figura con paura storna»).

8. Averroè, *Colliget*, III, 40 B, c. 56r-56v: «De accidentibus trium virtutum, scilicet imaginative, cogitative et memorative: [...] Et istis virtutibus adveniunt accidentia secundum modum, secundum quem adveniunt aliis: hoc est ut corrumpantur, ut diminuantur, aut permutentur ad malas operationes; et corruptio et diminutio fit a mala complexio frigida et humida, aut frigida solum. Ex his quaedam est materialis et quaedam non materialis» («Sugli accidenti delle tre virtù, cioè immaginativa, cogitativa e memorativa: [...] E in queste virtù sopraggiungono accidenti nel modo in cui si producono in altre: cioè si corrompono, diminuiscono o si volgono ad operazioni negative. La corruzione e la diminuzione si determina per cattiva complessione fredda e umida, o solo fredda. Da queste condizioni discendono conseguenze materiali e spirituali»).

9. Ivi, III, 40 D.: «Et causa, propter quam permutantur istae virtutes ad malam operationem, est mala complexio quae provenit a cholera, aut melancholia. [...] Corruptio quae accidit his virtutibus propter complexionem melancholicam est timore qui sit sine causa et malis cogitationibus et tristitia, et timore rerum impossibilium. Et quando uritur melancholia et fiunt accidentia cholerae in ipsa, tunc convertitur homo ad ferinos mores: et omnes motus ipsius sunt pravi et timorosi et haec impressio fit in anima propter complexionem obscuritatis melancholie» («Il motivo per cui queste virtù si volgono ad operazioni negative è la cattiva complessione derivata dalla bile o dalla bile nera. [...] La corruzione accidentale di queste virtù a causa della complessione malinconica comporta paura senza motivo, cattivi pensieri, tristezza, timore di cose impossibili. E quando la bile nera si accende e si producono in essa gli accidenti della bile [nell'originale arabo: "bile gialla", cfr. nota 14; tra gli accidenti c'è dunque l'ira, n.d.t.], allora l'uomo assume comportamenti selvaggi e tutti i suoi moti sono negativi e timorosi. Questa modifica avviene nell'anima a causa della complessione dell'oscurità della bile nera»).

Anche l'ostacolo rappresentato dal fatto che nella medicina umorale l'ira di Marte accende la bile gialla e non la nera[10] viene qui a cadere, visto che Averroè attribuisce a quest'ultima l'accensione e gli accidenti dell'ira che ne derivano («*quando uritur melancholia* et fiunt *accidentia cholerae* [*cholera* traduce l'arabo *al-ṣafrā'*, " bile gialla"]»).

L'«obscuritas melancholie» non è però – attenzione! – il colore nero della bile:

> Sed nigredo non est causa huius, sicut dicunt medici, quia color non est causa substantialis ad corrumpendas virtutes animae, [...]. Et qui dicunt quod anima terretur propter humorem melancholicum nigrum sicut terretur hominem in obscuro, dicunt verba cantionum [...] Sed est sciendum quod de natura istius humoris melancholici est ut ipsum sequatur haec accidentia, sicut de natura sanguinis est ut ipsum sequatur gaudium et laetitia et non dicemus propter hoc quod sanguis det lumen animae.[11]

10. La proposta di identificare la *scuritate* cavalcantiana con la bile nera è formulata da Mauro Scarabelli, *Una nuova scienza d'amore: proposte di lettura per «Donna me prega»*, in «Italianistica. Rivista di letteratura italiana», 35/3 (2006), pp. 47-56. L'obiezione si deve invece a Giorgio Inglese (Cavalcanti, *Donna me prega*, ed. Inglese, p. 153: «Scarabelli [...] suggerisce che la scuritate sia l'umor nero ma non spiega in che modo questo possa riportarsi a Marte, generalmente abbinato alla bile rossa». Lo studioso rimanda per questo a Raymond Klibansky, Erwin Panofsky, Fritz Saxl, *Saturno e la melanconia. Studi di storia della filosofia naturale, religione e arte* [1964], trad. it. di Renzo Federici, Torino, Einaudi, 1983, p. 110 in nota e p. 120.

11. Il testo integrale è Averroè, *Colliget*, III, 40 F-H, cc. 56r-v: «Sed nigredo non est causa huius, sicut dicunt medici, quia color non est causa substantialis ad corrumpendus virtutes animae, sed hec causa provenit ab una specie male complexionis sicut alie egritudines. Et tu scis quod habitus anime sequuntur complexionem corpoream in hac coniunctione. Et qui dicunt quod anima terretur propter humorem melancholicum nigrum sicut terretur hominem in obscuro, dicunt verba cantionum: quia aliqua laesio non advenit animae in obscuro, nisi privatio sensati sensus visibilis quia non videt anima in corpore ut possit dici quod sentiat terrorem nigredinis, et magis foedum est dicere ut videat extra, quia anima non est extra nec intus. Sed est sciendum quod de natura istius humoris melancholici est ut ipsum sequatur haec accidentia, sicut de natura sanguinis est ut ipsum sequatur guaudium et laetitia et non dicemus propter hoc quod sanguis det lumen animae» («Ma il nero non è causa di ciò come dicono i medici, perché il colore non è causa sostanziale della corruzione delle virtù psichiche; la causa risiede piuttosto in un determinato tipo di cattiva complessione, come altre malattie. E tu sai che in questa circostanza gli abiti psichici conseguono alla complessione fisica. Quelli che dicono che l'anima è terrorizzata a causa dell'umore malinconico nero come l'uomo è impaurito dall'oscurità si esprimono in termini poetici, perché nell'oscurità non si produce alcuna lesione nell'anima se non la privazione dell'oggetto al senso della vista: non è l'anima a vedere nel corpo, così che si possa dire che essa

Fornisco qui di seguito la traduzione del passo:

> Il colore scuro non può essere causa della corruzione delle facoltà dell'anima; chi dice che l'anima è impaurita dal nero come un uomo nel buio, usa parole poetiche [«verba cantionum»]. Bisogna sapere che il prodursi di accidenti è tipico della natura malinconica, come è tipico di quella sanguigna che ne derivi gioia e allegria, e non per questo diciamo che il sangue illumina l'anima.

Averroè allude a Galeno, che in un passo del *De symptomatum causis* divenuto appendice del *De atra bile* nel corpus galenico medioevale osserva quanto segue:

> Non è per nulla stupefacente che quando la malinconia domina i principi dell'anima razionale nascano paure e terrore della morte: perché sappiamo che non c'è nulla di così spaventoso come le tenebre attorno [lett. al di fuori del] al corpo. Quando la parte razionale dell'anima si trova in una qualche oscurità, di necessità l'uomo teme come se la causa della paura avesse a che fare col corpo: infatti, come nelle tenebre profonde i bambini e, tra gli adulti, gli ignoranti hanno paura, così anche il colore della malinconia in modo simile alle tenebre rende la mente oscurata dalle paure.[12]

prova il terrore del nero. Ancora peggio è dire che l'anima vede fuori, perché l'anima non si trova né dentro né fuori. Bisogna invece sapere che il prodursi di questi accidenti è proprio dell'umore malinconico, com'è proprio del sangue il prodursi di gioia e letizia: ma non per questo diciamo che il sangue illumina l'anima»).

12. Galeno, *De symptomatum causis*, II, 7, pp. 202-203: «τὸ μὲν οὖν ἐπὶ μελαίνῃ χολῇ καταλαβούσῃ τὰς ἀρχὰς τῆς λογικῆς ψυχῆς φόβους τε γίγνεσθαι καὶ δυσθυμίας καὶ θανάτου προσδοκίας οὐδὲν θαυμαστόν· ὁρῶμεν γὰρ καὶ τῶν ἔξωθεν τοῦ σώματος οὐδὲν οὕτως ἡμῖν φοβερὸν ὡς τὸ σκότος. ὅταν οὖν οἷον ζόφος τις περισχεθῇ τὸ λογικὸν μόριον ὃ τῆς ψυχῆς, ἀναγκαῖον ἀεὶ φοβεῖσθαι τὸν ἄνθρωπον, ὡς ἂν τὴν αἰτίαν τοῦ φόβου συμπεριφέροντα τῷ σώματι· ὡς γὰρ ἐν σκότῳ βαθεῖ τὰ παιδία φοβεῖται καὶ τῶν τελείων οἱ ἀπαίδευτοι, οὕτως καὶ τῆς μελαίνης χολῆς τὸ χρῶμα παραπλησίως σκότῳ τὸν φρονοῦντα τόπον ἐπισκιάζον ἐργάζεται τοὺς φόβους». Questo passo galenico è riportato e commentato da Aezio di Amida (VI secolo d.C.) in un paragrafo sulla malinconia dei suoi *Libri medicinales*, VI, 9, che nel Medioevo venne poi incorporato al *De atra bile* di Galeno; in questa forma può averlo conosciuto Averroè. Sulla tradizione dell'opera galenica nel Medioevo si veda Nicoletta Palmieri, *Le traité de la bile noire traduit par Pietro d'Abano: manuscrits et éditions imprimées*, in «Galenos», 11 (2017), pp. 105-119, con bibliografia; su datazione della traduzione e antigrafi greci si veda Stefania Fortuna, *Pietro d'Abano e le traduzioni latine di Galeno*, in «Medicina nei Secoli», 20 (2008), pp. 447-463, e Antoine Pietrobelli, *Les manuscrits grecs de Pietro d'Abano*, in «Quaderni per la Storia dell'Università di Padova», 50 (2017), pp. 23-49. Nella sua ricchissima edizione del *Problema* 30.1 Bruno Centrone dedica un intero paragrafo a *Fenomeni linguistici e usi metaforici* (pp. 18-24 dell'introduzione) che caratterizzano la trattazione della malinconia nella cultura greca ma

Cavalcanti gioca su queste immagini – lo stato di paura, l'oscurità che colpisce l'anima – sviluppando ampiamente la dialettica tra luce e oscurità come fa Galeno ma senza incorrere in ingenuità favolose e antiscientifiche: quando si tratta di opporre luce a oscurità, Guido non gioca infatti sul colore della bile e su quello del sangue, insomma su una medicina che cede alla suggestione favolosa, ma sulla teoria aristotelica della visione e dei suoi opposti esiti: dov'è l'immagine sensibile c'è la possibilità della luce ma anche quella dell'oscurità.

L'oscurità che viene da Marte per Cavalcanti non è infatti la bile nera – che ne è semmai il sostrato fisiologico – ma l'oscuramento conseguente al desiderio di cui parla Aristotele nel passo del *De anima* citato in apertura di paragrafo. L'immagine desiderata che produce oscuramento, in quanto permane ed è simile alla sensazione reale («quoniam permanent et quod similia sunt sensibus»), guida gli animali («multa per ipsos operantur animalia»), cioè le bestie irrazionali e gli uomini dall'intelletto oscurato («alia quidem propter id quod non habent intellectum, ut bestie, alia vero ex velamento intellectus aut egritudine aut somno, ut homines»).

Si è già rilevato che tra gli effetti dell'oscuramento intellettuale provocato dalle immagini sensibili c'è secondo Aristotele l'incapacità di deliberare e giudicare (*Etica Nicomachea*, 52 a 19 discusso al cap. 1, § 8): il tema è puntualmente e correttamente raccolto da Guido (v. 32: «fuor di salute giudicar mantene / che la 'ntenzione per ragione vale»).

Cavalcanti impiega insomma la descrizione "poetica" degli accidenti della bile nera offerta dalla tradizione medica senza incorrere nel grossolano errore di usare la similitudine per aggirare la spiegazione scientifica (il «come se» che ricorre nel discorso galenico), evitato appunto inserendo e traducendo in poesia la causalità immagine-desiderio-oscuramento delineata da Aristotele nel *De anima*. Rispetto a questa tradizione, la poesia di Guido mantiene lo sviluppo del tema per immagini ma sceglie di non impiegare l'analogia in luogo della causalità scientifica.

Nella lunga durata del conflitto secolare tra il linguaggio poetico dell'analogia e il linguaggio filosofico delle cause, Cavalcanti segna un punto di massimo avvicinamento tra i due discorsi ma anche di massima distinzione tra i due ordini di rappresentazione.

La poesia cavalcantiana nasce d'altronde in un momento in cui l'opposizione tra poesia e verità disegnata da Platone e raccolta da Boezio si è

non cita questo passo, forse perché tardo. L'impatto che esso ha avuto sulla questione del linguaggio medico metaforico è tuttavia, come si è visto, importante.

ormai specificata come opposizione tra saperi tecnico-scientifici e rappresentazione poetica.

Il tema fu forse percepito in modo diverso dal mondo arabo e da quello latino.

Averroè si limita a parlare di *qawl shi'rī* («verba cantionum»),[13] formula con cui Al-Farabi indica la definizione per immagini. Il *qawl shi'rī* appare simile al "sillogismo poetico" che nell'ambito dell'ampia riflessione orientale sul linguaggio figurato è considerato formalmente identico al sillogismo sofistico ma sostanzialmente diverso poiché, a differenza di questo, non si propone di ingannare.[14] Nella ricezione latina del testo di Averroè, invece, il *qawl shi'rī* sembra assumere proprio il senso di inganno, di sofisma.[15]

In base agli elementi qui raccolti si potrebbe ipotizzare che nel mondo arabo si rifletta sulla possibilità di combinare ragionamento e immagini

13. Ibn Rušd, *al-Kulliyyāt fī l-ṭibb*, ed. Murād Maḥfūẓ *et al.*, with an introduction by Aḥmad Maḥfūẓ, Beirut, Markaz Dirāsāt al-Waḥda al-ʿArabiyya, 1999, p. 277, nella traduzione generosamente offertami da Samuela Pagani: «E quando questa [bile] nera è bruciata [e] le si mescolano gli accidenti della [bile] gialla, da ciò vengono l'assaltare e l'avventarsi e i costumi ferini. E tale effetto sull'anima è però qualcosa che dipende dalla complessione malinconica, non già che la causa di ciò sia l'oscurità della [bile] nera o la sua nerezza [...]. Il loro dire che l'anima è desolata dall'umore nero come una persona è desolata dal buio è un [modo di] dire poetico (*qawl shi'rī*). Infatti il male che colpisce l'anima al buio non è niente di più che la privazione del senso della vista dal proprio oggetto, ma l'anima dentro il corpo non è vedente, sì che percepisca la nerezza dell'umore. Occorre però che tu sappia che è nella natura dell'umor nero che un tale accidente lo segua, così come è nella natura del sangue che lo seguano diletto e allegria. Credi forse che ciò implichi necessariamente che il sangue sia lucente». All'eccezionale sapienza e generosità di Samuela Pagani, devo anche preziosissime indicazioni sull'idea di sillogismo poetico nella cultura araba.

14. Si veda sulla questione Gregor Schoeler, *The "Poetic Syllogism" Revisited*, in «Oriens», 41/1-2 (2013), pp. 1-26, con bibliografia.

15. Commentando il poema medico (*Canticum*) di Avicenna, Averroè ripropone il ragionamento, stavolta attribuendolo esplicitamente a Galeno e definendolo come un «dictum sicut truffa e canticum» (Averroè, commento al *Canticum* di Avicenna, c. 263v: «cholera nigra est sanguinis contraria. Unde quia sanguis ex sui natura laetificat de necessitate oportet quod melancholia habeat iram et tristitiam excitare. Galenus autem sic asserit animam desolari ex humore nigro sicut desolari qui, ex tenebra et obscuritate. Hoc autem dictum est sicut truffa et canticum [*qawl shi'rī*, "detto poetico"] et hoc ideo quoniam si hoc esset cogeretur de necessitate ponere quod sanguis esser albus e splendidus»; «La bile nera è opposta al sangue. Dunque, poiché il sangue per sua natura rende allegri, necessariamente la malinconica deve generare ira e produrre tristezza. Così Galeno asserisce che l'anima si sente sola a causa dell'umor nero come si sente solo chi è nelle tenebre e nell'oscurità. Questa sentenza, tuttavia, è un inganno poetico»).

analizzando tuttavia anche i limiti di quest'ipotesi, mentre nel mondo latino (che non recepisce la categoria di sillogismo poetico né sviluppa su base aristotelica una teoria organica del discorso figurato) si segnali l'ingannevolezza dell'immagine e in sostanza l'impossibilità di combinare i due tipi di discorso.

Ma è meglio tenersi al di qua di questa comparazione, da fondare su elementi più ampi, e limitarsi a concludere che la poesia cavalcantiana è anche una risposta, eccezionale ma significativa, al sogno di una poesia della verità.

Questa risposta non è collocata nel segno platonico-boeziano dell'eliminazione del contingente in nome della metafisica, ma piuttosto in quello aristotelico di una combinazione, difficile ma necessaria, tra immagini e strutture epistemiche fornite dalle scienze naturali.

Al centro del dibattito poetico medioevale non c'è dunque solo la questione delle passioni – quanto esse oscurino l'intelletto e quanto sia possibile temperarle poiché l'anima sensibile «è irrazionale per essenza, ma razionale per partecipazione» (*Etica Nicomachea*, 1102 b 28) –[16] ma anche quella dell'immagine. Traccia dell'oggetto sensibile e oggetto, come questo, di desiderio, l'immagine è capace di oscurare la visione intellettuale ed è dunque di dubbio valore mimetico: turbata dalle passioni, instabile, incerta.

3. *Somiglianze*

Nel vagheggiamento di una visione chiara liberata dalle immagini sensibili espressa da Boezio e derivata da un analogo tema platonico non si può non riconoscere il rischio che la ricerca di senso divenga paradosso, cioè tentativo di sostituire l'esperienza dell'oggetto con la sua cancellazio-

16. Si veda Gentili, *L'uomo aristotelico alle origini della letteratura italiana*, p. 201. Colgo l'occasione per chiarire che in quel libro, a p. 189, non consideravo la posizione di Giacomo da Pistoia come «morbidamente averroistica» (così sintetizza quanto ho scritto Tonelli, *Fisiologia della passione*, p. 11, nota 10) ma come caratterizzata dall'ammissione di una moderazione delle passioni attraverso la temperanza, prevista nell'*Etica Nicomachea* e non contemplata invece in *Donna me prega*; in ogni caso le evidenze del dibattito scientifico non consentono più, oggi, l'uso della generica categoria di averroismo latino. Il passo del *De anima* che qui considero conferma l'unico dato filosofico che avevo addebitato a Cavalcanti, e cioè una rappresentazione del processo conoscitivo vicinissima a quella fornita nel *De anima* aristotelico.

ne.[17] Questa prospettiva è infatti laconicamente rimossa dall'affermazione aristotelica per cui «non si può pensare senza immagine» (*De memoria et reminiscentia*, 449 b 31 - 450 a 1; cfr. cap. 1, § 3).

È pretestuoso forzare il testo cavalcantiano attribuendogli questo paradosso e una supposta affinità – decisa dal critico e non dal testo – col commento di Averroè al *De Anima*.[18] È vero però che la descrizione cavalcantiana dell'intelletto ne enfatizza appunto il carattere contrario all'immagine sensibile. Se la si esamina meglio ci si imbatte nella vera fonte del ragionamento, cioè in un argomento di origine platonica:

> in quella parte mai non ha possanza
> perché da qualitate non descende
> (resplende – in sé perpetüal effetto:
> non ha diletto – ma consideranza);
> sì ch'e non pote largir simiglianza.

Cavalcanti spiega che l'amore non può agire sull'intelletto possibile («in quella parte mai non ha possanza») in quanto questo è immateriale («perché da qualitate non descende»), risplende perennemente come effetto eterno dell'intelletto agente («risplende in sé perpetual effetto»), non è soggetto alle passioni («non ha diletto») ed è in un continuo atto di intellezione («ma consideranza»), così che «non pote largir simiglianza». Di quale somiglianza si sta parlando?

Giorgio Inglese spiega: «l'amore non rende somiglianza [di null'altro]».[19] Nella quadra inserita dall'interprete c'è evidentemente il segno di una difficoltà, di una lacuna del ragionamento (simile a che cosa?) che si elimina invece a patto di non cambiare soggetto per quest'ultima frase.

A non «largire somiglianza» è sempre l'intelletto; questo argomento proviene dalle *Tusculanae* di Cicerone.

Quest'opera è dedicata alla felicità del saggio e agli ostacoli passionali che possono impedirla: notevole coincidenza tematica, come si vede subito, con il dibattito dei filosofi e dei poeti alla fine del Duecento. In Ci-

17. È la nota tesi di Emilio Garroni nel classico *Senso e paradosso. L'estetica, filosofia non speciale* [1986], Roma-Bari, Laterza, 1995.

18. Ci provano Giorgio Agamben e Jean-Baptiste Brenet, *Intelletto d'amore*, introduzione di Alain De Libera, Macerata, Quodlibet, 2020. Andrea Cortellessa (recensione del libro nel Domenicale del «Sole 24ore») non aiuta, confondendo gli «spiriti e spiritelli» di Cavalcanti (cioè le facoltà vitali) con le immagini.

19. Cavalcanti, *Donna me prega*, ed. Inglese, p. 156.

cerone questa felicità consiste nell'atarassia, l'eliminazione delle passioni praticata dal saggio stoico; a tal fine, Cicerone rifiuta la teoria aristotelica delle passioni basata sulla temperanza e sulla conciliazione di queste con l'anima razionale: una coincidenza tematica ancora più notevole, dunque, con la posizione di Cavalcanti.

Come Cavalcanti, Cicerone afferma l'impassibilità e l'eternità dell'intelletto; per questo confuta la mortalità dell'anima umana asserita da Panezio e dagli stoici contro Platone, per seguire quest'ultimo.[20] Secondo Cicerone, due sono gli argomenti di Panezio: 1) l'anima è corruttibile come tutto ciò che nasce; la sua funzione biologica e il suo ruolo nella generazione sono provati dalla trasmissione di somiglianze (*similitudines*) tra padre e figlio; 2) l'anima è materiale perché è influenzata dalle passioni.

Cicerone confuta questi argomenti obiettando che queste due prerogative – *similitudinem facere* nella generazione biologica ed essere soggetti alle passioni – riguardano solo le parti materiali dell'anima, cioè l'irascibile e la concupiscibile («Haec refelli possunt; [...] De aeternitate animorum dicatur, de mente dici, quae omni turbido motu semper vacet, non de partibus iis in quibus aegritudines, irae libidinesque versentur»).

È il corpo a produrre le somiglianze, più rilevanti per gli animali, tutti uguali perché privi di ragione e determinati dalla materia, che non per gli uomini («Iam similitudo magis apparet in bestiis quarum animi sunt rationis expertes»). Nell'uomo, la materia può ostacolare o facilitare lo sviluppo dell'intelletto («hominum autem similitudo in corporum figura magis exstat, et ipsi animi magni refert quali in corpore locati sint. Multa enim e corpore exsistunt quae acuant mentem, multa quae obtundant») e *similitudinem facere* per generare somiglianza fisica («Quodsi tanta vis est ad habitum mentis in iis quae gignuntur in corpore, ea sunt autem quaecumque sunt quae similitudinem faciant»), mentre non c'è necessità di attribuire all'intelletto, pur inserito nel ciclo biologico, la stessa capacità di *similitudinem facere* («nihil necessitatis adfert, cur nascantur animi, similitudo»):

> Credamus igitur Panaetio a Platone suo dissentienti? [...] Volt enim, quod nemo negat, quicquid natum sit interire; Nasci autem animos, quod declaret

20. Per la riflessione ciceroniana sull'immortalità dell'anima e sulla sua individualità si veda Aldo Setaioli, *Cicero and Seneca on the Fate of the Soul: Private Feelings and Philosophical Doctrines*, in *The Individual in the Religions of the Ancient Mediterranean*, ed. by Jörg Rüpke, Oxford, Oxford University Press, 2013, pp. 455-488; per la fonte platonica nelle *Tusculanae* cfr. William Stull, *Reading the Phaedo in «Tusculan Disputations» 1*, in «Classical Philology», 107/1 (2017), pp. 38-52.

> eorum similitudo qui procreentur, quae etiam in ingeniis, non solum in corporibus appareat. Alteram autem adfert rationem, nihil esse quod doleat, quin id aegrum esse quoque possit; quod autem in morbum cadat, id etiam interitum; Dolere autem animos, ergo etiam interire. Haec refelli possunt; Sunt enim ignorantis, de aeternitate animorum dicatur, de mente dici, quae omni turbido motu semper vacet, non de partibus iis in quibus aegritudines, irae libidinesque versentur, quas is contra quem haec dicuntur, semotas a mente et disclusas putat. Iam similitudo magis apparet in bestiis quarum animi sunt rationis expertes; Hominum autem similitudo in corporum figura magis exstat, et ipsi animi magni refert quali in corpore locati sint. Multa enim e corpore exsistunt quae acuant mentem, multa quae obtundant. Aristoteles quidem ait omnis ingeniosos melancholicos esse, ut ego me tardiorem esse non moleste feram. Enumerat multos, idque quasi constet, rationem cur ita fiat adfert. Quodsi tanta vis est ad habitum mentis in iis quae gignuntur in corpore, ea sunt autem quaecumque sunt quae similitudinem faciant, nihil necessitatis adfert, cur nascantur animi, similitudo.[21]

L'argomento platonico si adatta perfettamente all'idea aristotelica e cavalcantiana di un intelletto radicalmente estraneo alla materia, che

21. Cicerone, *Tusculanae*, I, 32-33, pp. 80-83: «Dovremmo dar retta a Panezio quando s'allontana dal suo Platone? [...] Egli [Panezio] sostiene, e questo nessuno lo nega, che tutto ciò che è nato deve avere fine: ora, appunto, le anime nascono, come prova, secondo lui, la somiglianza dei figli con i padri, somiglianza che si manifesta oltre che nel corpo anche nel carattere. L'altro suo argomento è questo: ogni essere che prova dolore, può anche andar soggetto a malattia; ora, ogni essere che è soggetto a malattia deve perire: l'anima prova dolore, quindi perisce. Quest'ultimo argomento si può scartare. Chi lo ha formulato non teneva conto del fatto che quando si parla di eternità dell'anima si allude allo spirito, che è sempre immune da ogni disordine, e non alle parti in cui hanno sede le varie categorie di afflizione, di collera e di desiderio: parti che Platone, contro cui queste argomentazioni sono dirette, considera lontane e affatto separate dalla mente. Quanto alla somiglianza, essa è più evidente nelle bestie, che hanno un'anima priva di ragione: per gli uomini, la somiglianza si manifesta più che altro nell'aspetto fisico; e, quanto all'anima, ha molta importanza il fatto che essa abbia dimora in un corpo piuttosto che in un altro. Perché il corpo esercita la sua influenza in vari modi, a volte può acuire l'intelligenza, a volte smorzarla. Aristotele dice che tutti i geni hanno temperamento malinconico [atrabiliare] – ed è per questo che a me non dispiace di essere un po' tardo: passa in rassegna molti casi e, come se si trattasse di un fatto già assodato, spiega la ragione del fenomeno. Ora, anche se è così notevole l'influenza che esercitano sullo stato dello spirito gli elementi che vengono ad essere prodotti nel corpo, e se questi elementi, qualunque sia la loro natura, sono capaci di determinare la somiglianza, quest'ultima certo non implica necessariamente la conseguenza che l'anima debba nascere». Mi allontano dalla traduzione di Adolfo di Virginio e scelgo una resa più letterale del testo solo nel rapido cenno al *Problema* 30.1 («Aristoteles quidem ait omnis ingeniosos melancholicos esse», da lui tradotto «Aristotele dice che tutti i geni hanno predisposizione alla follia»).

è invece caratterizzata proprio dalla capacità di generare. Il dominio del mondo sensibile è insomma quello della somiglianza: nel passo del *De anima* analizzato nel primo paragrafo Aristotele sottolineava infatti che le immagini sembrano vere perché «sono simili» alle sensazioni date dagli oggetti.

Il discorso ciceroniano contiene anche un altro dei caratteri della descrizione cavalcantiana dell'intelletto: esso non è toccato dalle passioni perché è in un continuo atto di intellezione («non ha diletto ma consideranza»).

Il v. 28 di *Donna me prega* è dunque da interpretare come segue: "[v. 24] l' amore non ha effetto sulla parte dell'intelletto spirituale / [v. 25] poiché questa non discende da qualità fisiche / [v. 26] (risplende in essa l'effetto di una causa eterna) / [v. 27] non ha piacere ma intellezione, / [v. 28] in modo tale che essa non può generare elementi simili a sé".

Se si intende così è necessario leggere il verso eliminando il pronome maschile, e mantenendo come soggetto grammaticale la «parte» dell'intelletto che compare all'inizio del discorso: «sì che [non: ch' e'] non pote largire somiglianza».

È generico, rispetto a questo verso, il passo del *De anima* sull'intelletto agente, perché Cavalcanti non sta parlando in generale di intellezione, ma in particolare di impassibilità,[22] che comporta – in Cicerone come in Cavalcanti – la conseguenza di non poter *similitudinem facere*.

Cavalcanti completa insomma la sua descrizione dell'inalterabilità dell'intelletto con l'argomento platonico impiegato nelle *Tusculanae*, simmetrico e opposto al tema della somiglianza che lega cose e immagini sensibili.

Per il poeta, formatosi nella Firenze dominata dal magistero del ciceroniano Brunetto Latini, Cicerone è una fonte filosofica di primo piano.

22. Giorgio Inglese, *Per Guido Cavalcanti*, in Id., *L'intelletto e l'amore: studi sulla letteratura italiana del Due e Trecento*, Firenze, La Nuova Italia, 2000, pp. 3-52, a p. 29, rimane però esclusivamente sul piano dell'intellezione: «L'intelletto possibile somiglia a qualcosa d'altro? Una risposta negativa a queste domande sembra [...] plausibile, essendo vero che, in ultima analisi, il processo intellettivo (ma, dunque, non il solo intelletto possibile) ha caratteri assolutamente propri, rispetto agli altri modi di attuazione della potenza», e in appoggio a ciò cita il passo del *De anima* relativo alla dissomiglianza tra sensi e intelletto, cioè *De anima*, 429 a 29-30, versione di Guglielmo di Moerbeke, p. 197: «Quod autem non sit similis passibilitas sensitivi et intellectivi, manifestum est» («la patibilità dell'anima sensitiva non è simile a quella dell'intellettiva»).

Nelle *Tusculanae* l'opposizione tra impassibilità intellettuale e patibilità dell'anima sensitiva serve anzitutto a fondare la critica ciceroniana alla *metriopatheia* aristotelica, già raccolta da Agostino.[23]

Il primo poeta a trarre dalle *Tusculanae* il mito tragico della passione illimitata e il mito metafisico dell'intelletto sottratto a ogni compromesso con la materia è Cavalcanti; il secondo è Petrarca.

4. *Autoritratto del poeta da giovane*

I *Rerum vulgarium fragmenta* di Petrarca sono dominati da due autoritratti del loro autore.

Il primo, esaminato nel capitolo precedente, è quello retrospettivo di stampo boeziano, che giustifica e avvia la grande retrospettiva biografica e poetica del Canzoniere.

Il secondo è invece l'istantanea del «giovanile errore» costituita dal sonetto 35 (*ante* 16 novembre 1337), che assorbe l'immagine del malinconico fissata nel già menzionato *Problema* 30.1:

Solo e pensoso i più deserti campi
vo mesurando a passi tardi et lenti,
et gli occhi porto per fuggire intenti
ove vestigio human la rena stampi.
Altro schermo non trovo che mi scampi
dal manifesto accorger de le genti,
perché negli atti d'allegrezza spenti
di fuor si legge com'io dentro avampi:
sì ch'io mi credo omai che monti et piagge
et fiumi et selve sapian di che tempre
sia la mia vita, ch'è celata altrui.
Ma pur sì aspre vie né sì selvagge
cercar non so, ch'Amor non venga sempre
ragionando con meco, et io co·llui.[24]

23. Cfr. Johannes Brachtendorf, *Cicerone e Agostino sulle passioni*, in «Revue des études augustiniennes», 43/2 (1997), pp. 289-308; Martin P. Foley, *Cicerone, Agostino e le radici filosofiche dei dialoghi del Classiciacum*, in «Revue des études augustiniennes», XLV/1 (1999), pp. 51-77. Sullo stoicismo nella tarda antichità e nel Medioevo cfr. Marcia L. Colish, Hugo Koch, *Philosophische als Medizin für die Seele. Untersuchungen zu Cicero «Tusculanae Disputationes»*, Stuttgart, Steiner, 2006.

24. Francesco Petrarca, *Rerum vulgarium fragmenta*, 35, ed. Santagata, p. 190. Su questo testo sono essenziali Manlio Pastore Stocchi, *Divagazioni di due solitari: Bellero-*

La solitudine che Petrarca idealizza come mezzo di purificazione intellettuale e di ricomposizione della frattura passionale (in particolare negli anni Quaranta, nel *De vita solitaria* e nel *De otio religioso*) non abita qui: qui regna il suo doppio negativo.

L'isolamento – che nelle opere di Valchiusa diverrà *vita solitaria*, cioè vitale conversazione interiore con Dio – individua in questo sonetto e in tutta la sequenza narrativa dei *Fragmenta* uno spazio solo naturale e terreno: anzi, conchiude tutto lo spazio terreno in una inesorabile desolazione. Delle selve, che sono, come vedremo, il suo luogo naturale, l'uomo disperato soffre al contempo l'ampiezza e il limite: troppo grandi per non sentirsi soli con sé stessi, troppo piccole per sfuggire a sé stessi e ai propri stati d'animo (vv. 11-14: «Ma pur sì aspre vie né sì selvagge / cercar non so, ch'Amor non venga sempre / ragionando con meco, et io co·llui»). Questo spazio che la disperazione rende vuoto e soffocante al contempo – forse il più sostanziale ossimoro petrarchesco – ha una precisa origine concettuale.

A partire dai commenti quattrocenteschi si è scritto che la fonte dell'erranza petrarchesca per i «più deserti campi» è un luogo delle *Tusculanae*[25] in cui è citato un distico omerico (*Iliade*, VI, 201-2) relativo a Bellerofonte, che Cicerone cita e condanna, insieme ad altri esempi, in quanto di manifestazione del dolore passionale e non stoica:

> Ex hoc evenit, ut in animi doloribus alii solitudines captent, ut ait Homerus de Bellerophonte: "Qui miser in campis errabat Aleis / ipse suum cor edens".[26]

È vero che nel *Secretum* e in altre opere latine Petrarca cita il Bellerofonte omerico traendolo esplicitamente da Cicerone, ma Cicerone usa

fonte e Petrarca, in *Da Dante al Novecento. Studi offerti a Giovanni Getto*, Milano, Mursia, 1970, pp. 63-83; Luzius Keller, *Solo e pensoso, seul et pensif, solitaire et pensif, mélancholie pétrarquienne et mélancholie pétrarquiste*, in «Studi francesi», XVIII/1 (1973), pp. 3-14; Natascia Tonelli, *Solitudini e malinconie familiari*, in *Motivi e forme delle «Familiari» di Francesco Petrarca*, atti del convegno di Gargnano (2-5 ottobre 2002), a cura di Claudia Berra e Gennaro Barbarisi, Milano, Cisalpino, 2003, pp. 639-653; Ead., *Fisiologia della passione*, pp. 187 e ss.

25. Tra i moderni l'unico rimando al Daniello è in Francesco Petrarca, *Rerum vulgarium fragmenta*, ed. Bettarini, *ad l.*, p. 190: «nella lettera *Senilis*, XI 5 è evocato l'omerico Bellerofonte dell'Iliade, conosciuto e classicizzato attraverso la citazione di Cicerone in *Tusc.* III xxvi 63 [...] (Daniello)».

26. Cicerone, *Tusculanae*, III, 26, pp. 260-261: «Ecco perciò che, nel momento del dolore, vanno in cerca dei luoghi deserti, come il Bellerofonte omerico "che, misero nel dolore vagava per le piane di Aleia / consumandosi il cuore, sfuggendo le orme degli uomini"».

l'esempio di Bellerofonte perché questo era stato consacrato come emblema della passionalità autodistruttiva dal *Problema* 30.1, dove i versi omerici sono sviluppati in un più ampio ritratto dell'eroe. È qui, in questa amplificazione, che la sua solitudine si fa vero e proprio mito tragico:

> Propter quid omnes homines quicunque excellentiores fuerunt viri aut secundum philosophiam aut politicam aut poesim aut artes videntur melanconici esse, et hii quidem ita quod et qui occupantur egritudinibus quae sunt a nigra cholera, ut dicuntur ab heroicis ea quae sunt circa Herculem [...]. Amplius autem ea que fuerunt circa Aiacem et Bellerophontem, quorum hic quidem maniacus factus est omnino. Alius vero eremos, loca deserta, sequebatur, propter quod ita fecit Homerus <errat in campos solus latos atque avia rura> quoniam ille irascitur omnibus deis.[27]

La particolare fortuna di questo passo e dell'associazione tra il Bellerofonte omerico e la ricerca della solitudine è testimoniata nei testi della tradizione galenica (II-III secolo d.C.).[28] Sicuramente Cicerone, molto interessato all'opera di Teofrasto e allo sviluppo in senso fisiologico dell'etica aristotelica, fu tra primi fruitori latini del testo.

27. Aristotele, *Problema*, 30.1, 953 a 10-25: «Perché tutti gli uomini straordinari nella filosofia, nella politica, nella poesia, o nelle arti sembrano essere stati melancolici, e alcuni a tal punto da essere vittima delle patologie della bile nera, come è il caso, nei poemi eroici, di Eracle [...]? Ci sono inoltre le vicende di Aiace e Bellerofonte: il primo andò completamente fuori di sé, l'altro vagò in cerca di luoghi solitari, per cui Omero scrisse: "vagava solitario in grandi spazi e campi impervi una volta che si era adirato con tutti gli dei"». In assenza di edizione critica, in preparazione per l'*Aristoteles Latinus*, riporto il testo della diffusissima versione *antiqua* di Bartolomeo da Messina commissionata da re Manfredi e svolta nel 1258-1266 – su cui si veda Gerardo Marenghi, *Un capitolo dell'Aristotele medievale: Bartolomeo da Messina traduttore dei «Problemata Physica»*, in «Aevum», 37 (1962), pp. 268-283, e *Aristotle's «Problemata» in Different Times and Tongues*, ed. by Pieter De Leemans and Michele Goyens, Leuven, Leuven University Press, 2006 – dall'ed. cinquecentesca (*Problematum Aristotelis translatio duplex, antiqua scilicet, et ea quam Theodorus Gaza edidit, cum Petri Apponensis Expositionibus*, Firenze, Luca Antonio Giunta, 1526, cc. 243*vb*-244*ra*). Il luogo citato coincide nella lezione col codice ottimo Assisi, Fondo antico del Sacro Convento, 663, f. 68ra. Tra parentesi uncinate reintegro, traendolo dalla versione di Teodoro Gaza (*ib.*, c. 245*vb*), il verso omerico (*Iliade*, VI, 202) sicuramente presente anche nella traduzione di Bartolomeo, come prova la parafrasi, da essa dipendente, di Pietro d'Abano (*ib.*, c. 246*rb*): «Bellerophon fugiebat a conversazione hominum et inhabitabat heremos, loca deserta, ut solitarius permaneret». Con questo non propongo certo una restituzione contaminativa del testo di Bartolomeo; intendo solo dare un'idea – in attesa dell'edizione – del testo aristotelico tradotto da Bartolomeo e parafrasato da Pietro d'Abano e Petrarca.

28. Si veda su questo Centrone, *Μελαγχολικός in Aristotele e il Problema XXX, 1.*

Le righe che introducono il ritratto omerico dell'eroe – e ne costituiscono un'amplificazione – aggiungono ai due attributi contenuti nell'*Iliade* (l'erranza e l'impulso a fuggire le tracce umane) l'aggettivo *solus* e il sintagma *loca deserta*, raccolti da Petrarca in *Rerum vulgarium fragmenta*, 35, ma tralasciati da Cicerone. Proprio l'insufficienza lessicale e tematica del riscontro ciceroniano ha spinto gli interpreti a cercare per *Rerum vulgarium fragmenta*, 35 fonti classico-elegiache,[29] antieconomiche però a fronte della micidiale aderenza al sonetto del *Problema* 30.1.

Si tratta di un'aderenza non solo lessicale (poiché il discorso petrarchesco risulta dalla combinazione dei versi omerici con le righe aristoteliche che li precedono) ma anche e soprattutto contenutistica, visto che l'opuscolo, come il sonetto, ritrae e analizza sul piano psicofisiologico l'eccesso passionale e il relativo sintomo di fuga autodistruttiva dal consorzio umano.

Manlio Pastore Stocchi rilevò che la caratterizzazione negativa del personaggio nel testo aristotelico era un ostacolo al suo impiego da parte di Petrarca.[30]

Direi invece che è proprio la negatività di Bellerofonte a motivare la scelta petrarchesca di farne la base del proprio autoritratto di poeta condannato dalla passione alla solitudine, che vuole essere appunto di carattere tragico e negativo. Se, come propone Natascia Tonelli,[31] si promuove a

29. Ad esempio Antonio La Penna, *Un'integrazione difficile. Profilo di Properzio*, Torino, Einaudi, 1977, p. 260, propone Tibullo, IV, 13, 10 e Properzio, I, 18, 1-3.

30. Cfr. Pastore Stocchi, *Divagazioni di due solitari: Bellerofonte e Petrarca*, p. 80: «la solitudine nutrita di morbosa bizzaria cui si abbandona, per di più imprecando agli dei, il falso Bellerofonte aristotelico non poteva trovare una rispondenza congeniale nell'animo severo del Petrarca. Come s'è accennato, non vi sono le prove aperte che il Nostro conoscesse questa faccia dell'eroe; ma è certo che ne respingeva tutti i presupposti che tendevano a rendere lusinghiero il ritratto aristotelico». Mi pare un giudizio di tipo sostanzialmente moralistico, che tradisce e banalizza il testo aristotelico, quello petrarchesco e i temi che entrambi mettono in gioco.

31. La proposta è stata prima formulata in Tonelli, *Solitudini e malinconie familiari*, p. 99, e poi ribadita in Ead., *Fisiologia della passione*, p. 187. Colgo l'occasione per chiarire che nel mio articolo *La Malinconia nel Medioevo: dal* Problema *30.1 di Aristotele a* Donna me prega *di Cavalcanti al son. 35 di Petrarca*, in «Bollettino di Italianistica», 2 (2010), pp. 156-170, non ho presentato queste fonti come inedite (così Tonelli, *Fisiologia della passione*, p. 187, in nota) ma come suscettibili di una diversa interpretazione, che qui approfondisco (fruizione diretta di Aristotele nel son. 35 dimostrata dalle dipendenze lessicali; volontaria assunzione della fonte ciceroniana quando Petrarca ne acquisisce la critica contro la *metriopatheia* nel *Secretum*), che ho dato conto della letteratura critica pregressa (compreso il pregevole studio della stessa Tonelli del 2003 richiamato all'inizio di questa

fonte petrarchesca la versione del passo del *Problema* 30.1 prodotta da Davide di Dinant, che non menziona la condanna divina inflitta a Bellerofonte, si finisce col perdere proprio le parole di Aristotele riprese da Petrarca (cioè *solus* e *loca deserta*), ridotte a parafrasi riassuntiva tanto nel passo ciceroniano quanto in questo testo:

> Nam de heroibus videtur Hercules hiusmodi fuisse quoniam et ipse epilenticus fuit, et ab eo vocaverunt antiqui epilenciam morbus [...] De Aiacem autem manifestum quod amens fuit omnino. De Bellerofonte etiam dicit Homerus quod solitudinem sectabatur. Sed et alii quamplures huiusmodi videntur fuisse, ut Empedocles et Plato et Socrates.[32]

Il Bellerofonte "tragico" di Aristotele fa al caso di Petrarca non solo perché è una perfetta descrizione dell'«errore» passionale, ma anche perché offre l'occasione di una critica radicale alla morale aristotelica entro la quale il caso si iscrive: ecco perché il Petrarca del *Secretum* rivolto all'analisi del proprio errore fa sua la prospettiva ciceroniana, che confuta la teoria aristotelica del controllo delle passioni proprio in base al caso di Bellerofonte.[33]

Il *Problema* 30.1, che come si è detto è probabilmente teofrasteo ma tratta la malinconia in modo perfettamente compatibile con i cenni al tema contenuti nell'*Etica Nicomachea* (cap. 1, § 7), fa emergere un punto debole della nozione aristotelica di giusto mezzo virtuoso.

nota), nonché della grande accessibilità della fonte aristotelica nel Medioevo e per Petrarca in particolare, con considerazioni che ripropongo più giù.

32. Davide di Dinant, frammento G, *Incipit liber de effectibus colere nigre in homine et de multis aliis dubiis determinatis per Aristotelem* = Elena Casadei, *I testi di David di Dinant. Filosofia della natura e metafisica a confronto col pensiero antico*, Spoleto, CISAM, 2008, p. 189. Gli scritti di Davide di Dinant presentano un orientamento filosofico (panteistico, materialistico) che a Petrarca doveva risultare particolarmente indigesto. Questo non ne pregiudica, naturalmente, la potenziale lettura da parte del poeta, per il quale tuttavia la loro accessibilità sarebbe da provare, vista la circolazione limitata e difficoltosa che essi conobbero. Sia in questo testo che nel passo cicerioniano, l'aggettivo *solus* riferito al malinconico e i *loca deserta* in cui si svolge la sua erranza – i due elementi sintattici mantenuti nella struttura del discorso petrarchesco – scompaiono, unificati in un unico cenno alle *solitudines* ricercate dal malinconico. A fronte della corrispondenza sintattica e della complessità di significati che il testo aristotelico unito alla sua tradizione di commento comporta, Pastore Stocchi, *Divagazioni di due solitari: Bellerofonte e Petrarca*, p. 78, decreta «più trita e volgare» di quella ciceroniana «la via aperta da Aristotele». Si conferma il piano moralistico del giudizio.

33. Sulla critica ciceroniana alla teoria delle passioni aristotelica si veda Margaret Graver, *Cicero on the emotions: Tusculan Disputations 3 and 4*, Chicago, Chicago University Press, 2002.

Aristotele aveva concepito ogni stato d'animo o passione come segmento realizzabile in modo positivo, cioè nel suo punto medio o ai due estremi viziosi – per difetto oppure per eccesso – mentre la complessione malinconica pone il problema di una natura costituzionalmente non media, cioè – poiché la virtù aristotelica è *mediocritas* – incline a essere viziosa, caratteristica d'altronde anche del prototipo dell'uomo eccezionale aristotelico, cioè il magnanimo.

Il carattere materialmente "estremo" della bile nera, composta di caldo e freddo insieme e soggetta dunque a divenire caldissima o freddissima (954 a 10-20), dà luogo ai due opposti vizi dell'euforia e dell'abulia[34] e predispone all'*ekstasis*, all'uscita di senno cui consegue la ricerca della solitudine, alla violenza verso sé e gli altri.[35]

Nell'occidente latino la dottrina dei quattro umori ebbe una fortuna ininterrotta (lo testimonia ad esempio Isidoro, *Etymologiae*, IV, 5, 7), autonoma e precedente, dunque, rispetto alle nuove traduzioni aristoteliche del secolo XII, epoca in cui i *Problemata* vennero tradotti da Bartolomeo da Messina e furono larghissimamente diffusi.[36] Il *Problema* 30.1, in particolare, fu percepito come appendice medica ai testi di morale e di psicologia aristotelici e in questa forma, come si è già visto, utilizzatissimo nei commenti alle opere psicologiche di Aristotele (*Etica* e *De anima*) oltre che a quelle biologiche medioevali. Petrarca incrocia la ricezione medica e filosofica di questo testo già a Bologna, dove all'epoca del suo soggiorno (1320-26) l'opuscolo era impiegato per l'esegesi di *Donna me prega* in chiave medica ad opera di Dino del Garbo (Petrarca fu legato al figlio

34. Aristotele, *Problema* 30.1, 954 a 15-25, ed. Centrone, pp. 62-63: «È nella natura originaria di questo umore melanconico essere temperato; è infatti un contemperarsi di caldo e freddo, ed è da questi due che la natura è composta. Perciò la bile nera diventa sia caldissima che freddissima [...]. Anche la bile, quella nera, fredda per natura e non in superficie, quando è nelle condizioni descritte, trovandosi in eccesso, genera colpi apoplettici, torpori, scoramenti o paure [ἀποπλεξίας ἢ νάρκας ἢ ἀθυμίας ἢ φόβους]; se invece è riscaldata in eccesso, produce buoni stati d'animo che spingono al canto, condizioni estatiche, eruzioni di piaghe e altre cose simili [τὰς μετ'ᾠδῆς εὐθυμίας καὶ ἐκστάσεις καὶ ἐκζέσεις ἑλκῶν καὶ ἄλλα τοιαῦτα]».

35. Ivi, 953 b 13-15: «divengono compassionevoli [ἐλεήμονες], selvatici [ἄγριοι, lett. "che vivono nei campi"] e taciturni [σιωπηλοί, lett. "taciturni, segreti, nascosti"]; alcuni, infatti, ammutoliscono del tutto, e tali sono soprattutto, tra i malinconici, quelli che escono di senno». Si noti qui l'aderenza semantica alla situazione del son. 35 e, in generale, del Petrarca sofferente del Canzoniere: l'inclinazione al pianto; la selvatichezza, che ha in sé il concetto di ἄγρος/*rus*; il silenzio, che ha anche il senso di segretezza e occultamento fisico.

36. Sulla versione di Bartolomeo si veda la nota 29 di questo capitolo.

Tommaso, anch'egli medico), mentre lo schema biografico del malinconico prima abulico e poi uomo di genio veniva applicato alla biografia di importanti medici locali.[37] Dovette imbattervisi poi a Padova, dov'era nato il più noto commento alla traduzione dei *Problemata* di Bartolomeo da Messina, dovuto a un altro medico notissimo: Pietro d'Abano.[38]

Mostrata la grande accessibilità dell'opuscolo e la diretta dipendenza da esso di *Rerum vulgarium fragmenta*, 35, resta da analizzare l'assorbimento nel Petrarca latino della critica ciceroniana alla teoria delle passio-

37. Così è costruita la biografia di Taddeo Alderotti, volgarizzatore della *Nicomachea* e importante docente di medicina a Bologna (Filippo Villani, *De origine civitatis Florentie et de eiusdem famosis civibus*, a cura di Giuliano Tanturli, Padova, Antenore, 1997, pp. 27-8: «Taddeo fisico [...] gli anni della puerizia e adolescenza sua pigro e d'animo quasi spento vilissimamente esercitò, e a vilissimi ministeri dato, e vituperoso guadagno, lungamente poverissima e bruttissima vita menò. [...] Passati finalmente gli anni trenta si consumarono quegli umori grossi, i quali i medici vogliono che tengano la natura pigra, e le operazioni dell'anima e la complessione che suo instrumento impediscono, e adoperando la natura con tempo si risolvono, e l'uomo nel suo intelletto restituiscono, e rendono lo istrumento della complessione atto, dove prima era inettissimo: e allora Taddeo, quasi un altro e nuovo uomo destandosi dal sonno, e quasi del perduto ingegno ristorato, cominciò ad ardere di desiderio d'acquistare scienza [...] Ultimamente studiò medicina [...], intantoché di quell'arte diventò solennissimo dottore [...]. Questi, essendo presso agl'Italiani tenuto come un altro Ipocrate, da' signori d'Italia infermi in qualunque parte era chiamato con salarii smisurati»). Il modello, suggerito dalle figure di grandi malinconici presenti nell'opuscolo (*Problema* 30.1, 953 a 1-35: «eroi» come Aiace, Bellerofonte, Ercole; «filosofi e poeti» come Empedocle, Platone, Socrate), era stato applicato a Ippocrate, come testimonia, riprendendo il *Secretum secretorum*, Alberto Magno, *Quaestiones de animalibus*, ed. Filthaut, p. 95: «Dicit enim Pilosophus quod discipuli Hippocratis figuram eius optime depictam ostendebant optimo physiognomo Philotimo, et quaerebant ab eo naturales mores eius cuius erat imago, et ipse inspecta imaginem dixit, quod erat instabilis et incontinens. Et ipsi mirantes et dedignantes quod de tali viro tanta dixisset, rettulerunt Hippocrati, et ipse respondit quod ille physiognomus verum dixerat. Sed ipse dixit quod per discretionem intellectus et amorem studii et virtutis mores naturales mutaverunt in contrarium» («Dice infatti il Filosofo che i discepoli di Ippocrate mostravano un ritratto ottimamente realizzato all'esperto di fisiognomica Filotimo e gli chiedevano quali fossero le inclinazioni naturali della persona ritratta. Quello, esaminata l'immagine, disse che era un tipo instabile e incontinente. Essi, meravigliati e sdegnati del fatto che questi avesse detto cose simili di un uomo così grande, lo riferirono ad Ippocrate. Egli rispose che l'esperto di fisiognomica aveva detto la verità, ma che grazie al discernimento intellettuale e all'amore per lo studio e la virtù, le inclinazioni naturali si erano trasformate nel loro opposto»).

38. Testimonia la fortuna padovana dei *Problemata* anche il più importante codice della traduzione di Bartolomeo da Messina, il ms. Patav. Anton. XVII. 370 su cui cfr. *Aristoteles latinus*. Codices descripsit G. Lacombe, pars posterior, Cambridge, Cambridge University Press, 1955, p. 1032.

ni aristotelica. Quando il vecchio Petrarca tornò a Padova, città pervasa dalla sinistra gloria del Bellerofonte aristotelico a causa del commento di Pietro d'Abano, era probabilmente già armato d'una recente rilettura delle *Tusculanae*,[39] opera da sempre amatissima (*Familiares*, XVIII, 14: «a

39. Si conoscono quattro manoscritti dell'opera posseduti da Petrarca: 1) Troyes, Médiathèque "Jacques Chirac", 552-2, praticamente privo di glosse – sec. XIV *in.*, acquisito nel 1342 secondo Giuseppe Billanovich, *Nella biblioteca del Petrarca. II. Un altro Svetonio del Petrarca*, in «Italia medioevale e umanistica», 3 (1960), pp. 28-58, nel 1335 secondo Silvia Rizzo, *Un nuovo codice delle «Tusculanae» dalla biblioteca del Petrarca*, in «Ciceroniana», 9 (1996 [ma 1997]), pp. 75-104, a p. 76; 2) Par. lat. 5802, sec. XII, glossato nel 1335/55 secondo Armando Petrucci, *La scrittura di Francesco Petrarca*, Città del Vaticano, Biblioteca Apostolica Vaticana, 1967, p. 125; 3) Madrid, Biblioteca Nacional, 9116, sec. XIV, 3/4, ove sono trascritte col testo note identificate come petrarchesche da Leighton Durham Reynolds, *The transmission of the De finibus*, in «Italia medioevale e umanistica», 36 (1993), pp. 1-30, e Id., *Petrarch and a Renaissance Corpus of Cicero's philosophica*, in *Formative Stages of Classical Traditions: Latin Texts from Antiquity to the Renaissance*, proceedings of a conference held at Erice (16-22 October 1993), ed. by Oronzo Pecere and Michael Reeve, Spoleto, Centro italiano di Studi sull'Altomedioevo, 1995, pp. 409-433; 4) Roma, Biblioteca Nazionale Centrale, Vitt. Em. 1632, di cui Silvia Rizzo identificò le glosse come petrarchesche datandole al 1355-56 sulla base di argomenti (il riferimento al *De remediis* e a episodi storici) compatibili però anche con una datazione più bassa. Sulla base di elementi paleografici (l'identificazione del copista con il Malpaghini, e dunque la data del triennio condiviso con Petrarca; la scrittura della glossa, del Petrarca maturo) Maddalena Signorini, *Sul codice delle Tusculanae appartenuto a Francesco Petrarca (Roma, BNC, Vittorio Emanuele 1632)*, in«Studi Romanzi», n.s., 1 (2005), pp. 105-133, a pp. 126-127, ritenne che il ms. fosse copiato sotto la guida e su richiesta di Petrarca nel 1366-68, con preferenza per il 1366. La revocazione in dubbio dell'identificazione del copista da parte di Monica Berté, *Giovanni Malpaghini copista del Petrarca?*, in «Cultura neolatina», 75 (2015), pp. 205-216, e Silvia Rizzo, *Il copista di un codice petrarchesco delle «Tusculanae»: filologia vs paleografia*, in *Palaeography, Manuscript Illumination and Humanism in Renaissance Italy: Studies in Memory of A.C. de la Mare*, ed. by Robert Blake, Jill Kraye and Laura Nuvoloni, London-Torino, Warburg Institute-Aragno, 2015, pp. 335-443, non elimina però l'oggettiva identità tra la mano del copista di questo codice e quella che vergò il Par. lat. 7880, scritto certamente dopo il 1366, nonché il Vat. Lat. 3196, dato che, in assenza di elementi contrari davvero probanti, invita a mantenere la datazione 1364-1368 – cfr. Maddalena Signorini, *Le «Tusculanae» di Cicerone postillate da Francesco Petrarca*, in *I Libri che hanno fatto l'Europa. Manoscritti latini e romanzi da Carlo Magno all'invenzione della stampa [...]*, catalogo a cura di Roberto Antonelli, Nadia Cannata, Michela Cecconi, Emma Condello, Marco Cursi e Maddalena Signorini, Roma, Accademia Nazionale dei Lincei, 2016, n. 155, pp. 235-236. Sulla tradizione successiva e non autografa delle postille petrarchesche all'opera si veda Monica Berté, *Il corredo marginale del Vat. lat. 3240: un caso di copia o imitazione petrarchesca*, in «L'Ellisse», XIX/1 (2024), pp. 7-44.

prima mihi aetate familiarissimum fuit»),[40] che da quell'eroe e da quella patologica solitudine potevano metterlo al riparo.

Lo testimoniano le note di lettura che il vecchio poeta appose alla copia dell'opera forse fatta da lui allestire con occhio e attenzione retrospettivi: rispetto ai propri scritti, e rispetto alle fonti in cui si era riconosciuto.

Nel *De ignorantia* Petrarca ritiene la trattazione della felicità offerta da Aristotele inferiore a quella che si può udire dalle labbra dal più ignorante dei cristiani:

> Credo hercle, nec dubito, illum [Aristotelem] non in rebus tantum parvis, quarum parvus et minime periculosus est error, sed in maximis et spectantibus ad salutis summam aberasse tota, ut aiunt, via. Et licet multa Ethicorum in principio et in fine de felicitate tractaverit, audebo dicere – clament ut libuerit censores mei – veram illum felicitatem sic penitus ignorasse, ut in eius cognitione, non dico subtilior, sed felicior fuerit vel quelibet anus pia, vel piscator pastorve fidelis, vel agricola. Quo magis miror quosdam nostrorum tractatum illum aristotelicum sic miratos quasi nefas censuerint, idque scriptis quoque testati sint, de felicitate aliquid post illum loqui, cum michi tamen – audaciter forsan hoc dixerim, sed, ni fallor, vere – ut solem noctua, sic ille felicitatem, hoc est lucem eius ac radios, sed non ipsam vidisse videatur.[41]

40. Nella notissima lista dei *libri peculiares* contenuta in *Familiares*, XVIII, 14, 11, le *Tusculanae* sono al secondo posto, subito dopo il *Somnium Scipionis*; sulla datazione della lista si veda Berthold Luis Ullman, *Petrarch's Favorite Books*, in Id., *Studies in the Italian Renaissance*, Roma, Edizioni di Storia e Letteratura, 1973², pp. 127-130 (propone il 1333), e Francisco Rico, *Petrarca y el De vera religione*, in «Italia medioevale e umanistica», 17 (1974), pp. 313-364, a p. 336 (propone il 18 febbraio 1335 per la prima lista e il 12 maggio 1335 per la seconda). Petrarca cita le *Tusculanae* più di qualunque altra opera di filosofia (Pierre de Nolhac, *Pétrarque et l'humanisme*, vol. I, Paris, Librairie Honoré Champion, 1907, p. 247).

41. Francesco Petrarca, *De sui ipsius et multorum ignorantia*, IV, 63, pp. 216-219: «Credo, per Ercole, né dubito che costui [Aristotele] abbia come si dice sbagliato completamente strada non nelle piccole cose, nella quali l'errore non è per nulla pericoloso, ma in cose della massima importanza, che toccano il problema della nostra salvezza eterna. Per quanto al principio e alla fine dell'Etica abbia ampiamente trattato della felicità, so affermare (strillino pure quanto vogliono i miei giudici) che ne sapeva così poco della vera felicità che una qualsiasi pia vecchietta o un pescatore o un devoto pastore o un contadino potrebbero essere non dico più sottili nell'analizzarne il concetto, ma più capaci di tradurlo in pratica. Tanto più mi meraviglio, quindi, che alcuni dei nostri ammirino al tal punto quel trattato aristotelico da giudicare poco meno che un crimine – e ciò hanno anche ribadito nei loro scritti – il dire qualcosa sulla felicità dopo Aristotele. Mentre a me sembra (la dirò forse in modo un po' forte, ma è la verità, a meno ch'io non mi inganni) che costui abbia

Petrarca ritorce contro il Filosofo l'immagine che egli stesso aveva impiegato dell'uccello notturno incapace di vedere la luce (*Metaphysica*, 993 b 8-10).[42] È lo stesso metodo confutativo usato nelle *Tusculanae* contro la morale aristotelica, rigettata in base al caso di Bellerofonte tracciato nel *Problema* 30.1. Nelle sue note all'opera, Petrarca aderisce all'orientamento stoico e platonico che essa esprime, [43] e si identifica col Cicerone critico di Aristotele nella propria polemica contro i filosofi contemporanei.[44]

visto la felicità così come la nottola vede il sole: ha visto, cioè, la luce e i raggi ma non ha visto lei nella sua essenza».

42. Poiché l'immagine è impiegata invece in modo opposto, cioè elogiativo, da Dante nel *Convivio* non si può escludere nella posizione petrarchesca anche un posizionamento antidantesco, a patto naturalmente di ammettere la conoscenza del passo del *Convivio* in questione (su cui si tornerà nel cap. 5, § 3). Si veda su questo Paolo Falzone, *Intorno a un giudizio di Dante su Aristotele (riprovato da Petrarca)*, in *Dante e il prosimetro*, a cura di Paolo Borsa e Anna Maria Cabrini, Milano, Ledizioni, 2023, pp. 217-232.

43. A proposito di *Tusculanae*, I, 33, pp. 80-83: «Credamus igitur Panaetio a Platone suo dissentienti? [...] Alteram autem adfert rationem, nihil esse quod doleat, quin id aegrum esse quoque possit; quod autem in morbum cadat, id etiam interiturum; dolere autem animos, ergo etiam interire. Haec refelli possunt; sunt enim ignorantis, cum de aeternitate animorum dicatur, de mente dici, quae omni turbido motu semper vacet, *non de partibus his in quibus egritudines irae libidinesque versentur*» («Dovremmo dar retta a Panezio quando si allontana dal suo Platone? [...] L'altro suo argomento è questo: ogni essere che prova dolore, può anche andar soggetto a malattia; ora, ogni essere che è soggetto a malattia deve perire: l'anima prova dolore, quindi perisce. Quest'ultimo argomento si può scartare. Chi lo ha formulato non teneva conto del fatto che quando si parla di eternità dell'anima si allude allo spirito, che è sempre immune da ogni disordine, e non alle parti in cui hanno sede le varie categorie di afflizione, di collera e di desiderio: parti che Platone, contro cui queste argomentazioni sono dirette, considera lontane e affatto separate dalla mente»), Petrarca annota a margine (Roma, Biblioteca Nazionale Centrale, Vitt. Em. 1632, f. 10rb): «irascibilis et concupiscibilis»; «Plato, ut supra». L'immagine platonica del desiderio come cavallo irrefrenabile (*Fedro*, 253 d - 254 b) può essere stata quindi effettivamente impiegata dal Petrarca autore di *Rerum vulgarium fragmenta*, VI, e non solo evocata dai commenti cinquecenteschi, come dice il peraltro pregevolissimo Renzo Bragantini, *Il sonetto VI (Sì travïato è 'l folle mi' desio)* [2008], in Id., *Testi e vicende del Trecento*, Soveria Mannelli, Lyrik, 2019, pp. 29-46. L'unica riserva petrarchesca rispetto a queste posizioni ciceroniane consiste nella loro correzione in senso cristiano: il poeta si distacca da *Tusculanae*, I, 41, pp. 104-105, «Utrum autem sit melius [*scil.* vita an mors], di immortales sciunt, hominem quidem scire arbitror neminem» («Sanno gli dei immortali quale delle due sia meglio [tra la vita e la morte]; nessun uomo, credo, può saperlo»), notando a margine sinistro il suo dissenso (f. 13va: «Aliter extimo»).

44. In base a *Tusculanae*, II, 3, dove Cicerone dice di tralasciare i libri di filosofi latini contemporanei e di preferire a essi Platone, Petrarca assume lo stesso atteggiamento nei confronti dei suoi contemporanei (Roma, Biblioteca Nazionale Centrale, Vitt. Em.

Sul piano della teoria delle passioni, la tesi di fondo delle *Tusculanae*, cui Petrarca consente entusiasticamente, è quella platonica e poi stoica già vista in Boezio: la filosofia, medicina dell'anima, è in grado di curare le passioni rimuovendole.[45] Le conseguenze della loro mancata eliminazione si osservano in Bellerofonte (III, 26), poiché pretendere di controllarle attraverso la temperanza aristotelica è come volersi fermare a metà essendosi gettati dalla rupe di Leucade.[46] Il passo, evidenziato a margine da Petrarca (f. 42vb), è citato nel *Secretum* all'interno di una sintesi complessiva del ragionamento ciceroniano appena descritto. È appunto in questa sintesi che Bellerofonte compare in diretta e ovvia dipendenza dalle *Tusculanae*:

> Franciscus: [...] in amore meo nichil unquam turpe, nichil obscenum fuerit, nichil denique, preter magnitudine, culpabile. Adice modum; nichil pulcrius excogitari queat.
> Augustinus: Possum tibi tulliano verbo respondere: «Modum tu queris uitio».
> Franciscus. Non uitio sed amori.

1632, f. 15va, a margine sinistro): «Audite fraterculi qui libris impletis omnia». Si tratta di un'identificazione nutrita anche da temi centrali nei *Rerum vulgarium fragmenta*: il passo di *Tusculanae*, II, 4, pp. 138-139, in cui l'interlocutore di Cicerone, grazie alla conversazione svolta, non teme più di dover perdere un giorno la luce del mondo («fore aliquando finem *huius lucis* set amissionem omnium vitae commodorum»), messo in risalto da una graffa petrarchesca e chiosato con un «metus mortis» (f. 17ra), ha risonanze che vanno dal valore strutturante di questo dialogo nel *Secretum* (ove parole dell'interlocutore di Cicerone divengono quelle dell'interlocutore di Agostino, cioè di Francesco medesimo) alla costruzione della grande opposizione di «lumi» in *Rerum vulgarium fragmenta*, 142, la sestina della *mutatio animi*. Qui Petrarca oppone infatti al lume celeste un «dolce lume» mondano che è la *lux aliquando amittenda* conosciuta dalle *Tusculanae* e filtrata dal tono terrorizzato e infinitamente nostalgico con cui Cavalcante Cavalcanti menziona il «dolce lume» terreno in *Inferno*, X, 69.

45. È il discorso sviluppato in *Tusculanae* III, 3-6, nel corso del quale Petrarca osserva (Roma, Biblioteca Nazionale Centrale, Vitt. Em. 1632, a f. 26v, nel margine inferiore): «O quam bene loqueris Cicero [...] quoniam est nostra philosophia quae nos sanare potest».

46. Cicerone, *Tusculanae*, IV, 17-18, pp. 322-324: «Quocirca mollis et neruata putanda est Peripateticorum ratio et oratio, qui perturbari animos necesse dicunt esse, sed adhibent modum quendam, quem ultra progredi non oporteat. Modum tu adhibes uitio? [...] Qui modum igitur uitio quaerit, similiter facit ut si posse putet eum qui se a Leucata praecipitauerit sustinere se, cum uelit» («Ecco perché è da considerarsi fiacco e poco virile il modo di pensare e di ragionare dei Peripatetici, i quali sostengono che le passioni sono una necessità, ma stabiliscono un certo limite oltre cui non ci si deve spingere. Vuoi stabilire un limite al vizio? [...] Cercare un limite al vizio è come credere che uno che si è buttato giù dalla rupe di Leucade possa fermarsi quando gli pare»).

> Augustinus: Et ille, cum id diceret, de amore loquebatur. Locum tenes.
> Franciscus: Quidni? In Tuscolano id legi [...].
> Augustinus: Ut cernas apertius, animum intende. Nichil est quod eque obliuionem Dei contemptum ve pariat atque amor rerum temporalium [...] ut non frustra Cicero noster dixisse uideatur quod «omnibus ex animi passionibus profecto nulla est amore uehementior». [...] Cogita nunc ex quo mentem tuam pestis illa corripuit [...] ut de te non minus proprie quam de Bellerofonte illud homericum dici posset : «Qui miser in campis merens errabat alienis / ipse suum cor edens, hominum uestigia uitans».[47]

La temperanza aristotelica, illusoria e condannata al fallimento, non conduce alla *mediocritas* di Socrate ma all'estremo vizioso di Bellerofonte; non all'Aristotele dell'impassibilità dell'intelletto, ma a quello del «magnum ingenium cum mixtura dementiae» del *Problema* 30.1, tipo descritto da Cicerone e attentamente studiato da Petrarca.[48]

47. Francesco Petrarca, *Secretum*, III, 143, pp. 212-227: «F.: [...] nel mio amore non è mai stato niente di turpe, niente di osceno, e infine niente di colpevole, oltre la sua stessa grandezza. Imponigli un limite, e non si potrà pensare a nulla di più bello.
A.: Ti posso rispondere con le parole di Cicerone: "Tu chiedi un limite al vizio".
F.: Non al vizio, ma all'amore.
A.: Anch'egli, quando parlava così, parlava d'amore. Ti ricordi il passo?
F.: Come no? L'ho letto nelle *Tusculanae* [...].
A.: Se vuoi vedere meglio, prestami attenzione. Non c'è niente che ci faccia dimenticare o trascurare Dio quanto l'amore per le cose temporali [...] Sì che il nostro Cicerone sembra che non abbia sbagliato nel dire che "di tutte le passioni l'amore è certamente la più violenta" [...]. Ricorda con quanta rapidità, dal momento che quella peste si impadronì del tuo spirito [...] di te si poteva dire altrettanto appropriatamente ciò che Omero diceva di Bellerofonte, "il quale errava misero e piangente in terre straniere, rodendosi il cuore ed evitando le vestigia umane"».

48. A proposito di *Tusculanae*, III, 5, pp. 208-209: «Hanc enim insaniam quae iuncta stultitiae patet latius a furore disiungimus. Greci volunt illi quidem, sed parum valent verbum; quem nos furorem, melancholiam illi vocant: quasi vero atra bili solum mens ac non saepe vel iracundia graviore vel timore vel dolore moveatur; quo genere Athamantes, Alcmaeonem, Aiacem, Orestem furere dicimus» («Non confondiamo la pazzia [*insania*] che, facendo tutt'uno col concetto di stoltezza si usa in una accezione assai estesa, con la pazzia furiosa [*furor*]: anche i Greci vorrebbero evitare la confusione, ma non hanno le parole adatte. Ciò che per noi è *furor*, loro lo chiamano *melancholia*: come se nello spirito la causa del disordine fosse soltanto la bile nera, e non una collera violenta, uno spavento, un dolore – insomma le cause a cui pensiamo quando si parla della follia di Atamante, di Alcmeone, di Aiace, di Oreste»), Petrarca annota (Roma, Biblioteca Nazionale Centrale, Vitt. Em. 1632, f. 26rb, a margine destro): «furentium nomina»; «stultitia», «furor».

5. *Spiritualizzare la poesia*

Si è accennato in apertura di capitolo che per Petrarca la solitudine può realizzarsi in due forme opposte: come effetto inevitabile e subìto delle passioni – incarnato dal Bellerofonte del *Problema* 30.1 – o come libera scelta compiuta grazie alla liberazione dalle passioni.

La solitudine del saggio, esplicitamente opposta nelle prose latine a quella di Bellerofonte, è atarassica e caratterizzata dalla comunicazione con Dio. Si tratta appunto della *vita solitaria* scelta dall'intellettuale Petrarca:

> Quamvis enim numquam michi solitudinem illa ultima atque inhumana placuerit necque michi porbetur qualis scribitur fuisse Bellerophon "ipse suum cor edens / hominum vestigia vitas" – de quo, in solitudine mea, olim duobus Solitarie vite libris pro ingenii viribus multa disserui –, semper tamen michi vir doctus ac sapiens paucis egens comitibus visus est, quippe qui sibi ipse, si res adigat, comes esse collocutorque didicerit.[49]

La *vita solitaria* (*bios monothes*), sintagma di origine aristotelica, nell'*Etica Nicomachea* (ad es. 99 b 4, 57 b 21, 70 a 5) ha valore puramente negativo. La vita contemplativa aristotelica, autosufficiente («Perfectum bonum per se sufficiens videtur»), non è però quella di chi viva una *vita solitaria*, ma di chi è pienamente inserito nella rete delle relazioni sociali, perché la natura dell'uomo è sociale:

> Per se sufficiens autem dicimus non ipsi soli viventi vitam solitariam, sed et parentibus et filiis et uxori et amicis et civibus, quia natura civile homo.[50]

I commentatori medioevali correggono però questo aspetto dando al passo il significato opposto: secondo Alberto Magno, ad esempio, l'uomo

49. Francesco Petrarca, *Seniles*, III, 1, 172, pp. 214-215 a Boccaccio (1363): «Sebbene mai mi sia piaciuta quella solitudine estrema e disumana e non approvi Bellerofonte quale ci viene descritto: "che divorava il suo proprio cuore, evitava le orme degli uomini" – del che nella mia solitudine un tempo ho lungamente discorso secondo le forze del mio ingegno nei due libri *De vita solitaria*, mi è sempre tuttavia sembrato che l'uomo dotto e sapiente abbia bisogno di pochi compagni, dato che è tale che, se la situazione ve lo costringa, sa essere lui compagno e interlocutore di sé stesso». La fascia delle fonti rimanda solo a *Tusculanae*, III, 63, mentre andrebbe aggiunto il rimando al *Problema* 30.1. Stessa evocazione di Bellerofonte in *Contra medicum*, IV, e *Familiares*, III, 21, 5.

50. Aristotele, *Etica Nicomachea*, 1097 b 10, versione Grossatesta, p. 150: «Autosufficiente definiamo non chi vive una vita solitaria, ma chi viva con i genitori, i figli, la moglie, gli amici e i concittadini, poiché l'uomo è per natura inserito in una società».

contemplativo, autosufficiente, non ha bisogno degli altri, vive una vita solitaria, e in questo consiste la felicità («per se sufficiens dicitur, quod solitarium, id est si solum esset, faceret vitam nullo indigentem et eligibilem; et tale est felicitas»)[51] perché sia in ambito islamico che cristiano la vita contemplativa aristotelica è assimilata alla vita eremitica di stampo religioso. Presso questi commentatori la contemplativa si contrappone alla vita *civilis* poiché prevede l'eliminazione del contatto umano (Eustrazio: «communicationem cum hominibus abnegans»).[52]

Nella *Politica* Aristotele dice che l'uomo che fugga la società è una bestia o un dio: quest'affermazione paradossale ma sostanzialmente negativa (chi fugge la vita associata tradisce la propria natura di uomo e per così dire aliena sé stesso) diventa presso gli interpreti cristiani (ad es. Tommaso d'Aquino, e il bolognese Bartolomeo da Varignana) una buona occasione per sostenere la *sanctitas* di chi abbandona la società per dedicarsi alla vita contemplativa.[53]

La solitudine invisa agli dei di Bellerofonte fa al caso di Petrarca dunque, anche perché è simmetrica e opposta alla cristianizzazione della vita solitaria come colloquio con Dio, derivata dalla correzione in positivo di un tratto negativo nell'etica aristotelica.

Questi due tipi opposti di solitudine ispirano due autoritratti petrarcheschi, e cioè quello del poeta delle passioni dal tratto malinconico e quello del trattatista cristiano di tipo blandamente monastico. Tra le due identità, pur rigidamente separate, Petrarca ammette un'alternanza poiché, insegna Cicerone, il sapiente non può cedere a forme dozzinali di perdita della ragione ma può invece essere vittima del furore malinconico di Bellerofonte («Strano ma vero!», annota il poeta).[54]

51. Alberto Magno, *Super Ethica. Commentum et Quaestiones*, lib. I, lect. 8, p. 34, 74-76: «È detto autosufficiente perché se fosse solitario, cioè se si trovasse da solo, condurrebbe una vita non bisognosa d'altro e desiderabile; così è la felicità».

52. *The Greek Commentaries on the «Nicomachean Ethics» of Aristotle in the Latin Translation of Robert Grosseteste*, ed. by H. Paul F. Mercken, vol. I, *Eustratius on Book* I *and the Anonymous Scholia on Books* II, III, *and* IV, Leiden, Brill, 1973, pp. 1-193, a p. 106.

53. Cfr. Roberto Lambertini, *L'arte del governo della casa. Note sul commento di Bartolomeo da Varignana agli «Oeconomica»*, in «Medioevo», 17 (1991), pp. 346-389, a p. 385 e n. 109.

54. A proposito di *Tusculanae*, III, 5, pp. 208-209: «Quod cum [furor] maius esse videatur quam insania, tamen eiusmodi est, ut furor in sapientem cadere possit, non possit insania» («La pazzia furiosa [*furor*] è senz'altro più grave della pazzia [*insania*], però c'è questo particolare: nella pazzia furiosa il saggio può cadere, mentre nella pazzia no»),

Seguendo una tendenza propria del tardo stoicismo Seneca si era spinto sino ad ammettere per i poeti la dottrina platonica dell'invasamento divino, contaminando a questo fine l'ideale stoico dell'imperturbabilità con un principio di controllo delle passioni di origine peripatetica.[55] Petrarca lo cita implicitamente ammettendo che una mente ispirata da Dio conosce una follia consistente nell'uscire da sé elevandosi al di sopra di sé stessa («Insanire, licet, fateor, mens concita / clarum seque super prouecta canet»).[56]

Petrarca caratterizza la spiritualità di questa poesia – in realtà, come si è visto, ambiguamente sospesa tra metafisica dell'ispirazione divina e fisiologia dell'*ekstasis* malinconica – in chiave boeziana, come medicina dell'anima opposta a quella del corpo (*Invective contra medicum*, I, 65-78). E poiché la filosofia medicina dell'anima era stata opposta alla poesia passionale da Boezio appare necessario a Petrarca affrontare il problema:

> Boetium Severinum aduersus sacras Pyerides testes citas [...]. Ille igitur quid inquit? Ab aegrotantis cura scenicas meretriculas philosophico procul arcet edicto. Viue, bellator egregie: uniuersam poesim letali dardo transfixisti. Certe, siquid eorum de quibus tam temerarie disputas didicisses, scires

Petrarca annota (Roma, Biblioteca Nazionale Centrale, Vitt. Em. 1632, f. 26rb a margine destro): «mirum sed verum».

55. Seneca, *De tranquillitate animae*, XVII, 10-11: «aliquando tamen in exultationem libertatemque extrahendus [*scil.* animus] tristisque sobrietas remouenda paulisper. Nam siue Graeco poetae credimus: "Aliquando et insanire iucundum est", siue Platoni: "Frustra poeticas fores compos sui pepulit" [Platone, *Fedro*, 245A], siue Aristoteli: "Nullum magnum ingenium sine mixtura dementiae": non potest grande aliquid et super ceteros loqui nisi mota mens. Cum vulgaria et solita contempsit instinctuque sacro surrexit excelsior, tunc demum aliquid cecinit grandius ore mortali. Non potest sublime quicquam et in arduo positum contingere quam diu apud se est: desciscat oportet a solito et efferatur et mordeat frenos et rectorem rapiat suum eoque ferat quo per se timuisse escendere» («ogni tanto bisogna sollecitare [l'animo] alla sfrenatezza e alla libertà, allontanando per un po' la triste sobrietà. Poiché, sia che seguiamo il poeta greco: "talvolta è dolce anche fare follie", sia Platone: "Invano chi è padrone di sé bussa alla porta della poesia", sia Aristotele: "Non ci fu nessun grande ingegno senza un granello di follia", solo uno spirito esaltato può parlare in tono grandioso e al di sopra degli altri. Dopo aver disprezzato le cose usuali e comuni ed essersi sollevato più in alto, come mosso da un sacro fuoco, allora riesce a cantare qualcosa di superiore al canto dei mortali. Non può raggiungere mete sublimi ed elevate chi è sempre padrone di sé: è necessario che si allontani dalla solita strada e abbia un'impennata verso l'alto e morda i freni e trascini il suo auriga e lo conduca là dove egli da solo avrebbe avuto paura di salire»). Sull'assorbimento della *theoria* dell'*enthousiasmos* poetico nello stoicismo del I-II secolo, si veda Giancarlo Mazzoli, *Seneca e la poesia*, Milano, Ceschina editrice, 1970, pp. 51 e ss.

56. Francesco Petrarca, *Epystole*, II, 10, *Ad Zoilum*, 167-168, ed. Schönberger, p. 168.

scenicam illam quam Boetius notat ipsos inter poetas in precio non haberi. Non autem uidisti, cece, quod iuxta erat, licet ad ipsum literis tuis ignoranter inseres. Quid enim ait? "Veris eum Musis curandum sanandumque relinquite". Hee sunt Muse quibus, si qui usquam hodie supersunt, poete gloriantur ac fidunt, quarum ope non egra corpora mactare, sed egris animis succurrere didicerunt.[57]

Seguendo una chiosa già tradizionale rilevata al cap. 2, § 3, Petrarca afferma che sono le Muse del teatro, già bandite da Platone, a essere cacciate dal letto di Boezio.[58]

L'avvicinamento petrarchesco alla metafisica boeziana resta superficiale per vari motivi.

In primo luogo, la poesia di Petrarca cura l'anima in base a premesse molto diverse da quelle di Boezio: la sua oscurità simile a quella della parola divina[59] non è lontana dalla dimensione innodica e mistagogica della filosofia boeziana, la riduzione della logica argomentativa a sofistica affer-

57. Petrarca, *Inuectiue contra medicum*, I, 146-151, pp. 44-45: «Invochi Severino Boezio come testimone contro le sacre Pieridi [...]. Che dice dunque Boezio? Con filosofico editto allontana cortigiane dalla cura dell'ammalato le sgualdrinelle da teatro. Evviva, combattente egregio: hai trafitto con dardo mortale ogni forma di poesia. Certo, se avessi imparato qualcuna delle cose di cui tanto imprudentemente vai discutendo, sapresti che quella Musa teatrale che Boezio condanna non è tenuta in alcun conto neppure tra gli stessi poeti. Ma tu, cieco, non hai visto quel che seguiva, benché nella tua lettera tu lo abbia insipientemente riportato. Cosa dice infatti? "Lasciate che sia curato e guarito dalle vere Muse". Queste sono le Muse delle quali i poeti, se qualcuno ne rimane, si gloriano e in cui confidano; per opera loro, essi hanno imparato a non torturare i corpi infermi ma a portare conforto alle anime sofferenti».

58. Sul tema rimando a Silvana Vecchio, *La memoria del passato e i problemi del presente: la riflessione medievale sull'*ars theatrica, in *La scena assente. Realtà e leggenda sul teatro nel Medioevo*, a cura di Francesco Mosetti Casaretto, Alessandria, Edizioni dell'Orso, 2006, pp. 105-121. Il riferimento alla *Repubblica* è in Petrarca, *Inuectiue contra medicum*, III, 116, pp. 104-105: «[...] in ultimo agmine poetarum quidam sunt quos "scaenicos" vocant, ad quod pertinet illud Boetii, et quicquid a quolibet contra poetas vere dicitur, et hi quidem inter inter ipsos poetas comntemnuntur, qui quales essent Plato ipse declaravit in sua Republica, quando eos censuit urbe pellendos» («[...] nell'infima categoria di poeti sono compresi alcuni che vengono definiti "teatrali", e ad essi si riferisce sia quel passo di Boezio, sia tutto ciò che viene giustamente detto da chiunque contro i poeti; questi poeti teatrali, invero, sono oggetto di disprezzo anche fra i poeti stessi, e di quale natura essi siano lo spiegò Platone nella sua *Repubblica*, quando propose di cacciarli dalla città»).

59. Il nesso sostanziale tra oscurità della poesia e oscurità delle Scritture è affermato in *Inuectiue contro medicum*, III, 151-175.

mata da Francesco,[60] tradizionale nell'apologetica cristiana delle origini, è inconciliabile col mondo della *Consolatio*.

In secondo luogo, l'ambiguità di fondo tra caratterizzazione metafisica e psicofisiologica della poesia resta senza esito, ma alla maniera tipicamente petrarchesca, cioè giunge a esiti opposti che finiscono per elidersi a vicenda.

Nel *Secretum* la spiritualizzazione dell'amore per Laura fallisce – la trasformazione della sua bellezza in idea platonica compiuta nei sonetti 77-78 è confutata e posta sotto il segno della corruttibilità biologica da Agostino – mentre quella della gloria poetica va a buon fine:

> Ut inglorius degas nunquam consulam, at ne glorie studium virtuti preferas identidem admonebo. Nosti enim gloriam velut umbram quandam esse virtutis; itaque, sicut apud vos impossibile est corpus umbram sole feriente non reddere, sic fieri non potest virtutem, ubilibet radiante Deo, gloriam non parere. Quisquis igitur veram gloriam tollit, virtutem ipsam sustulerit necesse est [...]. Hec igitur servanda tibi lex erit. Virtutem cole, gloriam neglige; illam tamen interea, quod de M. Catone legitur, quo minus appetes magis assequeris.[61]

Cicerone, non tenero con le passioni umane e dunque autorità positiva nel *Secretum*, aveva giustificato la sete di gloria intellettuale con un'immagine (la gloria consegue alla virtù come se ne fosse l'ombra)[62] di grandi potenzialità metafisiche.

L'immagine della gloria *umbra virtutis*, ampiamente presente nella produzione petrarchesca (ad esempio *Collatio laureationis*, 7, 1 e *Africa*, II, 496-500), in *Rerum vulgarium fragmenta* 119, 91-98 rivela la sua natura di idea platonica, eterna e di origine divina, che insieme alla Virtù batte le ali per tornare nella propria sede iperuranica:

60. Petrarca, *Inuectiue contra medicum*, II, 269.

61. Francesco Petrarca, *Secretum*, III, 92, pp. 273-274: «Che tu viva senza gloria non te lo consiglierò mai, ma allo stesso modo ti raccomando di non anteporre mai la ricerca della gloria a quella della virtù. Sai che la gloria è come un'ombra della virtù: com'è impossibile, nel vostro mondo, che un corpo colpito dal sole non faccia ombra, così non può accadere che dove brilli la luce divina, la virtù non produca gloria. Perciò, chiunque ottenga vera gloria, deve necessariamente aver abbracciato la virtù [...]. Segui dunque questa regola: onora la virtù, non ti curare della gloria. Quest'ultima, tanto più l'otterrai quanto meno la inseguirai, come si legge sia stato il caso di Catone».

62. Cicerone, *Tusculanae*, I, 45, pp. 116-117: «Etsi enim nihil habet in se gloria cur expetatur, tamen virtutem tamquam umbra sequitur» («la gloria, anche se non ha niente che la renda desiderabile, accompagna la virtù come fosse la sua ombra»).

– Sí come piacque al nostro eterno padre,
ciascuna di noi due nacque immortale.
[...]
Amate, belle, gioveni et leggiadre
fummo alcun tempo: et or siam giunte a tale
che costei batte l'ale
per tornar a l'anticho suo ricetto;
i' per me sono un'ombra.[63]

Nella cultura filosofica medioevale l'immagine dell'ente spirituale e della sua ombra è un motivo neoplatonico: nella serie delle sostanze spirituali discendenti progressivamente da Dio al mondo il grado superiore, forma e luogo di quello inferiore,[64] si rispecchia in questa sua materia, la quale ne costituisce l'*umbra*. Esponendo quest'idea Alberto Magno sottolinea l'«eleganza» dell'immagine.[65]

In questa stessa canzone, tuttavia, Petrarca rappresenta sé stesso non come ricettacolo di ispirazione divina ma come uomo che scopre in sé un talento naturale così forte da cambiare percorso, lasciare gli studi giuridici e dedicarsi alla letteratura. Il punto è così importante che Petrarca lo esprime confezionando un clamoroso doppio dell'immagine oraziana del sonetto proemiale (*Rerum vulgarium fragmenta*, 1, 4: «quand'era in parte altr'uom da quel ch'io sono» < Orazio, *Carmina*, IV, 1, 3: «Non sum qualis eram»): l'autore parla anche qui di un cambio di vita, ma mentre nel primo sonetto il passato è l'errore poetico e passionale da cui ci si è allontanati, qui inclinazione personale e poesia sono ciò che si sceglie di essere («solo per lei [la gloria] tornai da quel ch'i' era»):

Una donna più bella assai che 'l sole,
et più lucente, et d'altrettanta etade,

63. Petrarca, *Rerum vulgarium fragmenta*, 119, 91-98, ed. Santagata, p. 549.

64. Alberto Magno, *De natura loci*, 14-20, p. 1 : «omne locatum se habet sicut formae ad materias suas, sicut in Caelo et mundo diximus, oportet, quod superiora semper loca sint inferiorum, et ideo principium formationis inferiorum ex superioribus influitur eis sicut ex principiis activis» («ogni ente posto in un luogo si comporta come una forma rispetto alla sua materia; come abbiamo detto nel *De Caelo et mundo*; è necessario che gli enti superiori siano luogo degli inferiori e dunque il principio formale degli inferiori fluisce su di essi dai superiori come da principi attivi»).

65. Nell'esempio di Alberto Magno, *De anima*, lib. 2, tr. 1, cap. 8, p. 76, 32, l'anima vegetativa è ombra della sensitiva; questa lo è della razionale, la quale è a sua volta ombra dell'intelligenza angelica; si veda sul tema Gentili, *L'uomo aristotelico*, pp. 106 e ss.

con famosa beltade,
acerbo anchor mi trasse a la sua schiera.
Questa in penseri, in opre et in parole
(però ch'è de le cose al mondo rade),
questa per mille strade
sempre inanzi mi fu leggiadra altera.
Solo per lei tornai da quel ch'i' era,
poi ch'i' soffersi gli occhi suoi da presso;
per suo amor m'er'io messo
a faticosa impresa assai per tempo:
tal che, s'i'arrivo al disïato porto,
spero per lei gran tempo
viver, quand'altri mi terrà per morto.[66]

Nella prima delle *Invective contra medicum* Petrarca si lascia tentare dalla possibilità di contaminare le due prospettive: il poeta è tale «natura ipsa», per sua natura, e per questa dote sembra «quasi ispirato da Dio» («quasi divino spiritu inflari»).[67]

La poesia come disposizione naturale emersa in epoca giovanile che afferma sé stessa sovvertendo ordini e gerarchie – gli studi giuridici a cui sarebbe stato destinato dal modello e dalla volontà paterni – è il punto dal quale Boccaccio continuerà il proprio discorso nella direzione realistica dell'identificazione tra Muse e donne (cap. 5, § 5).

Il tentativo petrarchesco di depurare la poesia dalla compromissione con la contingenza ha insomma in comune con l'analogo tentativo di Boezio non solo l'ovvia finalità di una poesia metafisica e anti passionale ma anche la sostanziale incompiutezza.

Nella tradizione successiva la preminenza dell'autoritratto malinconico petrarchesco è così forte che De Sanctis, critico militante attento alla costruzione sociale e culturale dell'Italia unita, boccia Petrarca come poeta nazionale a causa della sua «malattia»:

66. Francesco Petrarca, *Rerum vulgarium fragmenta*, 119, 1-15, ed. Santagata, p. 547.

67. Francesco Petrarca, *Inuectiue contra medicum*, I, 120, pp. 40-41: «"A summis", [Cicero] inquit ,"hominibus eruditissimisque sic acceptimus: ceterarum rerum studia et doctrina et praeceptis et arte constare; poetam natura ipsa valere, et mentis viribus excitari, et quasi divino quodam spiritum inflari"» («"Dagli uomini più grandi e più dotti", disse [Cicerone], "abbiamo appreso questo, che lo studio di tutte le altre discipline si basa sulla dottrina, sull'osservanza di certi precetti e sull'abilità tecnica mentre il poeta eccelle per le sue stesse doti naturali, è mosso dalla potenza della sua mente ed è pervaso, per così dire, da una sorta di afflato divino"». Petrarca cita naturalmente Cicerone, *Pro Archia poeta*, 8, 18.

> [...] perché la sua immaginazione non trova requie? perché si ostina in una passione senza speranza? perché così poca logica nella sua condotta [...] gli è perché, se non ha avuto la sanità del genio, ne ha avuto almeno la malattia. [...] la guarigione [dalla malinconia] si avrà nel momento in cui nell'uomo e nel popolo che ne è tormentato penetrerà l'amore e la misura del reale, di cui il Manzoni è un'espressione tanto serena; quando, in luogo di fantasticare dietro l'assurdo, sua principale occupazione sarà di esaminare quello che trova, ed averne piena notizia: conoscere è già quasi possedere.[68]

Rifiuto della fantasia «malata» di Petrarca e promozione dell'arte serenamente realistica di Manzoni: non siamo più di fronte al bisogno, praticato dagli scrittori – Petrarca stesso, come si è visto, e più tardi Montaigne (cap. 6, § 2) – di distinguere tra solipsismo del poeta e ascesi positiva del sapiente, ma al progetto già platonico di contenzione sociale dei rischi di una poesia che invece di dominare la realtà sprofonda nella sua deformazione fantastica.

Nell'opposizione desanctisiana tra l'inquietudine petrarchesca e la serenità manzoniana torna l'antico conflitto platonico tra l'instabile evanescenza delle immagini sensibili e lo stabile possesso razionale della realtà («conoscere è già quasi possedere», conclude De Sanctis) posto alla radice della nostra letteratura da Boezio.

68. Francesco De Sanctis, *Saggio critico sul Petrarca* [1869], Torino, Einaudi, 1983, p. 167, su cui si veda Elvio Guagnini, *Sul Petrarca di De Sanctis*, in *Ruolo e mito di Petrarca nelle lettere italiane*, a cura di Fabio Cossutta, Lanciano, Carabba, 2006, pp. 207-218.

5. Poesia e realtà

1. *Il realismo di Dante*

Il "realismo dantesco" – formula con cui Auerbach sintetizzò il permanere della realtà vissuta nel carattere delle anime nell'aldilà della *Commedia*, già tematizzata nell'intuizione hegeliana di una dimensione al contempo particolare e assoluta dei suoi personaggi –[1] non è solo una tarda categoria critica ma una esplicita poetica dantesca.

Tale poetica rivela un aspetto della compattezza dell'opera di Dante, una centralità elaborativa del *Convivio* e anche la compiutezza di quest'ultimo in relazione al tema in oggetto.

> E però, principiando ancora da capo, dico che, come per me fu perduto lo primo diletto della mia anima, dello quale fatta è menzione di sopra, io rimasi di tanta tristizia punto, che conforto non mi valeva alcuno. Tuttavia, dopo alquanto tempo, la mia mente, che si argomentava di sanare, provide, poi che né 'l mio né l'altrui consolare valea, ritornare al modo che alcuno sconsolato avea tenuto a consolarsi; e misimi a leggere quello non conosciuto da molti libro di Boezio, nel quale, cattivo e discacciato, consolato s'avea. [...] io, che cercava di consolar me, trovai non solamente alle mie lagrime rimedio, ma vocabuli d'autori e di scienze e di libri: li quali considerando, giudicava bene che la filosofia, che era donna di questi autori, di queste scienze e di questi libri, fosse somma cosa. Ed imaginava lei fatta come una donna gentile, e non la poteva imaginare in atto alcuno se non misericordioso; per che sì volentieri

1. Se ne veda ora il rigoroso inquadramento concettuale di Giorgio Inglese, *Che cos'è la Commedia*, in Id., *Scritti su Dante*, Roma, Carocci, 2021, pp. 31-50, a p. 24.

lo senso di vero la mirava, che appena lo potea volgere da quella. E da questo imaginare cominciai ad andare là dov'ella si dimostrava veracemente, cioè nelle scuole delli religiosi e alle disputazioni delli filosofanti.[2]

Di questo passo si è discussa l'implicazione storica – l'identificazione delle scuole frequentate da Dante – ma non il suo senso.

Anzitutto, che cosa vuol dire che le scuole erano i luoghi «dove essa [filosofia] si mostrava veracemente»?

L'aggettivo *verace* può significare sia "veritiero" (ad es. *Purgatorio*, XXX, 7) che "reale" (ad es. *Purgatorio*, XXVIII, 22).

Il secondo significato – "dove si mostrava realmente, concretamente" – mi pare qui l'unico ammissibile: perché mai la filosofia dovrebbe mostrarsi particolarmente veritiera in scuole e dispute?

Come si è visto, la verità in senso metafisico è attributo della filosofia boeziana («Musa della verità», sul modello di Platone, *Repubblica*, 548 b) in opposizione alla verità come realtà, come concretezza materiale, della poesia elegiaca (cap. 2 § 3).

La verità in senso metafisico caratterizza naturalmente anche la filosofia del *Convivio* (ad es. III, xi, 13: «de la filosofia è cagione efficiente la veritade»), ma è conciliata con la veracità, cioè con la realtà concreta dell'esperienza biografica: la stessa dimensione di realtà che nella *Consolatio* è rifiutata dalla filosofia.

Dante invece non solo colloca l'incontro con la filosofia sullo stesso piano reale ed esperienziale di quello con Beatrice, ma elimina ogni conflitto tra i due momenti dichiarando che, come si vedrà meglio, l'opera non «intende in nulla derogare» alla *Vita Nova*.

Lo scarto è anche poetico: mentre la filosofia è dall'inizio alla fine della *Consolatio* una figura allegorica, Dante riscrive la "favola" boeziana limitandone la veste allegorica per mezzo del suo immediato svelamento. Sin dalla sua comparsa sulla scena, la filosofia dantesca tematizza il superamento dell'allegorismo, poi puntualmente teorizzato e realizzato nell'ultima canzone che apre il IV trattato. Su questo piano – la cosa è da sottolineare – il discorso del *Convivio* è del tutto compiuto.

2. Dante Alighieri, *Convivio*, II, xii, 1-7, pp. 117-119. Importante per lo studio delle fonti di questo passo Enrico Fenzi, *Boezio e Jean de Meun. Filosofia e ragione nelle rime allegoriche*, in *Studi di filologia e letteratura dedicati a Vincenzo Pernicone*, Genova, Università degli Studi di Genova, 1975, pp. 9-69.

Lo svelamento nell'allegoria di un significato non solo concettuale ma anche esperienziale sembra precorrere motivi vichiani: nella *Scienza Nuova*, l'allegoria è trasfigurazione di un vissuto storico e, attraverso di esso, astrazione di idee.[3]

Ma, al di qua di questa suggestione, una cosa è certa: l'allegoria dantesca della Filosofia simboleggia non solo la teoresi, come quella boeziana, ma anche l'amore concretamente vissuto dall'uomo che ha desiderato conoscere.

La dimensione realistica dell'incontro dantesco con la filosofia sviluppa la lezione boeziana in una direzione nuova: le riprese medioevali del modello ne mantengono in genere l'impianto moralistico-allegorico e il suo valore di opposizione alla realtà evenemenziale.

Nel luogo in cui più probabilmente Dante studiò «veracemente» filosofia, cioè il convento di Santa Croce,[4] il genere doveva essere frequentato: nella carte di guardia di un libro dei *Moralia in Iob* di Gregorio Magno – opera cristiana centrata sul tema filosofico della sopportazione della fortuna – un anonimo autore (= Anonimo Laurenziano) narra la propria formazione intellettuale sul modello della *Consolatio* come fa Dante nel *Convivio*, ma enfatizzando la confutazione stoico-boeziana del concetto di perdita mondana e sommandola alla tradizionale riflessione biblica sulla *vanitas*.[5]

3. Si veda sul tema Romana Bassi, *Favole vere e severe. Sulla fondazione antropologica del mito nell'opera vichiana*, Roma, Edizioni di storia e letteratura, 2004, p. 191: «Le favole sono per Vico "storie civili" e costituiscono, da un lato una forma rielaborata di ciò che l'uomo ha compiuto nella storia, dall'altro la modalità gnoseologica attraverso cui ha dato forma alla propria modalità di pensiero». Cfr. anche Domenico Pietropaolo, *La teoria dell'allegoria in Vico*, in «Allegoria», 51 (2006), pp. 7-22, a p. 31.

4. Dov'era frate il nipote Bernardo Riccomanni, figlio della sorella Tana (si veda su ciò *Dante e il suo tempo nelle biblioteche fiorentine*, vol. II, *Leggere e studiare nella Firenze di Dante*, a cura di Gabriella Albanese, Sandro Bertelli, Marcello Ciccuto, Sonia Gentili, Giorgio Inglese e Paolo Pontari, Firenze, Mandragora, 2021, introduzione e *ad indicem*).

5. L'Anonimo Laurenziano narra, in forma di dialogo con la propria anima, il suo avvicinamento alla filosofia dopo la perdita della fortuna mondana; i *Soliloquia* agostiniani filtrati dal rifacimento di Ugo di San Vittore (che alla personificazione della Ratio in dialogo con l'autore sostituisce quella della sua anima) forniscono all'Anonimo personaggi e struttura; la *Consolatio* è serbatoio di contenuti. Sul testo, depositato sulla guardia del Laur. Plut. 19 dex. 2 latore dei *Moralia in Iob* di Gregorio Magno, cfr. il paragrafo firmato da Irene Gualdo in Sonia Gentili, Irene Gualdo, *Per la "forma" delle fonti dantesche: tipologie librarie e percorsi esegetici in Santa Croce*, in *Dante e il suo tempo*, pp. 401-406, a pp. 404-406. Il testo, segnalato da Giuseppina Brunetti, *Le letture fiorentine: i classici e la retorica*, in *Dante. Fra il settecentocinquantenario della nascita (2015) e il settecentenario della morte*

Dante presenta dunque il volume di Boezio come sottointerpretato e non capito («non conosciuto da molti»)[6] per introdurne la propria reinterpretazione.

2. *Perché il* Convivio *non «intende ... derogare» alla* Vita Nova

Come la verità / veracità della filosofia dantesca risulta dalla composizione del conflitto boeziano tra realtà e verità, così la continuità tra *Vita Nova* e *Convivio* salda la discontinuità poetica e biografica che apre la *Consolatio*.

Si è già rilevato al cap. 2, § 3 che il distico iniziale del primo metro («Carmina qui quondam studio florente peregi, / flebilis heu maestos cogor inire modos») apre l'opera con la riproposizione di un modello virgiliano – la sintetica autobiografia poetica in cui l'autore allude alla propria evoluzione dalle *Bucoliche* alle *Georgiche* – nel quale viene però inserito il motivo della frattura tra l'ottimismo della poesia giovanile e quella elegiaca della maturità.

È questa frattura che Dante intende negare sottolineando la continuità tra *Convivio* e *Vita Nova*:

> E se nella presente opera, la quale è Convivio nominata e vo' che sia, più virilmente si trattasse che nella Vita Nova, non intendo però a quella in parte alcuna derogare, ma maggiormente giovare per questa quella; veggendo sì come ragionevolemente quella fervida [Orazio, *Ars poetica*, 115: «florente iuventa fervidus»] e passionata, questa temperata e virile [Orazio, *Ars poetica*, 166: «aetas animusque virilis»] essere conviene. Ché altro si conviene e dire e operare ad

(2021), atti delle celebrazioni in Senato, del Forum e del convegno internazionale di Roma (maggio-ottobre 2015), a cura di Enrico Malato e Andrea Mazzucchi, 2 voll., Roma, Salerno Editrice, 2016, vol. I, pp. 225-253, a p. 247, è ora in corso di studio ed edizione da parte di Veronica Albi e Irene Gualdo.

6. Avevo già notato (Sonia Gentili, *Poesia e verità in Dante: una questione retorica?*, in *Dante e la retorica*, a cura di Luca Marcozzi, Ravenna, Longo, 2017, pp. 89-105, a p. 102) che la locuzione dantesca trova riscontro in una glossa alla *Consolatio* di Guglielmo di Conches, il quale lamenta poca intelligenza filosofica nei lettori di Boezio usando proprio il verbo *cognoscere* nel senso di "capire" («nihil filosofice cognoscentes»). La glossa, assente nel commento edito da Lodi Nauta, è trascritta e citata da Pierre Courcelle, *Étude Critique sur les Commentaires de la 'Consolatio' de Boèce (IXe-XVe siècles)*, in «Archives d'histoire doctrinale et littéraire du Moyen Âge», XIV (1939), pp. 5-140, p. 121. Per una rassegna del dibattito sul senso dell'espressione dantesca cfr. Lombardo, *Boezio in Dante*, pp. 164 e ss.

una etade che ad altra; per che certi costumi sono idonei e laudabili ad una etade che sono sconci e biasimevoli ad altra, sì come di sotto, nel quarto trattato di questo libro, sarà propia ragione mostrata. E io in quella dinanzi, all'entrata della mia gioventute parlai, e in questa dipoi, quella già trapassata.[7]

La filosofia dantesca non vuole sconfessare ma spiegare l'esperienza amorosa, dimostrando che, in virtù della naturale evoluzione psicofisica dell'individuo, il carattere della poesia giovanile è passionale e quello della poesia filosofica «temperato e virile», cioè caratterizzato dalla virtù aristotelica della temperanza preposta al controllo delle passioni.

Dante sana cioè la frattura boeziana ricorrendo all'idea oraziana – fondata a sua volta sullo schema antropologico aristotelico – dell'evoluzione stilistica e morale dalla passionalità giovanile alla temperanza virile.

Gli aggettivi che qualificano le congruenze tra stile ed età del personaggio nell'*Ars* sono applicati nel Medioevo al percorso autoriale di Orazio stesso:[8] Dante li applica dunque alla propria opera.

7. Dante Alighieri, *Convivio*, I, i, 16-17, pp. 6-7.

8. Ad es. l'*accessus* del commento *Sciendum* alle *Satire* (in Karsten Friis-Jensen, *Petrarch and the Medieval Horace*, in Id., *The Medieval Horace*, ed. by Karin Margareta Fredborg, Minna Skafte Jensen, Marianne Pade and Johann Ramminger, Roma, Quasar Edizioni, 2015, pp. 175-188, a p. 79): «Sciendum est Horacium non sine ratione tantam operum diversitatem [varietatem] observasse. Siquidem diversas etates et diversos humane vite status consideravit. Ideoque adhibuit operi suo tantam varietatem. Primitus enim lirica composuit ibique quasi adolescentibus loquens amores et iurgia, commessationes et potationes materiam habuit. deinde epodon condidit, et ibi in homines fortioris et turpioris etatis invectiva composuit. Postea seculare carmen scripsit ibique prudentiores ad precandum deos edocuit. Deinde de arte poetica librum scripsit ibique sue professionis homines ad bene scribendum instruxit. Postea librum sermonum addidit, ubi diversis generibus viciorum irretitos reprehendit. Ad ultimum opus suum in epistolis terminavit ibique ad modum boni agricole viciis extirpatis virtutes superseminavit» («È da sapere che Orazio ha descritto una così grande varietà di opere non senza criterio. Considerò le differenti età e le diverse fasi della vita umana e in tal modo espresse nella sua opera una così notevole varietà. Anzitutto infatti compose poesia lirica in cui, parlando di amori e dispute quasi rivolgendosi ad adolescenti, assunse come materia le gozzoviglie e le bevute. Poi praticò l'epodo e qui si dedicò all'invettiva contro uomini più violenti e ripugnanti per la loro età. Più tardi compose il Carme Secolare, dove insegnò ad uomini più moralmente retti a pregare gli dei. Scrisse poi un'opera sull'arte poetica, in cui istruì coloro che praticavano il suo mestiere a scrivere bene. Inoltre scrisse un libro di discorsi morali in cui rimproverò quelli che sono prigionieri di vizi di vario tipo. Infine concluse la propria opera con epistole in cui, come un buon agricoltore, sul terreno dei vizi estirpati seminò le virtù»). Per il testo più antico si veda Birger Munk Olsen, *L'étude des auteurs classiques latins aux XI*[e] *et XII*[e] *siècles*, tome

Il passo conferma inoltre la peculiarità della lettura dantesca delle fonti: Boezio è combinato a Orazio non per approfondirne fatti metrico-retorici come avviene nei commenti boeziani,[9] ma per svilupparne il tema biografico, con ricorso a un aspetto dell'*Ars* – il nesso tra età e stile – regolarmente rimosso dalla precettistica retorica medioevale.[10]

Oltre al tema antiallegorico, il IV trattato porta a compimento, sviluppandoli in chiave dottrinale, i due temi aristotelici implicati dalla caratterizzazione "evolutiva" del percorso *Vita Nova* - *Convivio*, cioè quello delle età dell'uomo[11] e quello dello sviluppo del desiderio naturale, spiegato nel passo seguente:

> l'anima nostra, incontanente che nel nuovo e mai non fatto cammino di questa vita entra, dirizza li occhi al termine del suo sommo bene, e però, qualunque cosa vede che paia in sé avere alcuno bene, crede che sia esso. E perché la sua conoscenza prima è imperfetta per non essere esperta né dottrinata, piccioli beni le paiono grandi, e però da quelli comincia prima a desiderare. Onde vedemo li parvuli desiderare massimamente un pomo; e poi, più proce-

I, *Catalogue des manuscrits classiques latins copiés du IX*[e] *au XII*[e] *siècle*, Paris, CNRS Éditions, 1982, p. 432 (Orazio, *incipit* n. 192).

9. La definizione di elegia tratta da Orazio, *Ars poetica*, 75-76 è usata per spiegare il v. 1 del primo metro in Guglielmo di Conches, *Glosae super Boetium*, p. 9: «CARMINA. Boetius tractaturus de philosophica consolatione primitus se talem ostendit qui indigeat consolatore, scilicet se ostendens miserum. [...] Et ostendit se miserum competenti genere carminis, id est elegiaco metro. Elegiacum metrum est ubi est hexameter et pentameter versus [...]. Et dicitur elegiacum, quia ad miseriam describendum inventum fuit. Unde Horatius: Versibus impariter iunctis querimonia primum / post haec inclusa est voti sententia compos» («Boezio, che sta per trattare della consolazione filosofica, si mostra all'inizio bisognoso di chi lo consoli, cioè sventurato. [...] E si rappresenta sventurato per mezzo del genere di poesia che a questo stato compete, cioè quello elegiaco. Il metro elegiaco è quello composto da esametro e pentametro [...]. E si definisce elegiaco perché fu inventato per esprimere lo stato di sventura. Di qui Orazio: "In versi congiunti in modo diseguale furono racchiusi prima il lamento, poi anche l'espressione di un voto esaudito"»). I versi 169-170 dell'*Ars* oraziana sono citati poi per illustrare i caratteri del Boezio anziano (p. 13).

10. Molti commenti medioevali all'*Ars*, ad esempio il cosiddetto *Materia*, tendono a sovrapporvi gli *adtributa personae* di origine ciceroniana. Il *Materia* (edito alle pp. 50-95 di Karsten Friis-Jensen, *The «Ars Poetica» in Twelfth-Century France* [1990], in Id., *The Medieval Horace*, pp. 51-99) è probabilmente di origine francese e anteriore al 1175, poiché impiegato nella *Poetria* di Matteo di Vendôme, composto in quella data (cfr. Karsten Friis-Jensen, *Medieval Commentaries on Horace* [1997], in Id., *The Medieval Horace*, pp. 159-172, p. 160).

11. Su cui rimando al classico Bruno Nardi, *L'arco della vita (nota illustrativa al «Convivio»)*, in Id., *Saggi di filosofia dantesca*, Firenze, La Nuova Italia, 1967, pp. 110-138.

> dendo, desiderare uno augellino; e poi, più oltre, desiderare bel vestimento; e poi lo cavallo; e poi una donna; e poi ricchezza non grande, e poi grande, e poi più. E questo incontra perché in nulla di queste cosa truova quella che va cercando, e credela trovare più oltre.
>
> Per che vedere si può che l'uno desiderabile sta dinanzi all'altro alli occhi della nostra anima per modo quasi piramidale, che 'l minimo li cuopre prima tutti, ed è quasi punta dell'ultimo desiderabile, che è Dio, quasi base di tutti. Si che, quanto dalla punta ver la base più si procede, maggiori apariscono li desiderabili; e questa è la ragione per che, acquistando, li desiderii umani si fanno più ampii, l'uno appresso dell'altro.
>
> Veramente così questo cammino si perde per errore come le strade della terra. [...] lo buono camminatore giunge a termine e a posa; lo erroneo mai non l'aggiunge, ma con molta fatica del suo animo sempre colli occhi gulosi si mira innanzi.[12]

Anche questa dottrina è accostabile a una pagina boeziana di orientamento opposto.

Per Dante il desiderio attraversa inevitabilmente la molteplicità dei beni secondi: l'errore consiste nel disperdervisi, non nel percorrerli per giungere al bene vero.

Per Boezio invece l'errore risiede nel rendere molteplice il bene che per sua natura è semplice e uno (*Consolatio philosophiae*, III, pr. 9, 4: «Quod enim simplex est indivisumque natura, id error humanum separate et a vero atque perfecto ad falsum imperfectumque traducit»), cioè nel rivolgersi alla molteplicità in quanto tale.

In altri termini, il grande tema "realistico" che Dante deriva dall'*Etica Nicomachea*, e cioè la necessità di vivere le passioni, ma guidandole con la virtù della temperanza in modo che il desiderio naturale sia indirizzato dalla ragione e dalla volontà, nella *Consolatio* è rifiutato in radice.[13]

Alla fine del *Purgatorio* Beatrice ricorda il tradimento dantesco e l'insufficienza dei beni mondani con parole tratte dal passo della *Consolatio* appena citato (*Purgatorio*, XXX, 130-133: «volse i suoi passi per via non vera / imagini di ben seguendo false / che nulla promission rendono intera» < *Consolatio philosophiae* III, pr. 9, 29: «hec [mortales res] igitur vel

12. Dante Alighieri, *Convivio*, IV, xii, 15-19, pp. 339-341.

13. Un rapido cenno alla presenza di temi dalla *Nicomachea* nella *Consolatio* è in Fabio Troncarelli, *Umanesimo tardo antico. L'ultimo dei romani e la consolazione della saggezza*, Roma, Vecchiarelli, 2012, p. 53.

imagines veri boni vel imperfecta quaedam bona dare mortalibus videntur, verum autem atque perfectum bonum conferre non possunt»).

Questa citazione non comporta l'adozione della prospettiva boeziana, visto che la possibilità di un percorso positivo dai beni molteplici all'unico bene descritto in termini dottrinali nel *Convivio* sarà incarnato nel *Paradiso* dalle «anime ingannate» inizialmente da beni fittizi e infine giunte al bene primo (Cunizza da Romano, Folchetto di Marsiglia) nei canti VIII e IX.

È a causa di questa differente valutazione dell'esperienza dei beni mondani che l'incontro tra Boezio e la filosofia avviene su un piano puramente contemplativo e teoretico mentre quello dantesco è di ordine etico e affettivo.

Per integrare questo aspetto, incompatibile con la prospettiva della *Consolatio*, Dante ricorre al libro biblico della *Sapienza*, testo per molti versi affine a quello boeziano[14] ma centrato appunto sull'aspetto desiderativo e relazionale tipico dell'amore-conoscenza cristiano.

Ho già notato che Dante raccoglie la sovrapposizione medievale tra filosofia e Sapienza biblica[15] trasformando il desiderio di scienza aristotelico che apre l'opera – impulso psichico proprio del genere umano: meccanico, naturale e impersonale – nell'amore per la Sapienza divina amata da re Salomone (III xi-xv); l'amore diviene così «forma» della conoscenza filosofica (III xi 12: «la filosofia [...] ha per subietto lo 'ntendere, e per forma uno quasi divino amore a lo 'ntelletto»).[16]

14. Bisogna tener presente che il libro biblico della Sapienza, di origine giudaico-ellenistica e dunque stilisticamente interno alla tradizione filosofica greca, è sul piano formale un panegirico della sapienza. Cfr. su questo Aléxis Leproux, *Un discours de Sagesse. Étude exégétique de Sg 7-8*, Roma, Pontificio Istituto Biblico, 2007 (Analecta Biblica, 167), proprio come lo è il libro boeziano, che mescola tuttavia questo genere con quello della *consolatio* latina.

15. Naturalmente l'accostamento è diffuso e antico, come segnalava già Étienne Gilson, *Dante et la philosophie*, Paris, Vrin, 1939, pp. 116-119, e investe anche la filosofia boeziana (ad es. nella cosiddetta Bibbia di Alcuino, su cui si veda Marie-Thérèse d'Alverny, *La sagesse et ses sept filles* [1946], in Ead., *Études sur le symbolisme de la Sagesse et sur l'iconographie*, Aldershot, Variorum, 1993, pp. 245-278, a p. 256) di per sé dotata dei tratti mistici ed esistenziali tipici della cultura neoplatonica e tardo antica. Il sincretismo scritturale-boeziano è attestato nella cultura fiorentina da Arrigo da Settimello, vissuto a Firenze e autore del poemetto *Elegia sive de miseria* (1193 ca). Il testo rielabora la Filosofia boeziana dandole la forma della Sapienza scritturale, accompagnata dalle sue figlie che sono le arti liberali, secondo il modello testimoniato nella poesia carolingia (ad es. Ibernico, *Carmina*, in *Monumenta Germaniae Historica, Poetae Latini Aevi Karolini*, t. I, Berlin, Weidmann, 1899, p. 332).

16. Si veda sul tema Sonia Gentili, *Amore e Conoscenza nella «Commedia»*, in *Per il testo e la chiosa del poema dantesco*, a cura di Giorgio Inglese = «Letture classensi», 47 (2018), pp. 23-39.

Nel terzo trattato, dunque, la scienza non è più l'impulso meccanico ad attualizzare la facoltà razionale descritto nel primo, ma una donna amata delle cui virtù si desidera partecipare e con cui si deve instaurare un rapporto di amore reciproco.

Si è scritto che la canzone *Amor che ne la mente mi ragiona* non offre elementi utili a stabilire se sia stata concepita in precedenza per una donna concreta o per la filosofia all'epoca del *Convivio*,[17] ma il fatto sinora non rilevato che le qualifiche della donna sono tratte da *Sapienza*, 8, milita a favore della seconda ipotesi.

Sia la Filosofia dantesca che la Sapienza sono amate per la loro bellezza da chi parla in prima persona (vv. 33-35: «che 'n sue bellezze son cose vedute / che li occhi di color dov'ella luce / ne mandan messi al cor pien di desiri»; *Sap*, 8, 1: «amator factus sum formæ illius») e da Dio che infonde in entrambe nobiltà (vv. 27-28: «Suo esser tanto a Quei che lel dà piace, / che 'infonde sempre in lei la sua vertute»; *Sap*, 8, 2: «Generositatem illius glorificat [< εὐγένειαν δοξάζει] contubernium habens Dei; sed et omnium Dominus dilexit illam»); sono maestre l'una d'umiltà e l'altra di prudenza (v. 70: «essemplo d'umiltade»; Sap, 8, 7: «*sobrietatem* [< σωφροσύνη] et prudentiam docet»), facoltà morali tra loro vicine in quanto entrambe dotate di funzione regolativa, cioè capaci di guidare l'esperienza del mondo verso la virtù.[18]

Opposta alla Filosofia di Boezio che prevede la rimozione delle passioni, la Donna Gentile del *Convivio* che guida al retto cammino del desiderio naturale è inoltre simmetrica e opposta a quella della *Vita Nova*, la quale era stata smarrimento tra gli amori secondi «contra la costanza della ragione».[19]

17. Così, ad esempio, Claudio Giunta a commento del testo (Dante Alighieri, *Opere*, vol, II, *Convivio*, *Monarchia*, *Epistole*, *Ecloghe*, a cura di Gianfranco Fioravanti, Claudio Giunta e Gabriella Albanese, Milano, Mondadori, 2014, pp. 350-351).

18. Nella cristianizzazione dell'etica aristotelica l'umiltà, virtù essenziale del Cristo, si fonde per questo, con contraddizione solo apparente, alla magnanimità di tradizione classica, ed è virtù che guida alle virtù come la prudenza e la temperanza (σωφροσύνη) di tradizione greca. Si veda su ciò il classico Gauthier, *Magnanimité*, pp. 239 e ss.

19. Dante Alighieri, *Vita Nova*, 28, 1-2, pp. 163-164: «Contra questo avversario de la ragione si levòe un die, quasi ne l'ora de la nona, una forte imaginazione in me, che mi parve vedere questa gloriosa Beatrice con quelle vestimenta sanguigne co le quali apparve prima a li occhi miei; e pareami giovane in simile etade in quale io prima la vidi. Allora cominciai a pensare di lei e, ricordandomi di lei secondo l'ordine del tempo passato, lo mio cuore cominciò dolorosamente a pentére de lo desiderio a cui sì vilmente s'avea lasciato

Due elementi che accompagnano la sua comparsa nel *Convivio*, cioè lo studio e la verità, sembrano annunciarla alla fine della *Vita Nova*, quando Dante «studia» quanto può per giungere a trattare degnamente di Beatrice, che sa questo «veracemente»:

> Appresso questo sonetto apparve a me una mirabile visione, ne la quale io vidi cose che mi fecero proporre di non dire più di questa benedetta infino a tanto che io potesse più degnamente trattare di lei. E di venire a ciò io studio quanto posso, sì com'ella sae veracemente. Sì che, se piacere sarà di colui a cui tutte le cose vivono, che la mia vita duri per alquanti anni, io spero di dicer di lei quello che mai non fue detto d'alcuna. E poi piaccia a Colui che è sire de la cortesia, che la mia anima se ne possa gire a vedere la gloria de la sua donna, cioè di quella benedetta Beatrice, la quale gloriosamente mira ne la faccia di Colui *qui est per omnia secula benedictus. Amen.*[20]

La capacità dell'anima celeste di Beatrice di conoscere «veracemente», cioè veritieramente, chiude metafisicamente la narrazione della *Vita Nova* col tema che apre il *Convivio* da una prospettiva terrena: lo «studio» della verità a partire dalla sua manifestazione concreta («dove essa si mostrava veracemente»).

Così come Dante si sporge oltre la fine della *Vita Nova* per alludere al suo nuovo «studio», nel *Convivio* arretra al di qua del suo inizio per raccontarne la genesi esperienziale, cioè i trenta mesi di studio della filosofia utili a spiegare come la circostanza biografica che nella *Vita Nova*, guidata dalla passione, è stata causa di «errore per le vie della terra», guidata dalla ragione è divenuta nell'opera successiva percorso di conoscenza.

3. *L'Orfeo del* Convivio

Il superamento della frattura boeziana avviene dunque nel *Convivio* in nome dell'esperienza, ma quest'esperienza è saldamente, aristotelicamente orientata verso la concettualizzazione: a differenza della poesia spirituale petrarchesca, che è una pura ombra ideale rispetto alla concreta poesia d'amore, la poesia filosofica di Dante si concretizza anche perché non ha bisogno di essere formalmente alternativa a quella delle passioni: ne costi-

possedere alquanti die contra la costanzia della Ragione: e, discacciato questo cotale malvagio desiderio, sì si rivolsero tutti li miei pensamenti a la loro gentilissima Beatrice».

20. Dante Alighieri, *Vita Nova*, 31, 1-3, pp. 175-176.

tuisce solo lo sviluppo. La poesia dantesca dei concetti risolve l'esperienza e la sua prima trasfigurazione allegorica – l'incontro con la Filosofia del II trattato – nella concettualizzazione della virtù nelle *Dolci rime d'amore ch'io solia* che aprono il IV trattato.

La combinazione tra antropologia aristotelica e teoria poetica oraziana che è servita a Dante a unire percorso biografico – l'arco della vita e le varie età dell'uomo – e letterario – la convenienza tra età e stili dell'*Ars poetica* – è mantenuta anche per disegnare il rapporto tra lo scrittore e la propria materia nel primo trattato del *Convivio*.

Per costruirlo, Dante impiega concetti aristotelici relativi alla funzione dell'autore, alla natura dell'opera e dello strumento linguistico: la distinzione tra chi pratica l'arte con abito scientifico e chi la pratica empiricamente in *Metaphysica*, I, 1; la relazione d'amore tra l'autore e la propria opera letteraria teorizzata in *Etica Nicomachea*, VI, 67 b 31 - 68 a 13.

Questi temi, provenienti da opere diverse e mai stretti da Aristotele in un discorso organico, formano invece nel *Convivio* un ragionamento unitario: colui che possiede l'abito scientifico è il «buon» artefice, in grado di trarre in atto la potenza della materia linguistica in quanto ne possiede una «conoscenza» naturale – si tratta della sua lingua materna – ed è legato a essa da «amore»; il cattivo artefice non è in grado di trarre in atto la potenza della materia poiché non dispone di questo abito scientifico e morale, e ha col suo mezzo un rapporto puramente utilitaristico ed economico:

> non si deono chiamare litterati, però che non acquistano la lettera per lo suo uso, ma in quanto per quella guadagnano denari o dignitade; sì come non si dee chiamare citarista chi tiene la cetera in casa per prestarla per prezzo.[21]

Con questo stesso esempio Petrarca opporrà la disposizione "naturale" alla poesia dei poeti italiani al desiderio di acquisirla "comprandola" da parte dei francesi.[22]

21. Dante Alighieri, *Convivio*, I, ix, 3-5, p. 38.

22. Francesco Petrarca, *Dedalus (Bucolicum carmen, IV)*, 40-61, pp. 18-19: «*Gallus*: [...] Ardeo nunc similem citharam, nisi forsitan ista / (quod malim) caruisse velis. Sunt vellera nobis / mollia, sunt hedi; pretium, vel grande licebit, / ipse rei parve statuas. Parebitur ultro. / *Tirrenus:* Grande rei parve? Cithare solatia nescis; / rem magnam (sit nota) voces: fastidia mulcet, / lassatos animos refovet, solatur amicos, / gaudia restituit, pellit de pectore luctum, / exiccat lacrimas, compescit flebile murmur, / spes revehit, frangitque metus, vultumque serenat. / *Gallus*: Quid pretio maiore vetat vel magna pacisci? / *Tirrenus*: Non michi setigeri quantumvis pascitur usquam / villigerique gregis, nedum leve vellus et hedi /

L'esempio del citarista – privo del tema economico del prezzo della cetra – viene dall'*Etica* aristotelica. Qui si dice che la virtù è tale solo quando è in atto – cioè presuppone un abito radicato e praticato – così come il citarista è tale solo quando suona il suo strumento. Naturalmente abito morale e abito artistico possono essere attuati in modo buono o cattivo:

> Virtutes autem accipimus operantes prius, quemadmodum in aliis artibus. Que enim oportet discentes facere, hec facientes, discimus; puta edificantes, edificatores fiunt; et citharizantes, citharistae. Sic autem et iusta quidem operantes iusti efficimur, temperata autem temperati, fortia vero fortes. [...] Adhuc, ex eisdem et per eadem et fit omnis virtus et corrumpitur, similiter autem et ars; ex citharizare enim, et boni et mali fiunt cithariste.[23]

Nei commenti medioevali all'*Etica* la coppia buon citarista / cattivo citarista è sovrapposta alla coppia architetto (che opera possedendo un abito scientifico) / operaio (che opera empiricamente) di *Metaphysica*, I, 1,

sit pretium cithare; non si tibi gurgite latos / ambiat Hermus agros, rutilisque oblimet arenis. / Quid michi divitie? quid rerum mutus acervus? / Nostras cernis opes: hec est, qua crebra rebellis / prelia fortune mundique prementia vincla / pauperiemque levo; rigidas hac sepe per Alpes, / perque nemus vacuum, perque atra silentia noctis / fisus eo; plaudunt volucres et concava saxa, / interea tristes fugiunt per nubila cure» («*Gallo*: Brucio per una cetra simile: a meno che tu, ed è ciò che vorrei, non te ne voglia privare. Ho morbide pelli, capretti ... stabilisci tu il prezzo, per alto che sia rispetto a una cosa così piccola, e senz'altro ci intenderemo. *Tirreno*: Un prezzo alto per una cosa piccola? Allora tu non conosci i piaceri della cetra: la diresti ben grande se li conoscessi! Addolcisce i fastidi, ristora i cuori stanchi, consola gli amici, ridà la gioia, caccia dal petto la tristezza, asciuga le lacrime, frena lamenti e sospiri, ridona la speranza, spezza la paura, rasserena il volto. *Gallo*: Se è davvero così grande, cosa ci impedisce di pattuire un prezzo maggiore? *Tirreno*: Per quanto grande, non c'è gregge al pascolo, setoloso o lanoso che sia, e non esistono lane delicate e agnelli che valgano il prezzo della mia cetra: neppure se l'Ermo attraversasse in lungo e in largo i tuoi campi e li ricoprisse di sabbie aurifere. A cosa mi serve la ricchezza? A cosa mi serve un muto mucchio di cose? La mia ricchezza tu l'hai sotto gli occhi: è questa. Con essa mi libero dalle guerre continue della sorte nemica, dagli oppressivi obblighi del mondo e dalla povertà. Fidandomi di questa mia cetra spesso attraverso le Alpi gelate, i boschi deserti e i neri silenzi della notte: mi applaudono gli uccelli e gli antri rocciosi, e i pensieri tristi se ne volano con le nuvole»).

23. Aristotele, *Etica Nicomachea*, 1103 a 30 - b 10, versione Grossatesta, pp. 163-164: «Acquisiamo le virtù se prima le abbiamo praticate, come le arti. Quello che si deve fare quando le si è apprese lo si impara facendolo; ad esempio i costruttori diventano tali costruendo e i citaristi suonando la cetra. Così diventiamo giusti compiendo azioni rette e temperati praticando la temperanza, forti praticando la forza [...]. Dunque così e attraverso la virtù stessa la virtù si pone in atto e si corrompe, come l'arte; suonando la cetra si diviene infatti buoni o cattivi citaristi».

sicché i *boni et mali citaristae* rappresentano le due più generali categorie dei *boni vel mali artifices*,[24] probabilmente in base all'associazione tra il cattivo citarista e il cattivo scrittore formulata nell'*Ars poetica* oraziana.

Qui i due tipi negativi si susseguono per esemplificare la mancanza di virtù nell'arte («Ut scriptor si peccat idem librarius usque, / quamvis est monitus, venia caret et citharoedus / ridetur, chorda qui semper oberrat eadem»).[25] L'*Ars* è costantemente citata da Alberto Magno per spiegare i passi dell'*Etica* aristotelica relativi all'arte, compreso quello del cattivo citarista, in modo che il principio del giusto mezzo aristotelico risulta fuso con quello oraziano dell'*aurea mediocritas*, d'altronde storicamente dipendente dalla *medietas* di *Etica Nicomachea*, 10 b 23 ss.; che la *mediocritas* oraziana fosse un concetto elaborato «a philosophis» era già chiaro ai grammatici dell'XI secolo.[26] Nel commento di Alberto Magno il citarista della *Nicomachea* è inserito nel ragionamento che caratterizza questa figura in Orazio: il difetto dell'opera può nascere dall'errore della mano – ad esempio l'esecuzione d'un acuto in luogo d'un grave – ma la mente deve aver chiaro il concetto che persegue (*Ars poetica*, 350-1: «nam neque chorda sonum reddit quem volt manus et mens, / poscentique gravem persaepe remittit acutum») poiché l'artista virtuoso è il coltello capace di ben tagliare, affilato dalla «cote» dell'abito teorico oraziano (*Ars poetica*, 304-7: «Ergo fungar vice cotis, acutum / reddere quae ferrum valet exors ipsa secandi; / munus et officium, nil scribens ipse, docebo, / unde parentur opes, quid alat formetque poetam»):

> Sexto quaeritur, utrum in arte sit medium [...] Solutio. Dicendum, quod ars habet medium et determinatur, secundum quod habet finem, sive sit finis eius operatio vel operatum, ut nihil desit neque abundet, sicut finis citharistae est citharizare, in quo quidem est medium et extrema secundum comparationem ad id quod ordinatur. Sicut quando est temperatum inter acutum et grave, quod reddit delectabilem symphoniam, erit medium, quando autem excedit in altero, offendit auditum [*Ars poetica*, 351: «chorda sonum reddit quem volt manus et mens, / poscentique gravem persaepe remittit acutum» e 374-6: «[...] symphonia discors / et crassum unguentum et Sardo cum melle papa-

24. L'equivalenza è ad esempio in Tommaso d'Aquino, *Sententia libri Ethicorum*, ed. René-Antoine Gauthier, in Id., *Opera omnia iussu Leonis XIII edita*, XLVII, Roma, Santa Sabina, 1969, lib. II, lect. 1, pp. 78, 145 e ss.

25. Orazio, *Ars poetica*, 354-356, p. 101: «Come un copista che, per quanto avvisato, commette sempre gli stessi errori, o un suonatore di cetra che sbaglia sempre lo stesso accordo ci fa ridere».

26. *Scholia Vindobonensia ad Horatii Artem poeticam*, 187, p. 44, *ad v.* 36.

ver/ offendunt»; *Scolia Vindobonensia*, ad l., p. 369: «symphonia [...] facta discors offendit»] et est extremum; similiter quando dolatur cultello de materia [*Ars poetica*, 304-5 :«fungar vice cotis / acutum reddere quae ferrum valet»] etc. Et sic patet, quod medium in arte est simile medio virtutis, quia neutrum respicit ad medium rei, sed quoad nos.[27]

Il citarista aristotelico e l'*artifex* / fabbro oraziano tipico delle *Poetriae* medioevali[28] sono ampiamente combinati nei commenti aristotelici. Questo succede anche nel *Convivio*, dove il «malo citarista» (traduzione letterale del latino aristotelico; il *citharoedus* oraziano non è mai accompagnato dall'aggettivo *malus*) e il «mal fabbro» emblematizzano il cattivo artefice del volgare, privo dell'abito scientifico ed etico necessario a impiegare lo strumento linguistico:

> La seconda setta contra nostro volgare si fa per una maliziata scusa. Molti sono che amano più d'essere tenuti maestri che d'essere, e per fuggir lo contrario, cioè di non esser tenuti, sempre danno colpa alla materia de l'arte apparecchiata, o vero allo strumento; sì come lo mal fabbro biasima lo ferro appresentato a lui, e lo malo citarista biasima la cetera, credendo dare colpa del mal coltello e del mal sonare al ferro e alla cetera, e levarla a sé. Così sono alquanti, e non pochi, che vogliono che l'uomo li tegna dicitori; e per scusarsi dal non dire o dal dire male accusano e incolpano la materia, cioè lo volgare proprio, e commendano l'altro lo quale non è richesto loro di fabbricare. E chi vuole vedere come questo ferro è da biasimare, guardi che opere ne fanno li buoni artefici, e conoscerà la malizia di costoro che, biasimando lui, si credono scusare.[29]

27. Alberto Magno, *Etica Nicomachea*, lib. II, lect. 6, p. 120, 55-75: «Come sesto punto si ricerca se l'arte preveda un giusto mezzo. [...] Soluzione: bisogna dire che l'arte ha un giusto mezzo ed è determinato dal fine, a seconda cioè che questo consista nell'operazione o in ciò che è operato, in modo che nulla vi manchi e nulla vi sia in eccesso: così nel fine del citarista, che è suonare la cetra, vi è un giusto mezzo e degli estremi in relazione a ciò per cui è ordinato. Ad esempio quando è temperato tra acuto e grave in modo da rendere un suono gradevole, sarà nel suo giusto mezzo, ma quando eccede in un senso o nell'altro offenderà l'udito [Orazio, *Ars poetica*, 351: "la corda rende il suono che mente e mano vuole, / spessissimo a chi vuole il grave dà l'acuto" e 374-6: "[...] unione di suoni disarmonici / e un profumo spiacevole e miele sardo con semi di papavero / sono sgradevoli"; *Scolia Vindobonensia*, *ad l.*, p. 369: "l'unione di suoni [...] confezionata disarmonicamente è sgradevole"] e sarà sgradevole; ugualmente quando il coltello intaglia e sgrossa la materia [*Ars poetica*, 304-5 : "farà le veci della cote che serve / a rendere tagliente il coltello tagliente"] eccetera. È chiaro così che il giusto mezzo nell'arte è simile a quello della virtù morale, poiché in entrambi i casi si tratta di un punto medio non in relazione all'oggetto ma a noi».

28. Ad es. Goffredo di Vinsauf, *Poetria nova*, vv. 722-6.

29. Dante Alighieri, *Convivio*, I, xi, 11-14, pp. 47-48.

Si tratta di una rappresentazione dell'attività letteraria che, nonostante la circolazione limitatissima del *Convivio*,[30] pare giunta a Petrarca, che nella quarta ecloga del *Bucolicum carmen* contrappone il poeta italiano Tirreno, dotato di talento poetico per natura individuale e geografica (l'Italia figlia della classicità), che si rifiuta di vendere la propria cetra al poeta francese Gallo, che, in quanto non è poeta per natura, è disposto ad acquistarla a prezzo di qualunque somma di danaro.[31]

È insomma lo schema oraziano a strutturare in sistema le sparse membra tratte da *Metafisica* e *Etica* che troviamo in Dante:[32] così nasce la trasformazione dell'opposizione aristotelica tra architetto che possiede l'abito scientifico dell'arte e operaio che la pratica in modo empirico, all'origine priva di sfumatura valutativa, in opposizione tra buoni e cattivi scrittori: il cattivo poeta di Orazio «qui nescit, versus tamen audet fingere [...]» (*Ars poetica*, 382), addizionato alla relativa chiosa medioevale che lo vuole mosso più dalla *pecunia* che dalla *scientia* («scilicet ut ostendat eos magis confisos pecunia hoc facere quam scientia, per quod eos reprehendit»),[33] ci permette infatti di chiudere il cerchio sul passo dantesco da cui siamo partiti, e sui cattivi scrittori che «non si deono chiamare litterati, però che non acquistano la lettera per lo suo uso, ma in quanto per quella guadagnano denari».

30. Sulla prima circolazione del *Convivio* si veda Luca Azzetta, *La tradizione del «Convivio» negli antichi commenti alla «Commedia»: Andrea Lancia, l'«Ottimo commento» e Pietro Alighieri*, in «Rivista di Studi Danteschi», V (2005), pp. 3-34. Sulla conoscenza del *Convivio* da parte di Boccaccio, certa ma forse non profonda, si veda Renzo Bragantini, *Ancora su fonti e intertesti del «Decameron»: conferme e nuovi sondaggi*, in *Boccaccio: gli antichi e i moderni*, a cura di Anna Maria Cabrini e Alfonso D'Agostino, Milano, Ledizioni, 2018, pp. 115-138.

31. Sul *Bucolicum carmen* si veda Enrico Fenzi, *Sull'ordine di tempi e vicende nel Bucolicum carmen di Petrarca*, in «Per leggere», 29 (2015), pp. 7-24. Questo punto, unito al già visto ribaltamento del giudizio che Dante dà su Aristotele nel *Convivio* e poi nella *Monarchia*, invita ad ammettere una conoscenza petrarchesca del *Convivio*, seppure «frammentaria» (così Falzone, *Intorno a un giudizio di Dante su Aristotele*, a p. 229).

32. Oltre ai citati studi di Karsten Friis Jensen, sull'Orazio medioevale sono essenziali Karin Margareta Fredborg, *Interpretative Strategies in Horatian Commentaries from the Twelfth Century. The "Ars poetica" in the Carolingian Traditions and their Twelfth-Century Developments*, in «Interfaces», 3 (2016), pp. 46-70; Ead., *The Introductions to Horace's Ars Poetica from the Eleventh and Twelfth Centuries. Didactic Practice and Educational Ideals*, in «Analecta Romana Instituti Danici», 39 (2014), pp. 49-76; Ead., *Showing Virtue: Commentaries on Horace's Epistles from the Eleventh and Twelfth Centuries*, in «The Journal of Medieval Latin», 25 (2015), pp. 197-244.

33. *Scholia Vindobonensia ad Horatii Artem poeticam*, p. 45.

Nel secondo passo dantesco che ho citato (I xi 11), i cattivi scrittori che «amano più d'esser tenuti maestri che di essere» realmente dei buoni «dicitori» ripetono infatti lo stesso difetto rimproverato ai cattivi poeti nell'*Ars*; ancora una volta la formula oraziana sembra mediata dalla parafrasi offerta dal commento medievale («Vere reprehendere debetis tale carmen quia non laborant, ut sint poetae, sed ut videantur»).[34]

Sul concetto aristotelico-oraziano dell'abito di scienza che caratterizza l'ottimo autore Dante fonda la concezione della poesia sapienziale e civilizzatrice del *Convivio*.

Colui che conosce e ama il volgare, cioè che possiede l'abito scientifico e morale necessario a produrre l'opera, può trasmettere attraverso le proprie opere la scienza agli altri. Questa tipologia, che nel I trattato è incarnata da Dante stesso, nel II è simboleggiata dal poeta Orfeo, la cui poesia è capace di muovere a sé anche chi non possiede «scienza ed arte»:

> Ma però che più proficabile sia questo mio cibo, prima che vegna la prima vivanda voglio mostrare come mangiare si dee. Dico che, sì come nel primo capitolo è narrato, questa sposizione conviene essere litterale e allegorica. E a ciò dare a intendere, si vuol sapere che le scritture si possono intendere e deonsi esponere massimamente per quattro sensi. L'uno si chiama litterale, [e questo è quello che .... L'altro si chiama allegorico,] sotto 'l manto di queste favole, ed è una veritade ascosa sotto bella menzogna: sì come quando dice Ovidio che Orfeo facea con la cetera mansuete le fiere, e li arbori e le pietre a sé muovere; che vuol dire che lo savio uomo collo strumento della sua voce faccia mansuescere e umiliare li crudeli cuori, e faccia muovere alla sua volontade coloro che [non] hanno vita di scienza e d'arte; e coloro che non hanno vita ragionevole alcuna sono quasi come pietre.[35]

L'Orfeo del *Convivio* è quello filosofico, emblema dei *poetae primo theologizantes* che agli albori della civiltà danno forma poetica a verità filosofiche (Aristotele, *Metaphysica*, I, 1).[36] L'Orfeo poeta filosofo rivol-

34. Ivi, p. 35. Lo scolio è ai vv. 295-298 dell'*Ars*, direttamente ripresi in *Convivio*, III xiv 8, secondo una vecchia ipotesi critica, con un errore di lettura determinato da mediazione scoliastica.

35. Dante Alighieri, *Convivio*, II, i, 2-4, pp. 64-65.

36. È Tommaso d'Aquino a identificare i *primo theologizantes* della *Metaphysica* con vari poeti mitici tra cui l'Orfeo ovidiano, il cui canto smuove e anima i sassi (cfr. Gentili, *L'uomo aristotelico alle origini della letteratura italiana*, il par. 4.7 intitolato *Il dono di Orfeo: arte e virtù la di là di Aristotele*, alle pp. 160 e ss.).

to alle verità immutabili[37] è tradizionalmente incompatibile con quello elegiaco: così avviene nella *Consolatio* boeziana ma non nel *Convivio*, dove come si è visto l'Orfeo sapienziale non rinnega quello elegiaco della *Vita Nova*.[38]

Alla poesia di Orfeo che «fa[r]ia muovere a la sua volontade coloro che non hanno vita di scienza e d'arte» corrisponde nel *De vulgari*, laboratorio della combinazione di temi aristotelici con concetti di ambito grammaticale,[39] una lingua letteraria che deve «commuovere i cuori umani tanto da far volere chi non voleva e disvolere chi voleva» (I xvii 4: « humana corda versare potest, ita ut nolentem volentem et volentem nolentem faciat»).

Questa facoltà della lingua è tratta dall'*Ars*, dove è attribuita appunto alla poesia (vv. 99-100: «Non satis pulchra esse poemata: / dulcia sunto et, quocumque volent, animum auditoris agunto»). Il motivo orfico del poeta civilizzatore orchestrato nei due passi corrispondenti di *Convivio* e *De vulgari* non è segnato tanto dall'immagine ovidiana, quasi inerzialmente trascinata dalla glossa tomasiana alla *Metaphysica*, quanto dal solito nucleo aristotelico-oraziano, vero nodo della riflessione critica del Dante trattatista.

37. Platone attribuisce a Orfeo e alla tradizione orfica la dottrina del corpo carcere dell'anima (*Cratilo*, 400 c). Il neoplatonismo continuerà a dare del mitico poeta un'immagine sapienziale: autore di opere teogoniche e cosmogoniche, modello di Platone poiché «tutta la teologia greca è figlia della mistagogia di Orfeo», scrive Proclo (*Theologia platonica*, I, 5), sottolineando che «il suo insegnamento sulle cose divine è degno di fede anche se non è fondato sul ragionamento verosimile né sulla dimostrazione» ma ottenuto «attraverso l'invasamento divino» (commento alla *Repubblica*, III, 341). Cfr. su ciò Vieillefon, *La figure d'Orphée dans l'Antiquité tardive*, pp. 31-32.

38. Integrerei in questo senso l'importante lettura del tema orfico-elegiaco della *Vita Nova* che si deve a Stefano Carrai, *Dante elegiaco. Una chiave di lettura per la «Vita nova»*, Firenze, Olschki, 2006, e Id., *Il primo libro di Dante. Un'idea della «Vita nova»*, Pisa, Edizioni della Normale, 2020; Id., *Sul Boezio di Dante*, in «Bollettino di Italianistica», n.s., 2 (2016), pp. 24-30; Zeno Lorenzo Verlato, *Appunti sulle diverse funzioni del mito di Orfeo nella «Commedia» e nel «Convivio»*, in *«L'ornato parlare». Studi di filologia e letterature romanze per Furio Brugnolo*, a cura di Gianfelice Peron, Padova, Esedra, 2007, pp. 349-388.

39. Basti come esempio la trattazione dantesca della tripartizione degli stili. Sulla combinazione del finalismo morale dello stile di matrice agostiniana coi tre gradi del finalismo aristotelico del vivente (vegetativo, sensitivo e intellettuale) Dante costruisce la corrispondenza tra i tre stili e i tre temi relativi ai gradi psichici, cioè *salus*, *amor* e *virtus*. Le virtù dianoetiche in Dante non sono mai disgiunte da quelle etiche: questo vale per la scienza-beneficio trasmessa dal *Convivio* come per il *magnale* relativo all'intelletto, che è la virtù in generale, sia morale che razionale. Si veda sul tema Pier Vincenzo Mengaldo, *Magnalia*, in *Enciclopedia dantesca*, Roma, Istituto della Enciclopedia Italiana, 1970.

4. *Verità e immagine*

La mancata registrazione negli studi danteschi della linea aristotelico-oraziana toccata nel precedente paragrafo è la spia di una mentalità che tende a collocare la riflessione medioevale sulla poesia nel dominio della retorica, a pensarne il "progresso" nella chiave di un'acquisizione di autonomia – anch'essa tecnico-retorica – rispetto al dominio della logica e a identificare il mezzo di questa conquista di autonomia nella "riscoperta" della *Poetica* di Aristotele. A questo schema, comune e ripetuto ad esempio nella recente edizione del commento medioevale all'*Ars poetica* detto *Communiter*,[40] bisogna obiettare molte cose.

Che la poesia sia un'arte sermocinale autonoma è già chiaro a Gundissalino (1150 ca.):[41] la sua collocazione al gradino più basso della logica non ne comporta l'infeudamento a questo dominio. Questa collocazione, cioè, non implica una concezione della poesia ma solo una descrizione dei gradi della conoscenza, secondo il già ricordato schema aristotelico per cui l'immaginazione nasce dalla sensazione ed è presupposta dal concetto (*De anima*, 427 a).

Si è già visto che da Boezio in poi la "questione" della poesia non risiede nel fatto, in sé scontato, che l'immagine sensibile è il grado più basso della concettualizzazione, ma nel tipo d'immagine, sensibile oppure no, che la poesia esprime. Una definizione del problema che supera la frattura tra immagine sensibile e immagine metafisica viene dalla cultura teologica cristiana. In base alla somiglianza tra creatore e creatura posta nella *Genesi*,[42]

40. Cfr. Lisa Ciccone, *Esegesi oraziana nel Medioevo: Il commento «Communiter»*, Firenze, Sismel, 2016, pp. 55-56.

41. Domenico Gundissalino, *De divisione philosophie*, ed. Baur, prologus, p. 5: «Ad eloquentiam enim pertinent omnes, quae recte vel ornate loqui docent, ut grammatica, poetica, rhetorica et leges humanae» («All'eloquenza pertengono infatti tutte le arti che insegnano a parlare rettamente o in modo ornato, come la grammatica, la poetica, la retorica e la retorica giuridica»). Devo la valorizzazione del passo in questo senso a Sara Calculli, autrice di una notevolissima tesi di dottorato, *Dante e la tradizione oraziana*, discussa nella sessione invernale dell'a.a. 2016-2017 presso la Sapienza Università di Roma e di prossima pubblicazione presso Viella.

42. *Gn*, 1, 26: «faciamus hominem ad imaginem et similitudinem nostram»; in epoca dantesca il principio si fonde con quello neoplatonico del *Liber de causis* («omne agens agit sibi simile», ogni causa produce un effetto simile a sé stessa), e in questa forma combinata è riproposto da Dante, *Monarchia*, I viii 2: «De intentione Dei est ut omne causatum divina similitudinem representet in quantum propria natura recipere potest. Propter quod dictum est: "Faciamus hominem ad ymaginem et similitudinem nostram"» («Nasce dall'intenzione

Giovanni Damasceno afferma ad esempio che il valore non gnoseologico ma ontologico dell'immagine è elemento specificamente cristiano:

> Poiché alcuni ci rimproverano di venerare e onorare le immagini del Salvatore e della nostra Signora, e anche degli altri santi e servitori di Cristo, <allora> apprendano che fin dal principio Dio creò l'uomo a sua immagine! In grazia di che cosa noi ci inchiniamo gli uni verso gli altri, se non in quanto creati secondo l'immagine di Dio? Infatti, come dice Basilio divinamente ispirato e molto esperto delle cose divine, l'onore dell'immagine risale al prototipo. [...] D'altra parte, chi può costruire un'imitazione di Dio invisibile, incorporeo, incircoscrivibile e senza figura? In verità, il raffigurare il divino è il colmo di stoltezza e di empietà. E per questo nell'Antica Alleanza l'uso delle immagini non era praticato. Ma poi Dio diventò realmente uomo per la nostra salvezza, per le viscere della sua misericordia. E non come fu visto da Abramo sotto l'apparenza di uomo, o come <fu visto> dai profeti, bensì divenne realmente uomo secondo la sostanza.[43]

L'incarnazione rivela insomma il fondamento delle immagini: rappresentiamo «Dio l'Invisibile non in quanto invisibile, ma nella misura in cui è diventato visibile a noi mediante la partecipazione alla carne e al sangue».[44] In Cristo, «immagine del Dio invisibile» (*Col*, 1, 15), l'uomo recupera l'immagine divina che la colpa in lui ha offuscato (*Rm*, 8, 29). Su questi cardini teologici l'immagine sacra vince l'iconoclastia nell'VIII secolo e afferma la sua natura non segnica ma essenziale; essa cioè non significa, ma appartiene all'essenza divina e l'artista ne è tramite platonicamente ispirato da Dio.[45]

È questa la cultura dell'immagine presupposta dalla *visio* dantesca di *Paradiso*, XXXIII, 55-145, e, se la «profonda e chiara sussistenza /

divina che ogni causato rappresenti la somiglianza a Dio nei limiti in cui la sua natura può riceverla. Per questo è stato detto "Facciamo l'uomo a nostra immagine e somiglianza"»).

43. Giovanni Damasceno, *La fede ortodossa*, a cura di Vittorio Fazzo, Roma, Città Nuova, 1993, IV, 16, pp. 313-314.

44. Giovanni Damasceno, *Difesa delle immagini sacre: discorsi apologetici contro coloro che calunniano le sante immagini*, a cura di Vittorio Fazzo, Roma, Città Nuova, 1997, pp. 33-34.

45. Sul questo si vedano i classici Léonide Ouspensky, *La théologie de l'icône dans l'Église orthodoxe*, Paris, Édition de l'Exarchat patriarcal russe en Europe occidentale, 1960; Egon Sendler, *L'icona, immagine dell'invisibile. Elementi di teologia, estetica e tecnica*, Roma, Edizioni Paoline, 1985 (ed. or. 1981). Sfondo essenziale per ogni ragionamento su questi temi è Daniele Guastini, *Immagini cristiane e cultura antica*, Brescia, Morcelliana, 2021.

dell'alto lume» in cui Dante riconosce i tre «giri» dell'autointellezione e dell'amore divino «dà l'idea, non l'immagine, di un abisso di luce»,[46] è pur vero che quel sussistere chiaro e profondo del lume divino sul piano poetico, su quello filosofico e su quello teologico è idea in quanto è immagine, portatrice dell'effigie prototipica su cui è esemplata la nostra (*Paradiso*, XXXIII, 130-131: «dentro da sé, del suo colore stesso / mi parve pinta della nostra effige»).

Nel Medioevo, insomma, l'eliminazione delle *similitudines* dal livello superiore, cioè non sensibile, dell'attività intellettuale è necessaria per i filosofi che si occupano di concetti come Cavalcanti, ma non per quelli cristiani. Per costoro il superamento dell'immagine sensibile nella visione beatifica si dà nella chiave della totale alterità divina: secondo Giovanni Damasceno e i teologi dell'icona questa è così totale da comportare non – come i concetti – solo l'esclusione dell'immagine sensibile ma anche l'inclusione dell'effige prototipica da cui l'immagine sensibile discende. Il concetto appare "mescolato" all'immagine come in una sorta di confusa massa iniziale; l'idea divina è invece platonicamente "abitata" dall'immagine come origine e principio ontologici.

Si potrebbe esser tentati di ridurre a una le due istanze – la filosofica e la teologica – semplificandole sotto il denominatore comune e "psicologico" del già visto principio aristotelico secondo cui «non si può pensare senza immagini»: ma si cadrebbe nell'errore di ridurre l'ignoto – cioè l'ordine "altro" dell'idea divina – al noto – cioè all'ordine della ragione umana. Per tutto il Medioevo il nesso tra poesia e teologia è anzitutto facilitato, se non garantito, dalla necessità di un ordine di discorso che rifletta, pur imperfettamente, il mistero dell'immagine che non significa ma è.

Ma anche questo rapporto tra poesia, verità e immagine, insieme al percorso ascensionale che ordina e risolve i tre elementi, è consegnato a Dante dall'esperienza boeziana della visione della verità divina:

> Pennas etiam tuae menti quibus se in altum tollere possit adfigam, ut perturbatione depulsa sospes in patriam meo ductu, mea semita, meis etiam vehiculis revertaris.
>
> Sunt etenim pennae volucres mihi
> quae celsa conscendant poli.
> Quas sibi cum velox mens induit,

46. Dante Alighieri, *Paradiso*, commento Inglese, p. 401.

terras perosa despicit,
aeris immensi superat globum
[...]
donec in astriferas surgat domos
[...]
polum relinquat extimum
dorsaque velocis premat aetheris
compos verendi luminis.
Hic regum sceptrum dominus tenet
orbisque habenas tempera
et volucrem currum stabilis regit
rerum coruscus arbiter.[47]

Le *pennae* e la *mens* animano anche l'ascensione dantesca alla contemplazione dell'immagine divina (*Paradiso*, XXXIII, 137-141):

veder voleva come si convenne
l'imago al cerchio e come vi s'indova;
ma non eran da ciò le proprie penne,
se non che la mia mente fu percossa
da un fulgore in che sua voglia venne.

Se a qualcosa le «penne» dantesche debbono alludere («tenue allusione alla favola di Icaro?» si chiede Giorgio Inglese),[48] forse evocano ap-

47. Boezio, *Consolatio philosophiae*, IV pr. 1, 9 e m. 1, 1-20, pp. 146-147: «Darò ali alla tua mente, affinché possa volare alto con esse e tu, scacciato ogni turbamento, ritornare sano e salvo in patria con la mia guida, per la mia strada, sul mio carro. Veloci ho le ali / per salire in cima al cielo; / quando rapida le veste la mente, / la terra odia e disprezza, / supera dell'aria l'immensa sfera / [...] finché alle dimore s'innalza delle stelle, / [...] abbandona / dietro di sé la sommità del cielo / e preme sul dorso dell'etere veloce, / padrona oramai della luce veneranda. / Qui il signore dei re tiene lo scettro / e del mondo le redini regge». Il tema compare anche in Agostino, *Confessioni*, VIII 7, 18, 7 – «Nempe tu dicebas propter incertum verum nolle te abicere sarcinam vanitatis. Ecce iam certum est, et illa te adhuc premit umerisque liberioribus pinnas recipiunt, qui neque ita in quaerendo attriti sunt nec decennio et amplius ista meditati» («Tu proprio andavi dicendo che rifiutavi di sbarazzarti del tuo bagaglio di vanità per l'incertezza del vero. Ecco, ora il vero è certo, e la vanità ti opprime ancora. A spalle più libere delle tue spuntarono le ali senza che si fossero consumate nella ricerca e in una meditazione di oltre un decennio su questi problemi») – che riprende ugualmente l'immagine platonica (*Fedro*, 246 c: «Cosí, quando sia perfetta ed alata, l'anima spazia nell'alto e governa il mondo; ma quando un'anima perde le ali, essa precipita fino a che non s'appiglia a qualcosa di solido, dove si accasa, e assume un corpo di terra che sembra si muova da solo, per merito della potenza dell'anima») senza però descrivere l'ascensione celeste dell'anima alata.

48. Dante Alighieri, *Paradiso*, commento Inglese, p. 403.

punto le ali platonico-boeziane. E, se Dante sottolinea che le sue ali non giungono sino all'Immagine che non significa ma è, ciò accade forse non solo perché egli è ancora uomo in carne e ossa, ma anche perché dal medesimo punto era partita l'esperienza ascensionale di Boezio, le cui «alate piume» erano giunte alla contemplazione di un principio divino che garantisce l'ordine razionale dell'universo ma non al Dio che include in sé l'immagine per fondarvi il mistero della carne.

Se il Dio boeziano è eternità dei numeri e delle cause opposta all'evanescenza dell'immagine sensibile, quello dantesco è in grado di accogliere nel suo mare di essere la singolarità dell'immagine individuale. Per questo la poesia filosofica e teologica di Dante non deve «in nulla derogare» alle immagini del mondo.

5. *Il realismo di Boccaccio*

Il realismo del *Convivio* emerge insomma chiaramente a patto di confrontarlo con la poetica antirealistica della *Consolatio*.

All'opposto di Guittone e Petrarca, che basano sulla frattura boeziana tra elegia e filosofia la bipartizione di fondo dei propri canzonieri, Dante trasforma il bivio della *Consolatio* in una unica strada, il cui reale divenire nella *Commedia* non è rifiutato ma risolto nel suo fondamento ontologico.

Solo Boccaccio continua il discorso dantesco.[49]

Riscrivendo l'autoritratto che Petrarca trasmette di sé, Boccaccio riabilita sottilmente le passioni e il loro rapporto con la poesia:

> Apollo, prescius sui vatis futuri, eiusdem mentis archanum lepido Pieridum cantu carminibusque cepit dirigere gressus suos. Pater [...] illum reuocauit [...] aiendo: «Studium quid inutile tentas? [...]». Sed, iubentibus fatis, quibus de facili non obstatur, Pieridum chorus egregius illum indissolubilibus amplexibus circumdauit, egregemque ferens quem ab infantia educarat. [...] Sed hic uates dulciloquus [Franciscus Petracchi] summum post hec cupiens ingenium exercitare [...] humana uitans consortia ne hominum cepit solitudinem delectari, petiitque inter montes arduos umbrisque arborum perpetuis occupatos [...] Vallem Clausam [...]. Attamen, ne hominum notitia solitudi-

49. Avevo proposto questo punto di vista in Gentili, *Poesia e immagine: storia di un'idea da Boezio a Boccaccio*.

> ne nimia priuaretur, determinatis temporibus se ad romanam curiam conferebat [...].[50]

La solitudine di Petrarca non è più l'esercizio di ispirazione stoica e monastica descritto nel *De vita solitaria*, ma un carattere equilibrato, ispirato alla temperanza («attamen, ne hominum notitia solitudine nimia priuaretur, determinatis temporibus se ad romanam curiam conferebat»): la poesia come disposizione naturale che lo stesso Petrarca aveva attribuito a sé stesso è insomma restituita da Boccaccio al suo sfondo morale aristotelico.

Nel medesimo schema della disposizione naturale Boccaccio pone anche il proprio autoritratto di poeta. L'immagine aristotelica dell'artista-citaredo già impiegata da Dante è stavolta applicata alla natura, grande artefice che combina i diversi talenti degli uomini come si fa con diverse armonie:

> Nam, ut cytharista uariis ex fidibus [...] docta manu plectroque ex tam discordantibus tonis reddit suauissimam armoniam, sic et natura parens [...] producit hec peritura diuersis officiis apta [...] ergo hinc fit ut discreto ordine hic ex mortalibus nascatur faber lignarius, ille nauta, mercator alius, et quidam sacerdotio apti aut regimini, et non nulli legum latores, presides poete, phylosophi, seu sublimes thelogi [...]. Verum ad quoscunque actus natura produxerit alios, me quidem, experientia teste, ad poeticas meditationes dispositum ex utero matris eduxit et meo iudicio in hoc natus sum. Satis enim memini apposuisse patrem meum a pueritia mea conatus omnes ut negociator efficerer, meque, adolescientiam nondum intrantem aritmetica instructum, maximo mercatori dedit discipulum, quem penes sex annis nil aliud egi quam non recuperabile tempus in vacuum terere [...] Nec ex novo sumpto consilio in poesim animus totis tendebat pedibus, quin imo a vetustissima dispositione ibat inpulsus [...]. Attamen iam fere maturus etate et mei iuris factus, nemine

50. Giovanni Boccaccio, *Vita di Petrarca*, a cura di Giovanni Villani, Roma, Salerno editrice, 2004, § 9-11, pp. 76-78: «Apollo, che intuiva il suo futuro poeta, cominciò a dirigere i suoi passi con il canto soave e i versi delle Pieridi nel segreto della sua mente. Il padre [...] lo richiamò [...] e gli disse: "Perché tenti una disciplina inutile? [...]". Ma per ordine del destino, che non si oppone facilmente, l'illustre coro dei Piérides lo circondò di legami indissolubili, guidando quest'uomo straordinario, che avevano educato fin dall'infanzia [...]. Questo poeta dalla voce dolce, volendo in seguito esercitare il suo talento [...] evitando la società umana, cominciò ad apprezzare la solitudine degli uomini, e si recò sulle alte montagne, coperte dalle ombre eterne degli alberi [...] di Valchiusa[...]. Tuttavia, per non privarsi della reputazione tra gli uomini a causa dell'eccessiva solitudine, in determinati momenti visitava la Curia romana [...]».

impellente [...], imo obsistente patre [...] quod modicum noui poetice, sua sponte sumpsit ingenium, eamque summa auiditate secutus sum.[51]

La poesia come disposizione naturale è come si è visto (cap. 1, § 8) un punto chiave della *Poetica* aristotelica, testo assai probabilmente noto a Boccaccio.[52]

Della *Poetica* sono centrali per Boccaccio tre elementi: 1) l'imitazione è connaturata all'essere umano sin dall'infanzia («imitari connatum [σύμφυτον] hominibus est ex pueris»); le nature più dotate nell'imitare col ritmo («et armonia et rythmo [...] a principio apti nati [τῆς ἁρμονίας καὶ τοῦ ῥυθμοῦ [...] ἐξ ἀρχῆς οἱ πεφυκότες]») crearono la poesia; 2) il piacere dell'imitazione artistica è gnoseologico e si produce quando nell'*imago* si riconosce la *res* («gaudent ymagines aspicientes, quia accidit considerantes addiscere et sillogyzare qui unumquodque, puta quod iste ille»); 3) sin dall'origine le *res* imitate possono essere nobili o ignobili e le *imagines* che le ritraggono rispettivamente encomiastiche o di vituperio, donde i relativi generi poetici, compresi tragedia e commedia.[53]

51. Giovanni Boccaccio, *Genealogie deorum gentilium*, XV, x: «Come infatti il suonatore di cetra dalle corde diverse [...] con la mano abile e il plettro produce, dai toni discordanti, una dolcissima armonia, così anche madre natura [...] produce queste tendenze, destinate a perire, adatte a uffici diversi [...]. Da qui dunque accade che, per l'ordine della natura, che sa ben distinguere, uno degli uomini nasce fabbro, un altro navigante, un altro mercante e alcuni adatti al sacerdozio, altri al governo, alcuni legislatori, altri duci, poeti, filosofi o sublimi teologi. [...] Ma poi, a qualsiasi azione la natura abbia generato altri, io sono stato da essa disposto (e ne è testimone l'esperienza) fin dal grembo della madre alle meditazioni poetiche e, a mio giudizio, sono nato a questo. Ben ricordo infatti che mio padre fece ogni tentativo, fin dalla mia fanciullezza, perché diventassi mercante; e quando ancora non ero per entrare nell'adolescenza, dopo avermi istruito nell'aritmetica, mi affidò come discepolo ad un grande mercante, presso il quale per sei anni null'altro feci che consumare invano tempo non ricuperabile. [...] Né per nuova decisione presa, il mio animo tendeva direttamente alla poesia: anzi vi andava incontro, quasi spinto da antica disposizione [...] quando già quasi maturo d'età, mi resi indipendente, mentre nessuno mi incitava o mi istruiva, [...] anzi con l'opposizione del padre [...] l'ingegno spontaneamente assimilò quel poco di poesia che avevo conosciuto e con grande avidità la perseguii».

52. Osservazioni di tenore generale sulla questione sono in Claude Cazalé Bernard, *Boccaccio e Aristotele dagli Zibaldoni alle Esposizioni. Genealogia di una poetica*, in *Boccaccio letterato*, atti del convegno internazionale, a cura di Stefano Zamponi *et al.*, Firenze, Accademia della Crusca, 2015, pp. 381-406.

53. Si riporta in forma più estesa per servire il presente ragionamento il passo già visto al cap. 1, § 8 di Aristotele, *Poetica*, 1448 b, versione di Guglielmo di Moerbeke, p. 6: «Videntur autem genuisse omnino poeticam cause due quedam, et ipse naturales [αὗται

Questi tre elementi sono essenziali per ricostruire il senso della dichiarazione di poetica contenuta nell'introduzione alla IV giornata decameroniana, in cui il modello petrarchesco del solitario atarassico, che prevede la rimozione delle passioni naturali attraverso l'isolamento dal mondo, è un esplicito bersaglio critico:

φυσικαί]. Nam imitari connatum hominibus est ex pueris [Τό τε γὰρ μιμεῖσθαι σύμφυτον τοῖς ἀνθρώποις ἐκ παίδων], et hoc differunt ad aliis animalibus, quia maxime imitativum est et imitationes facit et propter gaudere imitaminibus omnes. Signum autem huius, quod accidit in opere. Que enim ipsa tristabiliter videmus, horum ymagines que maxime expresse considerantes guademus [τούτων τὰς εἰκόνας τὰς μάλιστα ἠκριβωμένας χαίρομεν θεωροῦντες], puta bestiolarum formas vilissimarum et mortuorum. Causa autem et huius, quia addiscere non solum philosophis delectabilissimus, sed et aliis similiter omnibus ad breve communicantibus ipsum. Propter hoc enim gaudent ymagines aspicientes, quia accidit considerantes addiscere et sillogyzare qui unumquodque, puta quod iste ille [Διὰ γὰρ τοῦτο χαίρουσι τὰς εἰκόνας ὁρῶντες, ὅτι συμβαίνει θεωροῦντας μανθάνειν καὶ συλλογίζεσθαι τί ἕκαστον, οἷον ὅτι οὗτος ἐκεῖνος]; quod si forte non prius vidit, non imitamen faciet delectationes, sed propter elaborationem aut colorationem aut propter talem aliquam aliam causam. Secundum naturam autem ente nobis ipso imitari et armonia et rythmo (metra enim quod sint partes rythmorum manifestum) a principio apti nati et ipsa maxime paulative adducentes [οἱ πεφυκότες πρὸς αὐτὰ μάλιστα κατὰ μικρὸν προάγοντες] produxerunt poesim ex informibus. Distracta est autem, secundum proprios mores, poesis: qui quidem enim reverentiores bonas imitabantur actiones et eas que talium, et autem viliores ea que pravorum [οἱ μὲν γὰρ σεμνότεροι τὰς καλὰς ἐμιμοῦντο πράξεις καὶ τὰς τῶν τοιούτων, οἱ δὲ εὐτελέστεροι τὰς τῶν φαύλων]; primo vituperia facientes, sicut alii hymnos et laudes.» («Due, invece, appaiono le cause da cui è nata l'arte poetica nel suo insieme ed entrambe naturali. L'imitare, infatti, è connaturato agli esseri umani fin dall'infanzia e ciò li distingue dagli altri animali: perché sono i più inclini all'imitazione e attraverso l'imitazione si procurano le prime conoscenze, e perché sono portati tutti a provare piacere delle imitazioni. Ne è segno ciò che accade davanti alle opere "d'imitazione": infatti, di quelle cose che nella realtà vediamo con pena, proviamo invece piacere a contemplare le immagini più accurate, ad esempio, le forme degli animali meno apprezzati e dei morti. Causa anche di questo è che l'apprendere è la cosa più piacevole, non solo per i filosofi, ma anche per gli altri, benché ne partecipino in misura minore. Per questo, quindi, proviamo piacere a guardare le immagini: perché, contemplandole, accade che apprendiamo e sillogizziamo su cos'è ciascuna cosa, ad esempio che questo è quello. Giacché, se per caso "qualcosa" non sia mai stato visto prima, non produrrà piacere in quanto immagine imitativa, ma per la foggia, il colore, o per altre cause del genere. Essendo noi portati per natura all'imitare, all'armonia e al ritmo (i metri, infatti, è chiaro che sono parti del ritmo), all'inizio coloro che in queste cose tendevano verso il grado sommo, a poco a poco hanno dato luogo alla poesia, progredendo dalle iniziali improvvisazioni. La poesia si suddivise in base ai caratteri propri "dei poeti": i più nobili imitavano le azioni belle e di persone siffatte, mentre i più volgari le azioni di quelli di scarso valore, componendo soprattutto invettive, come gli altri componevano inni ed encomi»). La traduzione è tratta da Aristotele, *Poetica*, ed. Guastini, pp. 53-55.

> Sono adunque, discrete donne, stati alcuni che, queste novellette leggendo, hanno detto che voi mi piacete troppo e che onesta cosa non è che io tanto diletto prenda di piacervi e di consolarvi [...]. E molti [...] dicono che io farei più saviamente a starmi con le Muse in Parnaso che con queste ciance mescolarmi tra voi [...]. Ma avanti che io venga a far la risposta a alcuno, mi piace in favor di me raccontare, non una novella intera [...] ma parte d'una. Un cittadino [...] sen'andò sopra Monte Asinaio e quivi in una piccola celletta se mise col suo figliolo, col quale di limosine in digiuni e orazioni vivendo, sommamente si guardava [...] d'alcuna temporal cosa sempre della gloria di vita eterna e di Dio e d' santi gli ragionava. [...] Ora avvenne che avendovi a andare [*scil.* a Firenze], seco il menò. [...] Per avventura si scontrarono in una brigata di belle giovani e ornate [...] le quali come il giovane vide, così domandò il padre che cosa quelle fossero [...]. Il padre, per non destare nel conscupiscibile appetito del giovane alcuno inchinevole desiderio men che utile, non le volle nominare per lo proprio nome, cioè femine e disse : «elle si chiaman papere» [...] E egli [il figlio] allora il disse : «Io non so che voi vi dite, né perché queste sien mala cosa: quanto è, a me non è ancora paruta di vedere alcuna cosa più bella [...] Deh ! se vi cal di me, fate che noi ce ne meniamo una colà sù di queste papere, e io le darò da beccare. [...] Dicono adunque alquanti [...] che io fo male, ingegnandomi di piacervi, e che voi troppo piacete a me. Le quali cose apertamente io confesso [...] e domandogli se di questo essi si maravigliano [...] quando colui che nudrito, allevato, accresciuto sopra un monte selvatico e solitario [...] come vi vide, sole da lui desiderate foste. [...] Che io con le Muse in Parnaso mi debba stare. Affermo che è buon consiglio [...]: le Muse son donne.[54]

Accusato dai detrattori di amare le donne invece delle Muse, come sarebbe proprio del poeta, Boccaccio si difende istituendo un parallelismo non chiaro per il lettore moderno tra il fatto etico – la naturale disposizione ad amare le donne, che la novella delle papere mostra più forte dell'abito solitario acquisito per via di rimozione delle passioni – e il fatto poetico, cioè la propria disposizione per la letteratura. Il parallelismo è risolto da Boccaccio in identità: amare le donne equivale ad amare le Muse poiché le Muse sono donne. Che cosa vuol dire?

Il nesso si spiega alla luce del primo punto della *Poetica* sopra schematizzato: l'amore per le donne è un'inclinazione naturale come quello per la letteratura. In base al secondo punto della *Poetica* sopra menzionato, il piacere della rappresentazione artistica è nella corrispondenza tra immagi-

54. Giovanni Boccaccio, *Decameron*, introduzione alla IV giornata, 5-35, pp. 686-695.

ni e cose e nel *metaforizare* a ciò connesso.[55] Le Muse sono donne perché la *res* che la novella delle papere dimostra più vera e forte è il mondo instabile delle passioni naturali, da cui nasce anche la poesia.

L'elogio boccacciano della poesia come imitazione della natura e della contingenza è innovativo, come ha sottolineato Johannes Bartuschat.[56] Aggiungo che quest'innovazione appare sostenuta da grande consapevolezza culturale poiché sembra ribaltare in positivo la raffigurazione platonica dell'imitazione poetica già vista al cap. 1, § 3. Ecco il poeta boccacciano imitatore della natura:

> Si symia dicerent eos [poetas] esse nature, posset forte equiore animo tolerare, cum pro viribus, quicquid ipsa, quicquid eius opera ratione operantur perpetua, poeta celebri conatur describere carmine.
> Quod si intueri velint isti, videbunt formas, mores, sermones et actus quorumcunque animantium, celi syderumque meatus, ventorum fragores et impetus, flammarum crepitus, sonoros undarum rumores, montium celsitudines et nemorum umbras atque discursus fluminum adeo apte descriptos, ut ea ipsa parvis in licterulis carminum inesse arbitrentur. In hoc ego poetas esse symias confitebor, quod ego honorabilissimum reor opus, in id scilicet arte conari, quod agit natura potentia.[57]

55. Aristotele, *Poetica*, 1459, versione di Guglielmo di Moerbeke, p. 29: «Est autem magnum quidem unoquoque dictorum decenter uti, et duplis nominibus et linguis, multo autem maius metaforicum esse. Solum enim hoc [*scil.* metaforizare] neque ab alio est accipere, estque signum eufye; namque bene metaforizare est simile considerare». Il lessico impiegato nella versione latina medioevale, non chiaro per il lettore moderno, corrisponde però perfettamente al passo originale greco, e dunque alla versione italiana dell'ed. Guastini, p. 99, che qui riproduco: «È importante usare in modo appropriato ciascuna delle forme suddette, dai nomi duplici alle glosse, ma molto più importante è essere capaci di fare metafore. Ciò è la sola cosa che non è possibile ricevere da altri ed è segno di buona natura, giacché fare buone metafore significa saper vedere ciò che è simile».

56. Nel bell'articolo di Johannes Bartuschat, *«I poeti non sono le scimmie dei filosofi»: osservazioni sul rapporto tra poesia e filosofia nelle «Genealogiae deorum gentilium»*, in *Boccaccio: gli antichi e i moderni*, a cura di Anna Maria Cabrini e Alfonso D'Agostino, Milano, Ledizioni, 2018, pp. 47-65, il tema della poesia come imitazione della natura è analizzato largamente, ma senza menzionare il suo rapporto con la *Poetica* aristotelica, che pure lo fonda.

57. Giovanni Boccaccio, *Genealogiae deorum gentilium*, XIV, 17, 5, pp. 1468-1469: «Se dicessero che [i poeti] sono scimmie della natura, si potrebbe forse con animo più sereno tollerarlo; dal momento che il poeta si sforza di descrivere in versi, secondo le sue forze, ciò che la natura opera e ciò che si fa per operazione sua, con regole eterne. Se costoro vorranno ciò riguardare, vedranno che le forme, i costumi, le parole e gli atti di tutte le creature animate, i corsi dei cieli e degli astri, gli impetuosi fragori dei venti, il crepitio delle fiamme,

Esattamente allo stesso modo, cioè come imitazione di un ampio paesaggio naturale, Platone aveva raffigurato l'opera dell'artista mimetico, sottolineandone però l'illusorietà:

- Questo stesso artigiano [il poeta e il pittore] non solo è capace di fabbricare ogni oggetto, ma fa anche spuntare tutte le piante dalla terra e crea tutti gli esseri viventi, compreso se stesso, e oltre a ciò crea la terra, il cielo, gli dèi e tutto quanto sta nel cielo e sottoterra nell'Ade.
- Il tuo è un sofista davvero prodigioso! -, esclamò.
[...] - Non è difficile -, risposi: - si tratta di una realizzazione frequente e veloce, anzi velocissima, se vuoi prendere uno specchio e girarlo in ogni direzione [εἰ 'θέλεις λαβὼν κάτοπτρον περιφέρειν πανταχῇ]; rapidamente creerai il sole e i corpi celesti, la terra, te stesso e gli altri esseri viventi, gli oggetti, le piante e tutto ciò che abbiamo menzionato poco fa.
- Sì -, disse, - apparenze, non dotate però di una realtà effettiva [φαινόμενα, οὐ μέντοι ὄντα γέ που τῇ ἀληθείᾳ].[58]

Che la condanna platonico-boeziana della contingenza e della sua rappresentazione, morale e gnoseologica a un tempo, sia il bersaglio del discorso boccacciano è d'altronde provato dalla riabilitazione del *ludus fortune* che Boezio aveva dichiarato pura immagine evanescente, riscritto in modo da divenire la forza più solida e strutturale della realtà che la letteratura possa rivelare. Ogni forma di affabulazione e finzione umana – qualunque *anilis fabula* – secondo Boccaccio ha il valore fondamentale di mostrare il gioco della fortuna, evocato proprio attraverso le parole con cui Boezio lo aveva condannato (*ridere*, *ludus*, *uires*, *monstrare*):

Taceant ergo blateratores inscii, et obmutescant superbi, si possunt, cum, ne dum insignes viros, lacte Musarum educatos et in laribus phylosophie versatos, atque sacris duratos studiis, profundissimos in suis poematibus sensus apposuisse semper credendum sit, sed etiam nullam esse usquam tam delirantem aniculam, circa foculum domestici laris una cum uigilantibus ibernis noctibus fabellas orci, seu fatarum, vel lamniarum, et huiusmodi, ex quibus sepissime inventa conficiunt, fingentem atque recitantem, que sub pretextu relatorum non sentiat aliquem iuxta vires sui modici intellectus sensum mi-

i sonori mormorii delle onde, le altezze dei monti e le ombre dei boschi e lo scorrere dei fiumi sono così ben descritti, che quegli stessi fenomeni paiono essere collocati nelle poche lettere delle poesie. In ciò io ammetterò che i poeti sono scimmie; ed anzi ritengo azione del tutto onorevole sforzarsi di imitare quello che la natura opera con la sua potenza».

58. Platone, *Repubblica*, X, 696 d-c. Per l'esame del passo e l'originale greco si veda cap. 1, § 3.

nime quandoque ridendum, per quem uelit aut terrorem incutere parvulis, aut oblectare puellas, aut senes ludere, aut saltem fortune vires ostendere.[59]

Boccaccio riprende chiaramente le espressioni boeziane qui di seguito sottolineate:

sic illa [*scil.* Fortuna] ludit, sic suas probat uires
magnumque subitis monstrat ostentum.
[...] Haec nostra uis est, hunc continuum ludum ludimus: rota uolubili orbe uersamus, infima summis, summa infimi mutare gaudemus. Ascende si placet, sed ea lege, ne uti, cum ludicri mei ratio poscet, descendere iniuriam putes.[60]

La pertinenza platonica del discorso emerge in forma particolarmente interessante proprio nella critica boccacciana alla condanna moralistica delle Muse mondane.

Si è accennato che nella *Repubblica* alla varietà del reale, *res non imitanda*, è opposto come *res imitanda* l'uomo «onesto» (*honestus* < ἐπιεικής).

Negli autori latini di ispirazione platonica, ad esempio in Apuleio, quest'opposizione è continuata dalla coppia di aggettivi *honestum* / *turpe*,[61]

59. Giovanni Boccaccio, *Genealogiae deorum gentiulium*, XIV, 10, 7, pp. 1422-1423: «Tacciano adunque questi cianciatori ignoranti e ammutoliscano, se possono, i superbi, poiché è da credere che, non solo gli uomini illustri, nutriti dal latte delle Muse e vissuti nelle case della filosofia e temprati dagli studi sacri, abbiano sempre messo profondissimi significati nei loro poemi, ma anche che non ci sia in alcun luogo così delirante vecchietta, attorno al focherello di casa, a veglia insieme con altri, nelle notti invernali, che inventi e racconti favole di orchi, di fate o di streghe o simili (di cui molto spesso sono piene quelle favole), senza sentire, sotto l'ornamento dei racconti – e secondo le forze del suo modesto intelletto – un significato, talvolta per nulla da riderne, per il quale voglia, o incutere paura ai fanciulli, o dilettare le donzelle, o prendere in giro i vecchi, o almeno mostrare il potere della Fortuna». Per la lettura di questo passo come per molti altri temi connessi alla riflessione boccacciana sulla poesia in dialogo con Petrarca ci sono riflessioni notevoli in Luca Fiorentini, *Per Benvenuto da Imola. Le linee ideologiche del commento dantesco*, Bologna, il Mulino, 2015. Si veda tutto il cap. 2 e in particolare l'ultimo paragrafo.

60. Boezio, *Consolatio philosophiae*, II, m. 1, 7-9 e pr. 2, 9-10, pp. 42-45: «Gioca [la Fortuna], così, e delle forze sue fa prova, / e gran prodigio mostra che sia se uno / si vede nella stessa ora abbattuto e felice. / [...] Questa è la nostra forza, giochiamo questo gioco ininterrotto: facciamo girare la ruota in circolo, godiamo nel cambiare posto alle cose portando le più basse in alto, le più alte in basso. Sali, se vuoi, ma a questo patto, che tu non consideri un'offesa scendere, quando lo richieda la regola del mio gioco».

61. Apuleio, *De platone et eius dogmate*, III, 222-24: «Hominem [...] neque absolute malum neque bonum nasci, sed ad utrumque proclive ingenium eius esse; [...] quare praeter cetra induci ad hoc eos oportere, ut sciant quae sequenda fugiendaque sint, esse *honesta et turpia*, plena illa voluptatis et laudis haectenus dedecoris ac turpitudinis; ho-

terminologia chiaramente distinta da quella che nella *Poetica* aristotelica come abbiamo detto indica, in evidente svolgimento dell'opposizione platonica, le *res* e i *mores studiosos* < σπουδαίους / *meliores* < βελτίονας oppure *pravos* [φαύλους] / *peiores* [χείρονας] che storicamente sono oggetto di lode o di vituperio in poesia.[62]

L'opposizione platonica tra le disoneste Muse della contingenza e quelle oneste della verità filosofica conosce interessanti svolgimenti in epoca medioevale: in merito a ciò che è turpe e ciò che è onesto in poesia lo svolgimento di Averroè documenta – a prescindere dalla sua mancata circolazione latina – la menzione delle donne e dei racconti di pertinenza femminile come esempio del *turpe* mondano.[63]

L'antitesi terminologica di origine platonica, giunta a Boccaccio, se non altro, per via apuleiana,[64] è impiegata dai detrattori che criticano la

nesta eadem, queae sunt bona, confidenter optare nos oportere» («L'uomo [...] non nasce in assoluto né buono né cattivo, ma il suo ingegno è ugualmente predisposto ad entrambi gli esiti; [...] per questo è opportuno indurli [gli uomini] a ciò, affinché sappiano che ciò è da fuggire e ciò che è da perseguire è l'onesto e il turpe e che questo è pieno di piacere, di elogio dell'osceno e della turpitudine, mentre l'onesto, consistente in tutto ciò che è buono, è da seguire con fiducia»).

62. Al passo sugli stili encomiastici e di vituperio da cui nascono tragedia e commedia citato nella nota 31 va aggiunto Aristotele, *Poetica*, I, 2 1448 a, versione Guglielmo di Moerbeke, p. 4: «Quoniam autem imitatantes imitantur agentes, necesse autem hos aut *studiosos* [σπουδαίους] aut *pravos* [φαύλους] esse (mores nam fere semper hiis assecuntur solis, malitia enim et virtute secundum mores differunt omnes) aut *meliores* [ἤτοι βελτίονας] quam secundum nos aut *peiores* [χείρονας] aut et tales» («Poiché gli imitatori imitano persone che agiscono, ed è necessario che queste siano o serie o di poco valore – i caratteri, infatti, obbediscono quasi sempre a questi soli "tipi"; e, quanto ai caratteri, tutti differiscono per malvagità o per virtù –, ossia o migliori rispetto a noi, o peggiori o dello stesso genere»); σπουδαίους sono le *res* della tragedia, φαύλους quelle della commedia in 1449 b.

63. Averroè, commento alla *Repubblica* di Platone, I, xii, *ad* 395d, p. 132: «It is not proper that the most worthy men should imitate the actions of women crying out in their labour, or having intercourse with their husbands». Ivi, I, xiii, *ad* 396, p. 133: «Rather, is it fitting to allow the poets in this State to describe tales of women», passo di cui è notevole la traduzione cinquecentesca di Giacobbe Mantino citata in nota 2, p. 133: «nonnullarum mulierum probarum quidem, et orationes, et ea quae ad exemplum pertinent, referre concedamus».

64. Il *De Platone* apuleiano è citato da Boccaccio in *Genealogie deorum gentilium*, I, 15, 2 e XI, 1, 19. Sulla copia appartenuta e postillata da Petrarca (Vat. Lat. 2193) tra il 1340 e il 1343 e poi il 1347 e il 1350 si veda Caterina Tristano, *Le postille del Petrarca nel Vaticano Lat. 2193* (*Apuleio, Frontino, Vegenzio, Palladio)*, in «Italia medioevale e umanistica», XVII (1974), pp. 365-468, con edizione delle postille. Su Boccaccio lettore di Apuleio si veda Maurizio Fiorilla, *La lettura apuleiana del Boccaccio e le note ai manoscritti laurenziani 29, 2 e 54, 32*, in «Aevum», LXXIII (1999), pp. 635-668 (da integrare

passione boccacciana per le donne nell'introduzione alla IV giornata e poi nell'opposizione tra Muse oneste e disoneste che compare nelle *Genealogiae* e nelle *Esposizioni*.

I detrattori di Boccaccio evocati nell'introduzione alla IV giornata dicono «non [...] onesto» che il poeta ami le donne e non le Muse. La risposta boccacciana per cui le Muse sono donne vanifica il piano moralistico e afferma quello artistico e mimetico, cioè il rapporto tra *imago* poetica e *res imitata*, tra immagine e realtà rappresentata. Nelle *Genealogiae* Boccaccio oppone *turpe* e *honestum* esponendo l'interpretazione tradizionale delle *meretricule* boeziane[65] che viene poi genialmente disinnescata nelle *Esposizioni* in quanto la disonestà non pertiene alle Muse ma alla cattiva letteratura e ai cattivi poeti:

> Nelle quali parole si può comprendere non essere altre Muse, quelle della Filosofia, che quelle de' comici disonesti e degli elegiaci passionati, ma essere d'altra qualità l'artefice, il quale questo istrumento dee adoperare. Non adunque nel disonesto appetito di queste Muse, le quali chiama la Filosofia «meretricule», sono vituperate le Muse, ma coloro che in disonesto essercizio l'adoperano.[66]

Il punto di vista moralistico tradizionale è oggetto di diretta rappresentazione e affabulazione nel *Corbaccio*, testo che va considerato non come documento di un improbabile ripiegamento boccacciano su temi moralistico-religiosi[67] ma come ulteriore rappresentazione di forze e di punti di vista già impietosamente resi nel *Decameron*.

per il Laur. 29, 2 con David Speranzi, Maurizio Fiorilla, scheda n. 65, in *Boccaccio autore e copista*, a cura di Teresa De Robertis *et al.*, catalogo della mostra: Firenze, Biblioteca Medicea Laurenziana, 11 ottobre 2013 - 13 gennaio 2014, Firenze, Mandragora, 2013, pp. 350-353, e per il Laur. 54, 32 con Maurizio Fiorilla, scheda n. 61, in *Boccaccio autore e copista*, pp. 341-343); Attilio Bettinzoli, *Boccaccio, Apuleio e le Genealogie deorum gentilium*, in *Boccaccio letterato*, atti del convegno internazionale (Firenze-Certaldo, 10-12 ottobre 2013), a cura di Michelangiola Marchiaro e Stefano Zamponi, Firenze, Accademia della Crusca, 2015, pp. 365-379; Igor Candido, *Boccaccio umanista: studi su Boccaccio e Apuleio*, Ravenna, Longo, 2014.

65. L'interpretazione tradizionale delle Muse *scaenicae meretriculae* è riportata e discussa in Giovanni Boccaccio, *Genealogie*, XIV, 20. Si segnala in questo passo l'opposizione *honestum* / *turpe* già segnalata in Apuleio.

66. Giovanni Boccaccio, *Esposizioni sopra la Comedia di Dante*, I i 106-111, pp. 42-43.

67. Questa lettura dell'ultimo Boccaccio vuole ridurre l'autore al modello petrarchesco, tendenza inaugurata da Petrarca stesso con la riscrittura in chiave edificante della novella di Griselda.

Nel *Corbaccio* è la voce dei moralistici detrattori delle donne a definire l'amore come la quintessenza dell'instabilità della fortuna («cosa senza ragione e senza ordine e senza stabilità alcuna, vizio delle menti non sane e sommergitrice della umana libertà»). Presso costoro «ragionare delle volubili operazioni di Fortuna» porta solo a biasimare l'errore di quelli che la considerano «cosa stabile» e «le malvage femmine» che si vogliono «assimigliare alle Muse»: a parlare, qui, sono insomma uomini affini a coloro che avevano criticato il *Decameron* accusando il suo autore di amare le donne invece delle Muse.

Per Boccaccio la *scena* reale e letteraria che ospita tanto la rappresentazione delle passioni quanto quella dei loro moralistici detrattori non è più *imago vanitatis* come per Boezio, ma campo di forze reali – il moralismo imperante è una di queste – da tratteggiare e leggere in chiave fattuale. Il *Corbaccio*, insieme all'imponente studio sulla letteratura misogina dell'ultimo Boccaccio, non può che essere parte dello stesso grandioso progetto di rappresentazione della realtà e delle sue immagini da cui è nato il *Decameron*.

6. Medioevo e lunga durata

1. *Un'altra idea di* mimesis

Il discorso platonico sulla poesia della contingenza rielaborato da Boezio comporta e rende visibile a noi un'altra idea di *mimesis*, in cui la rappresentazione non è immagine dell'oggetto ma piuttosto traccia già evanescente del suo passaggio.

L'evanescenza del mondo nella *Consolatio* boeziana, l'incertezza e la fantasmaticità dell'oggetto che domina il mondo di Petrarca, il continuo gioco di specchi in cui l'oggetto si perde e duplica sé stesso nel *Roman de la Rose* e nella tradizione inglese dipendente dal poema (la *House of Fame* di Chaucer, il *Piers Plowman* di William Langland)[1] suggeriscono, rivelano e compongono un tema degno di entrare in un'ideale aggiornamento dello schedario dedicato da Ernst Robert Curtius ai *topoi* classici che il Medioevo ha trasformato e collocato alle radici delle letterature moderne.[2]

Il concetto di *mimesis* poetica nella lunga durata letteraria[3] si deve a Meyer Howard Abrams, che nel notissimo *Lo specchio e la lampada* (1953) la simboleggia nell'immagine platonica dello specchio:

1. Si veda su questo tema e sulla trasmissione di esso dalla Rose alla tradizione inglese Marco Nievergelt, *L'ombre de Faux Semblant: fiction, tromperie, et vérité dans la poésie allégorique après le Roman de la Rose*, in «Philosophical Readings», 12/1 (2020), pp. 161-171, e Id., *Medieval Allegory as Epistemology. Dream-Vision Poetry on Language, Cognition, and Experience*, Oxford, Oxford University Press, 2023.

2. Mi riferisco naturalmente al classico Curtius, *Letteratura europea e Medioevo latino*.

3. Sul concetto di *mimesis* in una prospettiva estetica di lunga durata è essenziale Halliwell, *L'estetica della mimesis*, da combinare al classico Hermann Koller, *Die Mimesis in der Antike*, Bern, Francke, 1954.

> Il titolo del libro, *Lo specchio e la lampada*, identifica due comuni e antitetiche metafore della mente umana: l'una la paragona a un riflettore di oggetti esterni, l'altra ad un proiettore luminoso che apporta un contributo proprio agli oggetti che percepisce. La prima di queste metafore è tipica, in genere, del pensiero da Platone fino al secolo XVIII; la seconda caratterizza la concezione romantica dello spirito poetico.[4]

Nell'identificare la nozione di *mimesis* con quella di riproduzione dell'immagine di un oggetto e il suo superamento con la cultura romantica, Abrams ripete e adotta il punto di vista di quest'ultima. Secondo uno dei testi fondamentali dell'estetica romantica, la *Philosophical Enquiry into the Origins of Our Ideas of the Sublime and Beautiful* (Londra, 1757) di Edmund Burke, con la poesia «we don't imitate reality but we produce new images, we unite, we create».[5]

Come i romantici, Abrams identifica il concetto di *mimesis* poetica con una sua forma specifica, quella cioè della riproduzione dell'oggetto racchiusa nella formula oraziana «ut pictura poesis» (*Ars poetica*, 361), di origine aristotelica,[6] certo, ma impoverita e banalizzata nella precettistica poetica cinque-secentesca.[7] Lo studioso generalizza quest'idea riferendola anche al pensiero prearistotelico, e in particolare a Platone, dal quale trae infatti la metafora dello specchio impiegata nel titolo.

Proprio in merito a quest'immagine, Abrams osserva significativamente che lo specchio non è ben scelto da Platone poiché in esso l'immagine è instabile (*fleeting*). Per questo motivo il filosofo gli affiancherebbe l'immagine del pittore:

> Spiegando questa concezione della poesia nella *Repubblica*, Platone stesso si riferisce prima alle immagini di uno specchio, poi all'opera di un pittore e

4. Meyer Howard Abrams, *Lo specchio e la lampada: la teoria romantica e la tradizione critica*, a cura di Giovanna Capone, Bologna, il Mulino, 1976 (ed. or. Oxford 1953), p. 18.

5. Edmund Burke, *A Philosophical Enquiry into the Origin of Our Ideas of the Sublime and Beautiful*, ed. James T. Boulton, Notre Dame, University of Notre Dame Press, 1958, p. 18 («non imitiamo la realtà ma produciamo nuove immagini, combiniamo, creiamo»). Il testo è disponibile in recentissima, accurata versione italiana (Edmund Burke, *Indagine filosofica sull'origine delle nostre idee di sublime e di bello*, a cura di Chiara Serani, Milano, Theoria, 2024).

6. Il paragone è in Aristotele, *Poetica*, 1447 a 18, 1448 a 5, 1454 a 9, 1460 b 8.

7. Resta inevitabile su questo il riferimento al classico Galvano Della Volpe, *Poetica del Cinquecento. La Poetica aristotelica nei commenti essenziali degli ultimi umanisti italiani*, Bari, Laterza, 1954.

applica infine le distinzioni tratte da tali illustrazioni per definire il carattere mimetico della poesia. La progressione è significativa. Lo specchio soffre, quale analogia per la poesia, del grave difetto che le sue immagini sono fuggevoli e instabili [*fleeting*].[8]

In realtà è Abrams ad aver mal scelto l'immagine platonica per il proprio titolo, magari sollecitato dalla sua fortuna shakesperiana (*Hamlet*, III, 2, 20: «the purpose of playing [...] is to hold as 'twere the mirror up to nature»): lo specchio platonico comporta, come abbiamo visto, l'instabilità dell'immagine poiché non riflette l'oggetto ma il suo divenire.

Già negli anni Venti del Novecento uno degli esponenti dell'imagismo americano, William Carlos Williams (*Spring and all*, 1923), aveva obiettato allo specchio rivolto alla natura in *Hamlet* le idee che saranno poi di Abrams:

He [Shakespeare] holds no mirror up to nature but with his imagination rivals nature's composition with his own. [...] Poetic imagination produces poems, pictures and cathedrals as nature produces trees, clouds and crocodiles.[9]

Com'è noto, nel 1916 Vicente Huidobro aveva radicalizzato la posizione romantica in una forma di assoluto "creazionismo" poetico:

Por qué cantáis la rosa, ¡oh Poetas!
Hacedla florecer en el poema;
Sólo para nosotros
Viven todas las cosas bajo el Sol.
El Poeta es un pequeño Dios.[10]

Il giudizio romantico si è puntualmente riflesso sugli studi platonici, nel corso dei quali il filosofo è stato

8. Ivi, p. 65. Ho lievemente rivisto la traduzione dell'ed. citata al fine di una maggiore aderenza all'originale.

9. William Carlos Williams, *Spring and all*, facsimile of the original 1923 edition, New York, New Directions Publisher, 2011, p. 208 («Egli [Shakespeare] non porge alcuno specchio alla natura, ma la sua immaginazione pone in gara con la creazione naturale la propria. [...] L'immaginazione poetica produce poemi, figure e cattedrali come la natura produce alberi, nuvole e coccodrilli»).

10. «Perché cantate la rosa, Poeti! / fatela fiorire nella poesia; / solo per noi / vivono le cose sotto al Sole. / Il Poeta è un piccolo Dio». Il testo è parte della prima raccolta *El espejo de agua* (1916) compresa oggi nell'edizione critica dell'opera dell'autore (Vicente Huidobro, *Obra poetica*, ed. critica, coordinator Cedomil Goic, Madrid, editorial Unesco, 2003); esiste una recente e meritoria versione italiana (Vicente Huidobro, *Lo specchio d'acqua, Equatoriale, Poemi artici,* traduzione di Gianni Darconza, Rimini, Raffaelli editore, 2020).

accusato di rappresentare l'arte sul modello della scienza, che deve copiare la natura più realisticamente possibile e di avere dimenticato che la vera arte non riproduce una realtà esistente ma ne crea una nuova dalla fantasia dell'artista, e che è il carattere spontaneo di questa espressione a garantire l'indipendenza delle qualità puramente estetiche.[11]

La storia del concetto di *mimesis* è stata scritta insomma prima dalle poetiche controriformistiche di ispirazione aristotelica che affermavano l'imitazione dell'oggetto e poi dalla negazione di tutto questo in nome del creazionismo poetico di origine romantica.

La linea platonico boeziana medioevale, centrata sul carattere illusorio e fantasmatico dell'immagine, dunque sulla sua radicale temporalità, è stata sostanzialmente cancellata ma si rivela anticipatrice di motivi otto-novecenteschi: la natura epifanica dell'oggetto, il recupero orfico del vissuto e la natura elegiaca di ogni poesia del mondo. L'integrazione / correzione della prospettiva di Abrams è particolarmente importante, visto che a questa si richiama la migliore e più recente critica dedicata al concetto leopardiano di imitazione.[12]

2. *Poesia come elegia e catabasi*

Sviluppando una suggestione platonica, Boezio afferma la natura radicalmente elegiaca della poesia del mondo.

Si tratta di un punto cruciale in ambito novecentesco, affermato esplicitamente da Benedetto Croce, per il quale la poesia è, sempre, il sottrarsi

11. Traduco Willem Jacob Verdenius, *Mimesis. Plato's Doctrine of Artistic Imitation and Its Meaning to Us* [1949], Leiden, Brill, 1962, p. 2: «He is accused of fashioning art after the pattern of science, which has to copy nature as truly as possible. He is said to have forgotten that true art does not copy an existing reality, but that it creates a new reality arising form the artist's own phantasy, and that it is the spontaneous character of this expression which garantees the independent value of pure aesthetic qualities».

12. Basti citare Valerio Camarotto, *Imitazione*, in *Lessico Leopardiano 2016*, a cura di Novella Bellucci, Franco D'Intino e Stefano Gensini, Roma, Sapienza Università Editrice, 2016, pp. 47-56, ripreso e ampliato in Id., *Leopardi e l'imitazione: sondaggi lessicali nello «Zibaldone»*, in *L'Italianistica oggi: ricerca e didattica*, atti del XIX Congresso dell'ADI - Associazione degli Italianisti (Roma, 9-12 settembre 2015), a cura di Beatrice Alfonzetti, Teresa Cancro, Valeria Di Iasio ed Ester Pietrobon, Roma, Adi editore, 2017 (https://www.italianisti.it/pubblicazioni/atti-di-congresso/laitalianistica-oggi-ricerca-e-didattica).

dell'esperienza, l'immagine di ciò che è vissuto e perduto, ed è dunque caratterizzata da una malinconia di tipo elegiaco.[13]

Nella prima metà del Novecento questo motivo si lega a una forte ripresa del motivo della catabasi di Orfeo – dalla trilogia orfica di Cocteau (1930-1960) alle riflessioni su Orfeo di Blanchot.[14] Ma il tema giganteggia soprattutto nei *Sonetti ad Orfeo* (1922) di Rainer Maria Rilke.[15]

I temi rilkiani, in particolare l'inversione della temporalità lineare nella discesa tra i morti e poi nel ritorno alla vita della *kore*[16] – la giovanissima defunta Wera Oukama Knoop, dedicataria della raccolta – che reca nello splendore epifanico e inafferrabile della propria giovinezza la cifra della caducità naturale, hanno un forte impatto in Europa. L'esempio italiano più complesso di tutto questo è costituito dal mondo letterario di Giorgio Bassani, dove la *kore* luminosa e presaga di morte è il cuore poetico del *Giardino dei Finzi Contini*, mentre il poeta che scende tra i morti per risalirne diviene la figura della poesia che sopravvive alla distruzione bellica.

La catabasi del poeta è infatti per Bassani simile a quella del reduce dal lager incarnato da Geo Josz, protagonista di *Una lapide in via Mazzini* (1952):

> Geo Josz è morto, è andato là donde non si torna, ha visto un mondo che soltanto un morto può aver visto. Miracolosamente torna, però, di qua. E i poeti, loro, che cosa fanno se non morire, e tornare di qua per parlare?[17]

13. Benedetto Croce, *La poesia* [1936], Milano, Adelphi, 1994, p. 23: «A rendere l'impressione che la poesia lascia di sé nelle anime, è affiorata spontanea sulle labbra la parola "malinconia" [...], lo svanire delle passioni che insieme col dolore apportano non sol qual voluttuoso tepore [...]. La poesia è stata messa accanto all'amore ma è piuttosto il tramonto dell'amore, se la realtà tutta si consuma in passione d'amore: il tramonto dell'amore nell'euthanasia del ricordo. Un velo di mestizia par che avvolga la Bellezza, e non è velo, ma il volto stesso della Bellezza».

14. Maurice Blanchot, *L'éspace littéraire*, Paris, Editions Gallimard, 1955, p. 215.

15. Tradotti in italiano per la prima volta da Giaime Pintor (prima in rivista e poi in Rainer Maria Rilke, *Poesie*, Torino, Einaudi, 1942). Su Bassani lettore di Rilke si veda Alessandro Baldacci, *Giorgio Bassani e la "ricerca del dolore"*, in «Critica letteraria», 75 (2017), pp. 317-328.

16. Cfr. Carl Gustav Jung, *Aspetto psicologico della figura di Core* [1941], in Id., *Opere*, vol. IX, t. 1, Torino, Bollati Boringhieri, 1983, pp. 175-197. Si veda sul tema Furio Jesi, *Esoterismo e linguaggio mitologico*, Macerata, Quodlibet, 2002.

17. Giorgio Bassani, *Un'intervista inedita* [1991], in Id., *Opere*, a cura di Roberto Cotroneo, Milano, Mondadori, 1998, p. 1344.

L'immagine bassaniana è affine a quella della lingua poetica che attraversa le tenebre della morte per poi riaffiorare alla luce, usata nel 1958 da Paul Celan per rispondere a una questione strettamente postbellica e affermare che la poesia dopo Auschwitz è non solo possibile, ma più ricca di quanto non fosse prima:

> Raggiungibile, vicina e non perduta in mezzo a tante perdite, una cosa sola: la lingua. / La lingua, essa sì, nonostante tutto, rimase acquisita. Ma ora dovette passare attraverso tutte le risposte mancate, passare attraverso un ammutolire orrendo, passare attraverso le mille e mille tenebre di un discorso gravido di morte. Essa passò e non prestò parola a quanto accadeva; ma attraverso quegli eventi essa passò. Passò e le fu dato di riuscire alla luce, "arricchita" da tutto questo. / Con questa lingua, in quegli anni che seguirono, io ho tentato di scrivere poesie: per parlare, per orientarmi, per accertare dove mi trovavo e dove stavo andando, per darmi una prospettiva di realtà.[18]

Con questa immagine Celan aveva infatti assunto una posizione opposta a quella espressa nel 1949 da Adorno, secondo cui dopo la Shoah ogni forma di poesia sarebbe stata impossibile.[19]

Attraverso il poeta che scende tra i morti per riconsegnarli ai vivi Bassani esprime non solo un sì alla possibilità della poesia dopo Auschwitz analogo a quello di Celan, ma una confutazione del no di Adorno in base all'affinità "sostanziale" tra lo statuto della parola poetica e quello del sopravvissuto, la quale risiede appunto nel percorso di catabasi e risalita che entrambi sperimentano.

Il paragone bassaniano, molto più tardo e quasi sicuramente indipendente da quello di Celan, svela il motivo e la fonte comune a entrambi: la tradizionale cifra orfica della poesia, che include nella sua genesi espres-

18. Paul Celan, *Allocuzione in occasione del conferimento del Premio Letterario della Libera Città anseatica di Brema*, in Id., *La verità della poesia. Il «Meridiano» e altre prose*, Torino, Einaudi, 2008.

19. Theodor Wiesengrund Adorno, *Critica della cultura e società* [1949], in Id., *Prismi. Saggi sulla critica della cultura*, trad. it. di Carlo Mainoldi, Torino, Einaudi, 1972, p. 22. In realtà più tardi Adorno preciserà che il senso della sua affermazione è di carattere morale e non estetico: «Forse dire che dopo Auschwitz non si può più scrivere una poesia è falso: il dolore incessante ha tanto il diritto ad esprimersi quanto il martirizzato ad urlare. Invece non è falsa la questione, meno culturale, se dopo Auschwitz si possa ancora vivere, specialmente lo possa chi vi è sfuggito per caso, e di norma avrebbe dovuto essere liquidato» (Theodor Wiesengrund Adorno, *Dialettica Negativa*, trad. it. di Carlo Donolo, Torino, Einaudi, 2004, p. 327).

siva la discesa nella morte – cioè nella perdita dell'oggetto – e il ritorno da essa.

La produzione di immagini del poeta malinconico, oggetto di ampia riflessione nell'Europa moderna (Montaigne, ma soprattutto Tasso: «a pena il malinconico ha tronco un pensiero che due ne sono subito nati in quella vece»),[20] è un «continuo sprofondamento» nella catabasi che «raccoglie, nella propria contemplazione, le cose morte per salvarle».[21]

3. *Le voci del mondo:* mimesis *come metamorfosi*

Come si è visto (cap. 1, § 4), nei lirici greci l'identificazione tra poeti e uccelli incarna la capacità della poesia di essere i suoni del mondo – la loro varietà, mutevolezza, molteplicità. Platone risponde a questa tradizione non solo condannando la mimesi lirica ma risemantizzando in senso metafisico la figura del poeta uccello: divino, alato, ispirato dal dio.

L'identificazione tra lirica e varietà dei suoni resiste, successivamente, nella tradizione enciclopedico grammaticale ed è presupposta dal «vario stile» petrarchesco (cap. 3, § 5), ma resiste anche la condanna moralistica della poesia mimetica espressa da Platone. Lodovico Casale, membro nel 1674 dell'Accademia Reale fondata a Roma da Cristina di Svezia, fa precedere le sue poesie da un *Discorso sul motivo ch'ebbe Platone d'escludere i poeti dalla sua Repubblica*, difendendo la posizione platonica: elogio della poesia della verità, cioè delle idee, e condanna della mimesi poetica del mondo e della natura. Il *Discorso* di Casale, presente nella biblioteca di Monaldo Leopardi, attribuisce la poesia mimetica appunto ai lirici:

> Resta nell'infimo luogo il fabro dell'imitazione, il quale invece di concepir l'Idee sovrane, per dare l'essere all'opere sue, si vale degli oggetti sottoposti al senso.

20. Torquato Tasso, *Dialoghi*, a cura di Bruno Basile, Milano, Mursia, 1991, p. 49. Sul tema si veda il classico Bruno Basile, *Poëta melancholicus. Tradizione classica e follia nell'ultimo Tasso*, Pisa, Pacini, 1984. Per malinconia e teoria delle passioni in Montaigne: Marcel Tetel, *Montaigne et Pétrarque: irrésolution et solitude*, in «Journal of Medieval and Renaissance studies», IV (1974), pp. 203-220; Maurice Merleau-Ponty, *Lecture de Montaigne* [1947], in Id., *Signes*, Paris, Gallimard, 1960, pp. 250-256.

21. È la notissima, geniale rappresentazione della malinconia di Walter Benjamin, *Origine del dramma barocco tedesco* [1925], nuova edizione italiana a cura di Alice Barale, prefazione di Fabrizio Desideri, Roma, Carocci, 2018, p. 216.

> Non diverso dal pittore si rende il Poeta, allorché per avventura tralasciando di riflettere sull'Idee dell'Artefice eterno, ristringe i suoi pregi nell'imitar quanto più possibile l'azioni umane, o buone, o male, che siano. [...] Ancora dura l'infame attrazione dei Teognidi e degli Anacreonti.[22]

È dunque in polemica coi platonici fautori di una poesia delle Idee come Casale[23] che Leopardi torna alla figura del poeta uccello: lo fa per sottrarla alla metafisica platonica e riportarla alla poesia mimetica, sensoriale e fisica «degli Anacreonti».

L'*Elogio degli uccelli*, il testo più misterioso delle *Operette morali*, è concluso infatti proprio dalla figura di Anacreonte desideroso di trasformarsi in ogni oggetto amato o desiderato dalla sua donna:

> In fine, siccome Anacreonte desiderava potersi trasformare in ispecchio per esser mirato continuamente da quella che egli amava, o in gonnellino per coprirla, o in unguento per ungerla, o in acqua per lavarla, o in fascia, che ella se lo stringesse al seno, o in perla da portare al collo, o in calzare, che almeno ella lo premesse col piede; similmente io vorrei, per un poco di tempo, essere convertito in uccello, per provare quella contentezza e letizia della loro vita.[24]

L'Elogio reagisce insomma alla fortuna sei-settecentesca del moralismo spiritualizzante con cui Platone rifiutò la poesia del mondo. Gli elementi antiplatonici già rilevati nell'operetta da Franco D'Intino trovano la loro ragione sostanziale nell'elogio leopardiano non tanto «della voce»,[25] quanto della mimesi poetica come adesione alla molteplicità

22. Lodovico Casale, *Poesie, con un discorso sul motivo ch'ebbe Platone d'escludere i poeti dalla sua Repubblica*, Roma, per Fabio di Falco, 1670, pp. xxix-xxxii, registrato nel *Catalogo della biblioteca Leopardi in Recanati (1847-1899)*, nuova edizione a cura di Andrea Campana, prefazione di Emilio Pasquini, Firenze, Olschki, 2011, a p. 91.

23. Il rilevante effetto su Leopardi delle «posizioni critiche [...] della primissima Arcadia, da Menzini a Gravina» ben documentato da Emilio Russo, *Leopardi e la tradizione letteraria tra Seicento e primo Settecento*, in «Atti e memorie dell'Arcadia», 7 (2018), pp. 261-283, a p. 274, deve dunque includere – in evidente dissenso – il *Discorso* di Casale. La poesia di quest'autore, e il suo eventuale effetto su Leopardi, resta da studiare, anche in relazione al tema platonico qui sollevato, in modo più approfondito.

24. Giacomo Leopardi, *Elogio degli uccelli*, in Id., *Operette morali*, a cura di Cesare Galimberti, Napoli, Guida, 1977, pp. 383-384.

25. Cfr. Franco D'Intino, *Elogio della voce*, in Id., *L'immagine della voce. Leopardi, Platone e il libro morale*, Venezia, Marsilio, 2009, pp. 19-76. Sulla critica leopardiana alle idee platoniche si veda anche Sonia Gentili, *Esilio e amor di patria: due "miti" nella storia*

materiale, sensoriale e sonora, della natura, la cui istanza non è tanto creativa quanto trasformativa: il poeta diventa il mondo, il suo mutevole esprimersi e manifestarsi.

Leopardi attinge così al significato antico della *mimesis*, cancellato prima dalle poetiche controriformistiche e poi da quelle romantiche.

In linea col ritorno all'origine "naturale" e corporea della poesia, insomma con la regressione del poeta alato di Platone al poeta-uccello dei lirici, anche la vicinanza tra poesia e natura, cioè l'instabilità, la molteplicità armonica e di immagini, sono esaltate da Leopardi e "tradotte" nelle caratteristiche fisiche degli uccelli.

È curioso che, pur essendo acquisita alla critica l'ispirazione platonica dell'operetta, non ne sia stato individuato il punto centrale, suggerito da Leopardi stesso, che assimila esplicitamente la vivacità degli uccelli all'immaginazione poetica:

> Per le quali considerazioni, parrebbe si potesse affermare che naturalmente lo stato ordinario degli altri animali, compresovi ancora gli uomini, si è la quiete; degli uccelli, il moto.
> A queste loro qualità e condizioni esteriori corrispondono le intrinseche, cioè dell'animo; per le quali medesimamente sono meglio atti alla felicità che gli altri animali. Avendo l'udito acutissimo, e la vista efficace e perfetta in modo che l'animo nostro a fatica se ne può fare una immagine proporzionata; per la qual potenza godono tutto giorno immensi spettacoli e variatissimi, e dall'alto scuoprono, a un tempo solo, tanto spazio di terra, e distintamente scorgono tanti paesi coll'occhio, quanti, pur colla mente, appena si possono comprendere dall'uomo in un tratto; s'inferisce che debbono avere una grandissima forza e vivacità, e un grandissimo uso d'immaginativa.
> Non di quella immaginativa profonda, fervida e tempestosa, come ebbero Dante, il Tasso; la quale è funestissima dote, e principio di sollecitudini e angosce gravissime e perpetue; ma di quella ricca, varia, leggera, instabile e fanciullesca; la quale si è larghissima fonte di pensieri ameni e lieti, di errori dolci, di vari diletti e conforti; e il maggiore e più fruttuoso dono di cui la natura sia cortese ad anime vive. Di modo che gli uccelli hanno di questa facoltà, in copia grande, il buono, e l'utile alla giocondità dell'animo, senza però partecipare del nocivo e penoso.[26]

leopardiana delle idee, in *La letteratura italiana e l'esilio* = «Bollettino di Italianistica», 2 (2011), pp. 217-228.

26. Leopardi, *Elogio degli uccelli*, pp. 378-380.

Non si tratta dunque dell'immaginazione epica, ma di quella «varia, leggera, instabile» e dei petrarcheschi «errori dolci» della lirica. Proprio dei lirici è infatti quel tipo di follia che non è affatto intuizione di verità divine come in Platone (Fedro, 174 c), ma visione dall'alto, come in volo, della terra e del suo immenso panorama. È insomma quel

> furore de' poeti lirici, che d'un'occhiata (perocché si vengono a trovare quasi in grandissima altezza) scuoprono tanto paese quanto non ne sanno scoprire i filosofi nel tratto di molti secoli.[27]

Leopardi riformula il ritratto del poeta alato tramutando in elementi fisici sia i caratteri metaforici attribuitigli da Platone (leggerezza, volo) sia quello artistico-mimetico datogli da Alcmane (cap. 1, § 4: discepolo del canto delle pernici e conoscitore delle «voci di tutti gli uccelli», «οἶδα δ'ὀρνίχων νόμως / πάντων») e trasformando la metafisica platonica della *theia mania* in una «follia non durabile», analoga, ma superiore, alle sbornie allegre degli uomini comuni:

> E crederei che la prima occasione e la prima causa di ridere, fosse stata agli uomini la ubbriachezza; altro effetto proprio e particolare al genere umano. Questa ebbe origine lungo tempo innanzi che gli uomini fossero venuti ad alcuna specie di civiltà; poiché sappiamo che quasi non si ritrova popolo così rozzo, che non abbia provveduto di qualche bevanda o di qualche altro modo da inebbriarsi, e non lo soglia usare cupidamente. Delle quali cose non è da maravigliare; considerando che gli uomini, come sono infelicissimi sopra tutti gli altri animali, eziandio sono dilettati più che qualunque altro, da ogni non travagliosa alienazione di mente, dalla dimenticanza di se medesimi, dalla intermissione, per così dire, della vita; donde, o interrompendosi o per qualche tempo scemandosi loro il senso e il conoscimento dei propri mali, ricevono non piccolo benefizio.[28]

Negli uomini comuni il riso è reazione al pianto, cioè non vera manifestazione di gioia ma piuttosto sbornia che consente la perdita della ragione e la dimenticanza del male; i poeti-uccelli, immersi nel piacere materiale del volo, del continuo movimento, della follia momentanea del canto gioioso, «pubblico» e capace dunque di indurre all'imitazione chi ascolta, sono stati creati dalla natura per dare agli uomini l'illusione della gioia:

27. Giacomo Leopardi, *Comparazione delle sentenze di Bruto e Teofrasto vicini a morte*, in Id., *Operette morali*, p. 529.

28. Ivi, pp. 374-375.

> conchiudendo del canto degli uccelli, dico, che imperocché la letizia veduta o conosciuta in altri, della quale non si abbia invidia, suole confortare e rallegrare; però molto lodevolmente la natura provvide che il canto degli uccelli, il quale è dimostrazione di allegrezza, e specie di riso, fosse pubblico; dove che il canto e il riso degli uomini, per rispetto al rimanente del mondo, sono privati: e sapientemente operò che la terra e l'aria fossero sparse di animali che tutto dì, mettendo voci di gioia risonanti e solenni, quasi applaudissero alla vita universale, e incitassero gli altri viventi ad allegrezza, facendo continue testimonianze, ancorché false, della felicità delle cose.[29]

Il canto degli uccelli di Leopardi ha dunque le tre principali caratteristiche di quello del poeta bandito dalla città platonica, cioè la capacità di indurre in chi lo ascolta gli stati d'animo che egli manifesta, il talento mimetico di rappresentare il mondo circostante (quello «specchio» volto verso il paesaggio naturale condannato nella *Repubblica* platonica, cap. 1, § 3, e all'opposto già celebrato da Boccaccio, cap. 5, § 4) e l'ingannevolezza delle immagini da lui prodotte.

L'inganno platonico è così ribaltato da Leopardi nella felicità dell'illusione, la metafisica della *theia mania* smitizzata in accesso di momentanea ebbrezza, e la poesia ristretta alla dimensione dei sensi: la poesia mimetica condannata nella *Repubblica* vince qui su quella metafisica del *Fedro* e dello *Ione*.

4. *Poesia e numero*

Sin dal ragionamento platonico e poi più radicalmente in quello boeziano, l'elemento temporale intacca il dogma scolastico oraziano della mimesi poetica. La poesia non è più copia del vissuto ma nostalgia di un'immagine svanita; non è più un'arte che riproduce un oggetto ma un'arte in lotta con l'evanescenza del suo oggetto.

L'elegia accoglie in sé il gene corrosivo del tempo e lo libera contro l'immagine dissolvendola.

L'eredità platonico-boeziana comporta dunque una presa di coscienza essenziale – la poesia è, come la musica, un'arte del tempo più che dell'immagine – ma il limite di questa scoperta sta nel razionalismo astratto che la caratterizza.

29. Ivi, p. 376.

Per depurare la poesia dalla frammentazione, dall'instabilità e dalla contingenza, Boezio assimila il tempo poetico a quello matematico;[30] la tradizione successiva prosegue la riflessione confutando quest'ipotesi e affermando il contrario: la natura non matematizzabile del ritmo e del tempo poetico.

La variabilità in esecuzione del tempo poetico e la sua discontinuità è rilevata da uno scienziato e teorico musicale come Giovenale Sacchi (1726-1789) nel trattato *Della divisione del tempo nella musica, nel ballo e nella poesia* edito a Milano nel 1770.

Sacchi rileva che la poesia non è misurabile con l'esattezza della musica non solo per la non computabilità metrica dei silenzi ma anche – argomento che considera giustamente più rilevante – perché il piede poetico non ha, di fatto, durata esatta e può variare a seconda dei suoni che lo formano:

> Ma un'altra opposizione in apparenza assai più grave fare mi si potrebbe, negando al tutto, che nella poesia la estensione del tempo si misuri; il che se vero fosse vacillerebbe il fondamento di tutta la Teoria da me esposta. Ecco il ragionamento, che io mi immagino in contrario. [...] Nella Musica, dove da dovero il tempo si misura, anche gli spazi voti si contano [...] Ora nel leggere o pronunciare i versi avviene tutto l'opposito [...]: i silenzi interpositi non hanno certa, o stabile misura alcuna né perciò al numero del verso nuocciono punto [...]. Gli spazi voti [...] nel verso [...] non giovano, né nuocciono: essi adunque non vi si contano [...]. A tutto questo un'altra osservazione si può aggiungere. Sempre nella Musica è lecito in vece di due note porne una sola più lunga, la quale entrambe le vaglia [...] Ne' nostri versi italiani questo non si fa mai: dove una sillaba mancasse [...] come a quella supplire non

30. Come si è visto (cap. 2, § 6), Boezio pone l'identità musica = aritmetica = poesia e assimila dunque il flusso musicale e poetico in *De Musica*, I, 34, ed. Marzi, pp. 323-324: «Quanto è più nobile la scienza musicale nella conoscenza della sua teoria che nell'esecuzione e nella prassi! Tanto quanto il corpo è superato dalla mente [...]. Perciò il musico è colui che ha ottenuto la conoscenza del canto con il giudizio razionale, non al servizio della prassi, ma nel dominio della speculazione [...]. Tre, dunque, sono le tipologie di uomini che operano nell'arte musicale. Il primo è chi agisce sugli strumenti, il secondo chi compone poesie, il terzo chi giudica l'opera strumentale e la poesia. Ma quello che opera sugli strumenti, in essi ripone tutto il suo lavoro, come sono i citaredi [...]. Il secondo genere [...] è quello dei poeti, che non tanto in base alla speculazione e alla ragione, quanto per un certo istinto naturale sono portati a poetare, e anche questo genere va escluso dalla musica. Il terzo è quello di chi ha la capacità di giudicare così da poter valutare i ritmi, le melodie e la poesia nel suo insieme. La qual cosa, poiché consiste tutta nella ragione e nella speculazione, in maniera propria spetterà alla musica, e musico è dunque colui che possiede la facoltà di giudicare, secondo la speculazione e la suddetta ragione conveniente alla musica, su ritmi, modi, generi delle melodie, sulle loro combinazioni e su tutte quelle cose che tratteremo, nonché sui carmi dei poeti».

si può interponendo in quel luogo uno spazio voto di altrettanto valore, così accrescendo il valore della sillaba antecedente, e col vivo suono della voce producendola niente meglio vi si supplirebbe. Di nuovo adunque ne' nostri versi il tempo al tutto non si misura, che nei latini o greci non si fa, dove spessissime volte una lunga sillaba si pone in luogo di due brevi. Questo s'io non m'inganno è il più sottile ragionamento.[31]

Tre secoli dopo a tornare sull'argomento è Amelia Rosselli, musicologa e poetessa impegnata nella ricerca di una misura universale e oggettiva valida per la poesia, documentata nel saggio *Spazi metrici*.

Diversamente dalla musica, spiega l'autrice, la poesia è percepita dall'occhio prima che dall'orecchio: il suono della poesia nasce anche dalla visione di uno spazio grafico. Questa percezione silenziosa investe la misura ritmica trasformandola in uno spazio variabile ed elastico. Non più, insomma, una metrica fatta, come il ritmo musicale, di misure predeterminate, ma un ritmo che nasce quando lo spazio percettivo della poesia – che è anzitutto visivo, soggettivo e variabile – si fa suono:

> Ma se, degli elementi individuali nella musica e nella pittura spiccano, nel vocalizzare, soltanto i ritmi (durata e tempo) e i colori (timbri o forme), nello scrivere e nel leggere le cose vanno un poco diversamente: noi contemporaneamente pensiamo. In tal caso non solo ha suono (rumore) la parola; anzi, a volte non ne ha affatto e *risuona* soltanto come idea nella mente. La vocale e la consonante poi, sono valori non necessariamente fonetici ma anche semplicemente grafici [...]. Anche il timbro non si ode quando pensiamo, o leggiamo mentalmente, e le durate (sillabe) sono elastiche ed imprecise, a seconda dello scandire del lettore.[32]

Il ritmo poetico si colloca così tra visione (percezione grafica e ideale) e realizzazione del suono, dunque tra silenzio e suono, e si differenzia da quello musicale in quanto, diversamente da questo, non è o non è del tutto matematizzabile. Eliminata la possibilità di quantificare e misurare, Amelia Rosselli finisce per individuare la poesia nella dialettica tra stasi e moto: la poesia inserisce la parola nel movimento musicale della variazione.[33]

31. Giovenale Sacchi, *Della divisione del tempo nel ballo, nella musica e nella poesia*, Milano 1770 (ed. anast. Bologna, Forni, 1969), cap. 48, pp. 164 e ss.

32. Amelia Rosselli, *Spazi metrici*, in Ead., *L'opera poetica*, a cura di Stefano Giovannuzzi *et al.*, Milano, Mondadori, 2012, pp. 183-184. Il breve saggio, del 1962, fu pubblicato insieme a *Variazioni belliche* (Milano, Garzanti, 1964).

33. Per una analisi più approfondita – che comporta la ripresa rosselliana del modello "metamorfico" petrarchesco costituito dalla canzone 23, si veda Sonia Gentili, *Una chiave*

La divergenza cruciale tra poesia e musica si produce dunque non tanto sul terreno della semanticità[34] quanto su ciò che le unisce, cioè la loro temporalità. Non il numero ma la sua insufficienza è dunque la vera cifra della poesia.

per «La Libellula» di Amelia Rosselli, in *Poesia e musiche. Convergenze e conflitti in Italia dal 1940 ad oggi*, a cura di Alessandro Avallone e Emanuele Franceschetti, Roma, Libreria Musicale Italiana, 2023, pp. 99-115.

34. L'opposizione tra poesia semantica e musica asemantica è ancora il principale discrimine tra le due in Ray Jackendoff, *Music and Language*, in *The Routledge companion to Phylosophy and Music*, ed. by Theodore Gracyk and Andrew Kania, London-New York, Routledge, 2014, pp. 101-113.

Bibliografia

Fonti

The Acts of Apostles = *The Acts of the Apostles*, ed. by Frederick John Foakes Jackson and Kirsopp Lake, 3 voll., London, Macmillan, 1920-1926.

Adorno, Theodor Wiesengrund, *Critica della cultura e società* [1949], in Id., *Prismi. Saggi sulla critica della cultura*, trad. it. di Carlo Mainoldi, Torino, Einaudi, 1972.

–, *Dialettica Negativa*, trad. it. di Carlo Donolo, Torino, Einaudi, 2004.

[Aezio di Amida,] Aetii Amideni Libri medicinales V-VIII curavit Alexander Olivieri, Leipzig-Berlin, Teubner, 2013 (Corpus medicorum graecorum, VIII, 2).

Agostino di Ippona, *De musica*, a cura di Giovanni Marzi, Firenze, Sansoni, 1969.

–, *De musica*, ed. by Martin Jacobsson, Berlin, De Gruyter, 2017 (Corpus Scriptorum Ecclesiasticorum Latinorum, 102).

Alberto Magno, *De anima*, ed. Clemens Stroick, in Id., *Opera omnia*, VII, 1-2, Münster i. W., Aschendorff, 1968.

–, *De natura loci ad fidem autographi, De causis proprietatum elementorum ad fidem autographi, De generatione et corruptione*, ed. P. Hossfeld, in Id., *Opera omnia*, V, 2, Münster i. W., Aschendorff, 1980.

–, *Quaestiones de animalibus*, ed. Ephrem Filthaut, in Id., *Opera omnia*, XII, Münster i. W., Aschendorff, 1955.

–, *Super Ethica. Commentum et Quaestiones*, ed. Wilhelmus Kübel, in Id., *Opera omnia*, XIV, 1, Münster i. W., Aschendorff, 1987.

Alighieri, Dante, *Commedia*, commento Inglese = *Commedia*, revisione del testo e commento a cura di Giorgio Inglese, Roma 2007-2016.

–, *Commedia*, ed. critica a cura di Giorgio Inglese, 3 voll., Firenze, Le lettere, 2021.

–, *Convivio*, a cura di Franca Brambilla Ageno, Firenze, Le Lettere, 1995.

–, *Opere*, vol. II, *Convivio*, *Monarchia*, *Epistole*, *Ecloghe*, a cura di Gianfranco Fioravanti, Claudio Giunta e Gabriella Albanese, Milano, Mondadori, 2014.

–, *Vita nova*, a cura di Stefano Carrai, Milano, Rizzoli, 2009.

Antologia della letteratura araba dalle origini al XVIII secolo, a cura di Mirella Cassarino, Antonella Ghersetti, Letizia Osti e Samuela Pagani, Roma, Carocci, 2024.

Apuleio, *De Platone et eius dogmate. Vita e pensiero di Platone*, testo, traduzione, commento a cura di Elisa Dal Chiele, Bologna, Bononia University Press, 2016.

Areteo di Cappadocia, *Sulla malinconia* = Aretaeus, edidit C. Hude, editio altera lucis ope expressa, nonnullis locis correcta, Berlin-Leipzig, Teubner, 1958 (Corpus medicorum graecorum, II), pp. 39-41.

Aristotele, *De anima*, versione di Guglielmo di Moerbeke stampata in Tommaso d'Aquino, *Sentencia libri de anima*, ed. René-Antoine Gauthier, in Id., *Opera omnia* iussu Leonis XIII edita, vol. XLV, Roma-Paris, Commissio Leonina - Vrin, 1984.

–, *Etica Nicomachea*, versione Grossatesta = *Ethica Nicomachea. Translatio Roberti Grosseteste Lincolniensis, textus purus*, ed. Renatus A. Gauthier, Leiden, Brill, 1972 (Aristoteles Latinus, XXVI, 3).

–, *The Greek Commentaries on the «Nicomachean Ethics» of Aristotle in the Latin Translation of Robert Grosseteste*, ed. by H. Paul F. Mercken, vol. I, *Eustratius on Book* I *and the Anonymous Scholia on Books* II, III, *and* IV, Leiden, Brill, 1973.

–, *L'homme de génie et la mélancolie*, ed. par Jackie Pigeaud, Paris, Payot et Rivages, 2006 (I ed. 1988).

–, *Poetica*, versione Guglielmo di Moerbeke = *De arte poetica*. Translatio Guillelmi de Moerbeka, ed. Lorenzo Minio-Paluello, Bruxelles-Paris, Desclée De Brouwer, 1968 (Aristoteles Latinus, XXXIII).

–, *Dell'arte Poetica*, traduzione e commento a cura di Carlo Gallavotti, Milano, Fondazione Lorenzo Valla - Mondadori, 1990.

–, *Poetica*, traduzione e commento a cura di Daniele Guastini, Roma, Carocci, 2010.

–, *Poetica*, a cura di Diego Lanza, Milano, BUR, 2018 (I ed. 1987).

–, *Problema* 30.1, in *La malinconia dell'uomo di genio*, a cura di Carlo Angelino ed Enrica Salvaneschi, Genova, il Melangolo, 1981.

–, *Problema XXX.1. Sulla temperanza e l'intemperanza, la continenza e l'incontinenza*, a cura di Bruno Centrone, Pisa, ETS, 2018.

–, *Problematum Aristotelis translatio duplex, antiqua scilicet, et ea quam Theodorus Gaza edidit, cum Petri Apponensis Expositionibus*, Firenze, Luca Antonio Giunta, 1526.

Averroè, commento al *Canticum* di Avicenna = Averrois Cordubensis *Colliget libri VII, cantica idem Avicennae eiusdem Averrois commentariis, M. A. Zimarae Contradictionum Solutiones quorum series et additamentum veras pagina manifestat*, Venetiis, apud Iunctas, 1562.

–, *Colliget*, versione latina = Averrois Cordubensis *Colliget libri VII, cantica idem Avicennae eiusdem Averrois commentariis, M. A. Zimarae Contradictionum*

Solutiones quorum series et additamentum veras pagina manifestat, Venetiis, apud Iunctas, 1562.
–, commento alla *Repubblica* di Platone = Averroes' *Commentary on Plato's Republic*, a cura di Erwin I. J. Rosenthal, Cambridge, Cambridge University Press, 1966.
–, *al-Kulliyyāt fī l-ṭibb*, ed. Murād Maḥfūẓ *et al.*, with an introduction by Aḥmad Maḥfūẓ, Beirut, Markaz Dirāsāt al-Waḥda al-ʿArabiyya, 1999.

Basilio di Cesarea, *Sulla Genesi* = *Sulla Genesi (Omelie sull'Esamerone)*, a cura di Marco Naldini, Milano, Mondadori, 1990.
Bassani, Giorgio, *Un'intervista inedita* [1991], in Id., *Opere*, a cura di Roberto Cotroneo, Milano, Mondadori, 1998, p. 1344.
Benjamin, Walter, *Origine del dramma barocco tedesco* [1925], nuova edizione italiana a cura di Alice Barale, prefazione di Fabrizio Desideri, Roma, Carocci, 2018.
Bernardo Silvestre, commento all'*Eneide*, ed. Mora-Lebrun = Bernard Silvestre, *Repenser l'Eneide*, traduit, présenté et annoté par Francine Mora-Lebrun, Lille, Presses Universitaire du Septentrion, 2022.
Bezae Codex = *Bezae Codex Cantabrigiensis*. Copia esatta del manoscritto onciale, a cura di Antonio Ammassari, Cambridge, Cambridge University Press, 1992.
Boccaccio, Giovanni, *Decameron*, a cura di Amedeo Quondam, Maurizio Fiorilla e Giancarlo Alfano, Rizzoli, Milano, 2013.
–, *Esposizioni sopra la Comedia di Dante*, a cura di Giorgio Padoan, Milano, Mondadori, 1965.
–, *Genealogiae deorum gentilium*, a cura di Vittorio Zaccaria, Milano, Mondadori, 1998.
–, *Vita di Petrarca*, a cura di Giovanni Villani, Roma, Salerno editrice, 2004.
Boezio, *Consolatio Philosophiae*, a cura di Peter Dronke, traduzione di Michela Pereira e Piero Boitani, Milano, Fondazione Lorenzo Valla - Mondadori, 2023.
–, *La consolazione della Filosofia*, a cura di Claudio Moreschini, Torino, Utet, 1994.
–, *De Institutione Musica* libri quinque, ed. Gottfried Friedlein, Leipzig, Teubner, 1867.
–, *De Institutione Musica*, a cura di Giovanni Marzi, Roma, Istituto Italiano per la Storia della Musica, 1990.
Burke, Edmond, *Indagine filosofica sull'origine delle nostre idee di sublime e di bello*, a cura di Chiara Serani, Milano, Theoria, 2024.
–, *A Philosophical Enquiry into the Origin of Our Ideas of the Sublime and Beautiful*, ed. James T. Boulton, Notre Dame, University of Notre Dame Press, 1958.

Casale, Lodovico, *Poesie, con un discorso sul motivo ch'ebbe Platone d'escludere i poeti dalla sua Repubblica*, Roma, per Fabio di Falco, 1670.

Cavalca, Domenico, *Volgarizzamento degli Atti apostolici* = *Volgarizzamento degli Atti apostolici* di frate Domenico Cavalca, Parma, P. Fiaccadori, 1842.

Cavalcanti, *Donna me prega*, ed. Inglese = Guido Cavalcanti, *Rime*, a cura di Giorgio Inglese e Roberto Rea, Roma, Carocci, 2011, pp. 153-156.

Celan, Paul, *Allocuzione in occasione del conferimento del Premio Letterario della Libera Città anseatica di Brema*, in Id., *La verità della poesia. Il «Meridiano» e altre prose*, Torino, Einaudi, 2008.

Cicerone, *Le Tuscolane*, a cura di Adolfo Di Virginio, Milano, Mondadori, 2000.

Croce, Benedetto, *La poesia* [1936], Milano, Adelphi, 1994.

Davide di Dinant, frammento G, *Incipit liber de effectibus colere nigre in homine et de multis aliis dubiis determinatis per Aristotelem* = Elena Casadei, *I testi di David di Dinant. Filosofia della natura e metafisica a confronto col pensiero antico*, Spoleto, CISAM, 2008.

De Sanctis, Francesco, *Saggio critico sul Petrarca* [1869], Torino, Einaudi, 1983.

Domenico Gundissalino, *De divisione philosophie*, ed. Ludwig Baur, Münster i. W, Aschendorff, 1903.

Filodemo di Gadara, *Il Quinto libro della Poetica (PHerc 1425 e 1538)*, edizione, traduzione e commento a cura di Cecilia Mangoni, Napoli, Bibliopolis, 1993.

Galeno, *De atra bile* = Galeni *de propriorum animi cuiuslibet affectuum dignotione et curatione / de animi cuiuslibet peccatorum dignotione et curatione / de atra bile* ed. Wilko De Boer, Leipzig-Berlin, Teubner, 1937 (Corpus Medicorum Graecorum, V 4, 1, 1).

–, *De symptomatum causis* = Galeni *De Symptomatum causis* in Eiusd. *Opera omnia*, vol. VII, ed. Karl Gottlieb Kühn, Leipzig, Cnobloch, 1824, pp. 85-272.

Gilberto di Poitiers, *Expositio in Boethii librum contra Euthychen et Nestorium*, ed. Häring = *The commentaries on Boethius by Gilbert of Poitiers*, edited by Nikolaus M. Häring, Toronto, Pontifical Institute of Mediaeval Studies, 1966, pp. 231-364.

Giovanni Damasceno, *Difesa delle immagini sacre: discorsi apologetici contro coloro che calunniano le sante immagini*, a cura di Vittorio Fazzo, Roma, Città Nuova, 1997.

–, *La fede ortodossa*, a cura di Vittorio Fazzo, Roma, Città Nuova, 1993.

Girolamo di Stridone, *Commentarii in epistulam Pauli apostoli ad Galatas*, ed. Giacomo Raspanti, Turnhout, Brepols, 2006 (Corpus Christianorum Series Latina, 77 A).

–, *Liber de optimo genere interpretandi (epistula 57)*, ein Kommentar von Gerard J.M. Bartelink, Leiden, Brill, 1980.

Giulio Camillo, *Espositione sopra 'l primo e 'l secondo sonetto del Petrarca* = Valentina Grohovaz, *L'«Espositione sopra 'l primo e 'l secondo sonetto del Petrarca» di Giulio Camillo Delminio*, in «Studi petrarcheschi», XVI (2003), pp. 197-244.

Goffredo Di Vinsauf, *Poetria Nova*, in Edmond Faral, *Les artes poétiques du XIIeme et du XIIIeme siècle. Recherches et documents sur la technique littéraire du Moyen Age* [1924], Paris, Champion, 1958, pp. 195-262.

Guglielmo di Conches, *Glosae super Boetium*, ed. Lodi Nauta, Turnhout, Brepols, 1999 (Corpus Christianorum. Continuatio Medievalis, 158).

–, *Glosae super Platonem*, ed. Édouard Jeauneau, Turnhout, Brepols, 2006 (Corpus Christianorum. Continuatio Medievalis, 203).

Guittone d'Arezzo, *Rime*, a cura di Francesco Egidi, Bari, Laterza, 1940.

Heidegger, Martin, *Saggi e discorsi* [1954], a cura di Gianni Vattimo, Milano, Mursia, 1976.

Huidobro, Vicente, *Obra poetica*, ed. critica, coordinator Cedomil Goic, Madrid, editorial Unesco, 2003.

–, *Lo specchio d'acqua, Equatoriale, Poemi artici*, traduzione di Gianni Darconza, Rimini, Raffaelli editore, 2020.

Ibernico, *Carmina*, in *Monumenta Germaniae Historica, Poetae Latini Aevi Karolini*, t. 1, Berlin, Weidmann, 1899.

Inni omerici, a cura di Filippo Cassola, Milano, Fondazione Lorenzo Valla-Mondadori, 1975.

Isidoro di Siviglia, *Etimologie o origini*, a cura di Angelo Valastro Canale, Torino, UTET, 2014.

Leopardi, Giacomo, *Operette morali*, a cura di Cesare Galimberti, Napoli, Guida, 1977.

Orazio, *Arte poetica*, introduzione e commento di Augusto Rostagni, Torino, Loescher, 1991.

Petrarca, Francesco, *Africa*, a cura di Nicola Festa, Firenze, Le Lettere, 2008 [rist. anast. dell'ed. Sansoni 1926].

–, *Dedalus («Bucolicum Carmen» IV)*, a cura di Enrico Fenzi, in «Letteratura italiana antica», VII (2006), pp. 1-24.

–, *Epystole = Epistulae metricae.* Briefe in Versen, herausgegeben, übersetzt und erläutert von Otto und Eva Schönberger, Würzburg, Königshausen u. Neumann, 2004.

–, *Inuectiue contra medicum*, a cura di Francesco Bausi, Firenze, Le Lettere, 2005.
–, *De otio religioso*, a cura di Giulio Goletti, Firenze, Le Lettere, 2006.
–, *Rerum vulgarium fragmenta*, ed. Santagata = Francesco Petrarca, *Canzoniere*, edizione commentata a cura di Marco Santagata, nuova ed. aggiornata, Milano, Mondadori, 1996.
–, *Rerum vulgarium fragmenta*, ed. Bettarini = Francesco Petrarca, *Canzoniere. Rerum vulgarium fragmenta*, a cura di Rosanna Bettarini, 2 voll., Torino, Einaudi, 2005.
–, *Rerum vulgarium fragmenta*, ed. Stroppa = Francesco Petrarca, *Canzoniere*, a cura di Sabrina Stroppa, con introduzione di Paolo Cherchi, Torino, Einaudi, 2011.
–, *Res seniles*. Libri I-IV, a cura di Silvia Rizzo con la collaborazione di Monica Bertè, Firenze, Le Lettere, 2006.
–, *Res seniles*. Libri V-VIII, a cura di Silvia Rizzo con la collaborazione di Monica Bertè, Firenze, Le Lettere, 2009.
–, *Secretum*, a cura di Enrico Fenzi, Milano, Mursia, 2003.
–, *De sui ipsius et multorum ignorantia*, a cura di Enrico Fenzi, Milano, Mursia, 1999.
Platone, *Ione*, a cura di Giovanni Reale, Bompiani, Milano, 2001.
–, *Repubblica o Sulla Giustizia*, introduzione di Helmut Kohlenberger, traduzione e commento di Mario Vitali, Milano, Feltrinelli, 1991.
–, *La Repubblica*, traduzione e commento a cura di Carlo Vegetti, 7 voll., Napoli, Bibliopolis, 1998-2007.
–, *Simposio*, a cura di Giovanni Reale, Milano, Fondazione Lorenzo Valla-Mondadori, 2001.
–, *Timeo*, versione di Calcidio = *Timeus a Calcidio translatus*, ed. Jan H. Waszink, in aedibus institute Warburgiani et E. Brill, Londini et Leidae, 1962 (Plato Latinus, IV).
Poetarum Melicorum Graecorum Fragmenta I: Alcman, Stesichorus, Ibycus, ed. by Malcolm Davies, Oxford, Oxford University Press, 1991.
Proclo, *Commento alla Repubblica di Platone*, a cura di Michele Abate, Milano, Bompiani, 2014.
Proclo, commento al *Timeo* = *Commentary on Plato's «Timaeus»*, edited and translated by Dirk Balzly, David T. Runia, Michael Share and Harold Tarrant, Cambridge, Cambridge University Press, 2007-2017.

Rilke, Rainer Maria, *Poesie*, Torino, Einaudi, 1942.
Rosselli, Amelia, *Spazi metrici*, in Ead., *L'opera poetica*, a cura di Stefano Giovannuzzi *et al.*, Milano, Mondadori, 2012, pp. 183-184.

Sacchi, Giovenale, *Della divisione del tempo nel ballo, nella musica e nella poesia*, Milano 1770 (ed. anast. Bologna, Forni, 1969).

Scholia Vindobonensia ad Horatii Artem poeticam, ed. Joseph Zechmeister, apud C. Geroldum filium, Vindobonae, 1877.

Secretum Secretorum, cum glossis et notulis [...] ed. Robert Steele, Oxford, Clarendon Press, 1920 (Opera hactenus inedita Rogeri Baconi, 5).

Summarium platonis = A New Work by Apuleius. The Lost Third Book of the "De Platone", ed. Justin Stover, Oxford, Oxford University Press, 2016.

Tasso, Torquato, *Dialoghi*, a cura di Bruno Basile, Milano, Mursia, 1991.

Tommaso d'Aquino, *Sententia libri Ethicorum*, ed. René-Antoine Gauthier, in Id., *Opera omnia iussu Leonis XIII edita*, XLVII, Roma, Santa Sabina, 1969.

Villani, Filippo, *De origine civitatis Florentie et de eiusdem famosis civibus*, a cura di Giuliano Tanturli, Padova, Antenore, 1997.

Williams, William Carlos, *Spring and all*, facsimile of the original 1923 edition, New York, New Directions Publisher, 2011.

Letteratura critica

Abert, Hermann, *Die Lehre vom Ethos in der griechischen Musik: Ein Beitrag zur Musikästhetik des klassischen Altertums* [1899], Tutzing, Schneider, 1968.

Abrams, Meyer Howard, *Lo specchio e la lampada: la teoria romantica e la tradizione critica*, a cura di Giovanna Capone, Bologna, il Mulino, 1976 (ed. or. Oxford 1953).

Agamben, Giorgio, Brenet, Jean-Baptiste, *Intelletto d'amore*, introduzione di Alain De Libera, Macerata, Quodlibet, 2020.

Ariani, Marco, *Petrarca, Francesco*, in *Enciclopedia dell'Arte Medievale*, vol. IX, Roma, Istituto dell'Enciclopedia Italiana, 1998, pp. 335-343.

Aristoteles latinus. Codices descripsit G. Lacombe, pars posterior, Cambridge, Cambridge University Press, 1955.

Aristotle's «Problemata» in Different Times and Tongues, ed. by Pieter De Leemans and Michèle Goyens, Leuven, Leuven University Press, 2006.

Artifoni, Enrico, *Orfeo concionatore. Un passo di Tommaso d'Aquino e l'eloquenza politica nelle città italiane nel secolo XIII*, in *La musica nel pensiero medievale*, a cura di Letterio Mauro, Ravenna, Longo, 2001, pp. 137-149.

Auerbach, Erich, *Figura* [1938], in Id., *Studi su Dante* [1963], a cura di Dante della Terza, Milano, Feltrinelli, 2017, pp. 176-226.

–, *Lingua letteraria e pubblico nella tarda antichità e nel Medioevo* [1958], tr. it. a cura di Fausto Codino, Milano, Feltrinelli, 2007.

–, *Mimesis. Il realismo nella letteratura occidentale* [1956], introduzione di Aurelio Roncaglia, Torino, Einaudi, 2000.

Avalle, D'Arco Silvio, *Le forme del canto. La poesia nella scuola tardoantica e altomedievale*, a cura di Maria Sofia Lannutti, Firenze, Edizioni del Galluzzo per la Fondazione Ezio Franceschini, 2017 (Quaderni di stilistica e metrica italiana, 7).

Azzetta, Luca, *La tradizione del «Convivio» negli antichi commenti alla «Commedia»: Andrea Lancia, l'«Ottimo commento» e Pietro Alighieri*, in «Rivista di Studi Danteschi», V (2005), pp. 3-34.

Baldacci, Alessandro, *Giorgio Bassani e la "ricerca del dolore"*, in «Critica letteraria», 75 (2017), pp. 317-328.

Bartuschat, Johannes, *«I poeti non sono le scimmie dei filosofi»: osservazioni sul rapporto tra poesia e filosofia nelle «Genealogiae deorum gentilium»*, in *Boccaccio: gli antichi e i moderni*, a cura di Anna Maria Cabrini e Alfonso D'Agostino, Milano, Ledizioni, 2018, pp. 47-65.

Basile, Bruno, *Poëta melancholicus. Tradizione classica e follia nell'ultimo Tasso*, Pisa, Pacini, 1984.

Bassi, Romana, *Favole vere e severe. Sulla fondazione antropologica del mito nell'opera vichiana*, Roma, Edizioni di storia e letteratura, 2004.

Berté, Monica, *Il corredo marginale del Vat. lat. 3240: un caso di copia o imitazione petrarchesca*, in «L'Ellisse», XIX/1 (2024), pp. 7-44.

–, *Giovanni Malpaghini copista del Petrarca?*, in «Cultura neolatina», 75 (2015), pp. 205-216.

Bertolani, Maria Cecilia, *Dall'immagine all'icona*, in «Quaderns d'Italià», 11 (2006), pp. 183-201.

Bettinzoli, Attilio, *Boccaccio, Apuleio e le Genealogie deorum gentilium*, in *Boccaccio letterato*, atti del convegno internazionale (Firenze-Certaldo, 10-12 ottobre 2013), a cura di Michelangiola Marchiaro e Stefano Zamponi, Firenze, Accademia della Crusca, 2015, pp. 365-379.

Bianchi, Luca, *L'inizio dei tempi. Antichità e novità del mondo da Bonaventura a Newton*, Firenze, Olschki, 1987.

Billanovich, Giuseppe, *Nella biblioteca del Petrarca. II. Un altro Svetonio del Petrarca*, in «Italia medioevale e umanistica», 3 (1960), pp. 28-58.

–, *Il Catullo della Cattedrale di Verona*, in *Scire litteras. Forschungen zum mittelalterlichen Geistesleben*, hrsg. von Sigrid Krämer und Michael Bernhard, München, Bayerische Akademie der Wissenschaften, 1988, pp. 35-57.

Blanchot, Maurice, *L'éspace littéraire*, Paris, Editions Gallimard, 1955.

Boccaccio autore e copista, a cura di Teresa De Robertis *et al.*, catalogo della mostra: Firenze, Biblioteca Medicea Laurenziana, 11 ottobre 2013 - 13 gennaio 2014, Firenze, Mandragora, 2013, pp. 350-353.

Boèce au fil du temps: son influence sur les lettres européennes du Moyen Âge à nos jours, éd. par Sophie Conte, Alicia Oïffer-Bomsel et María Elena Cantarino-Suñer, Paris, Classiques Garnier, 2019.

Boggess, William F., *Aristotle's «Poetics» in the Fourteenth Century*, in «Studies in Philology», 67/3 (1970), pp. 278-294.

Boter, Gerard, *The Textual Tradition of Plato's Republic*, Leiden, Brill, 1989.

Boyancé, Pierre, *Le culte des Muses chez les philosophes grecs*, Paris, de Boccard, 1937.

Brachtendorf, Johannes, *Cicerone e Agostino sulle passioni*, in «Revue des études augustiniennes», 43/2 (1997), pp. 289-308.

Bragantini, Renzo, *Ancora su fonti e intertesti del «Decameron»: conferme e nuovi sondaggi*, in *Boccaccio: gli antichi e i moderni*, a cura di Anna Maria Cabrini e Alfonso D'Agostino, Milano, Ledizioni, 2018, pp. 115-138.

–, *Il sonetto VI (Sì travïato è 'l folle mi' desio)* [2008], in Id., *Testi e vicende del Trecento*, Soveria Mannelli, Lyrik, 2019, pp. 29-46.

Brisson, Luc, *Proclus et l'Orphisme*, in *Proclus. Lecteur et interprète des anciens*, actes du colloque international du CNRS (Paris, 2-4 octobre 1985), éd. par Jean Pépin et Henri-Dominique Saffrey, Paris, Editions du Centre national de la recherche scientifique, 1987, pp. 47-51.

Brown, Robert D., *Lucretius on Love and Sex. A Commentary on* De Rerum Natura *IV, 1030-1287, with Prolegomena, Text and Translation*, Leiden, Brill, 1987.

Brunetti, Giuseppina, *Le letture fiorentine: i classici e la retorica*, in *Dante. Fra il settecentocinquantenario della nascita (2015) e il settecentenario della morte (2021)*, atti delle celebrazioni in Senato, del Forum e del convegno internazionale di Roma (maggio-ottobre 2015), a cura di Enrico Malato e Andrea Mazzucchi, 2 voll., Roma, Salerno Editrice, 2016, vol. 1, pp. 225-253.

Bruyne, Edgar de, *Études d'esthétique médiévale. I. De Boèce à Jean Scot Erigène*, Genève, Slatkine Reprints, 1975.

Buck, August, *Der Orpheus-Mythos in der italienischen Renaissance*, Krefeld, Scherpe, 1961.

Buè, Francesco, *La musica degli uccelli e la parola del divino: Alcmane e Messiaen*, in «Rivista di cultura classica e medioevale», 57/2 (2015), pp. 365-383.

Cajazzo, Irene, *La démonologie platonicienne au Moyen Âge (de l'antiquité Tardive à la fin du XIIe Siècle)*, in «Recherches de Théologie et Philosophie Médiévales», 91/2 (2024), pp. 231-283.

Camarotto, Valerio, *Imitazione*, in *Lessico Leopardiano 2016*, a cura di Novella Bellucci, Franco D'Intino e Stefano Gensini, Roma, Sapienza Università Editrice 2016, pp. 47-56.

–, *Leopardi e l'imitazione: sondaggi lessicali nello «Zibaldone»*, in *L'Italianistica oggi: ricerca e didattica*, atti del XIX Congresso dell'ADI - Associazione degli Italianisti (Roma, 9-12 settembre 2015), a cura di Beatrice Alfonzetti, Teresa Cancro, Valeria Di Iasio ed Ester Pietrobon, Roma, Adi editore, 2017 (https://www.italianisti.it/pubblicazioni/atti-di-congresso/laitalianistica-oggi-ricerca-e-didattica).

Cambridge Companion to Plato's Republic, ed. by Giovanni R.F. Ferrari, Cambridge, Cambridge University Press, 2007.

Candido, Igor, *Boccaccio umanista: studi su Boccaccio e Apuleio*, Ravenna, Longo, 2014.

Capovilla, Guido, *«Sí vario stile». Studi sul canzoniere del Petrarca*, Modena, Mucchi, 1998.

Carrai, Stefano, *Sul Boezio di Dante*, in «Bollettino di italianistica», n.s., 2 (2016), pp. 24-30.

–, *Dante come Orfeo cristiano tra "Vita nova" e "Commedia"*, in *Dante Alighieri*, atti delle Rencontres de l'Archet (Morgeux, 14-19 settembre 2015), Torino, Fondazione Natalino Sapegno, 2017, pp. 61-71.

–, *Dante elegiaco. Una chiave di lettura per la «Vita nova»*, Firenze, Olschki, 2006.

–, *Il primo libro di Dante. Un'idea della «Vita nova»*, Pisa, Edizioni della Normale, 2020.

Cazalé Bernard, Claude, *Boccaccio e Aristotele dagli Zibaldoni alle Esposizioni. Genealogia di una poetica*, in *Boccaccio letterato*, atti del convegno internazionale, a cura di Stefano Zamponi *et al.*, Firenze, Accademia della Crusca, 2015, pp. 381-406.

Centrone, Bruno, *Μελαγχολικός in Aristotele e il Problema XXX, 1*, in *Studi sui Problemata physici aristotelici*, a cura di Id., Napoli, Bibliopolis, 2011, pp. 309-339.

Cilento, Vincenzo, *Mito e poesia nelle «Enneadi» di Plotino*, in *Les sources de Plotin*, dix exposés et discussion par Eric Dodds, Vandoeuvres-Genève, Foundation Hardt, 1960, pp. 243-310 (Entretiens sur l'Antiquité Classique, 5).

Claassen, Jo-Marie, *Literary Anamnesis: Boethius Remembers Ovid*, in «Helios», 34 (2007), pp. 1-35.

Clark, Mark Edward, *Horace, "Ars Poetica" 75-78: The Origin and Worth of Elegy*, in «The Classical world», 77/1 (1983), p. 1.

Ciccone, Lisa, *Esegesi oraziana nel Medioevo: Il commento «Communiter»*, Firenze, Sismel, 2016.

Colish, Marcia L., Koch, Hugo, *Philosophische als Medizin für die Seele. Untersuchungen zu Cicero «Tusculanae Disputationes»*, Stuttgart, Steiner, 2006.

Collobert, Catherine, *Poetry as a flawed reproduction. Possession and mimesis*, in *Plato and the poets*, ed. by Pierre Destrée and Fritz-Gregor Herrmann, Leiden-Boston, Brill, 2011, pp. 41-61.

Compagnino, Gaetano, *La poesia e la città. Ethos e mimesis nella «Repubblica» di Platone*, in «Siculorum Gymnasium», 43 (1990), pp. 3-89.

Courcelle, Pierre, *Les Confessions de saint Augustin dans la tradition littéraire. Antécédents et postérité*, Paris, Études augustiniennes, 1963.

–, *La consolation de philosophie dans la tradition littéraire: antécédents et postérité de Boèce*, Paris, Études Augustiniennes, 1967.

–, *Étude Critique sur les Commentaires de la 'Consolatio' de Boèce (IXe-XVe siècles)*, in «Archives d'histoire doctrinale et littéraire du Moyen Âge», XIV (1939), pp. 5-140.

–, *«Habitare secum» selon Perse et selon Grégoire le Grand*, in «Revue des Études Anciennes», 69 (1967), pp. 266-279.

Curtius, Ernst Robert, *Letteratura europea e Medioevo latino* [1948], a cura di Roberto Antonelli, Macerata, Quodlibet, 2022.

D'Alverny, Marie-Thérèse, *La sagesse et ses sept filles* [1946], in Ead., *Études sur le symbolisme de la Sagesse et sur l'iconographie*, Aldershot, Variorum, 1993, pp. 245-278.

Dante e il suo tempo nelle biblioteche fiorentine, vol. II, *Leggere e studiare nella Firenze di Dante*, a cura di Gabriella Albanese, Sandro Bertelli, Marcello Ciccuto, Sonia Gentili, Giorgio Inglese e Paolo Pontari, Firenze, Mandragora, 2021.

I Decembrio e la tradizione della Repubblica di Platone tra Medioevo e Umanesimo, a cura di Paolo Pissavino e Mario Vegetti, Napoli, Bibliopolis, 2005.

Della Volpe, Galvano, *Poetica del Cinquecento. La Poetica aristotelica nei commenti essenziali degli ultimi umanisti italiani*, Bari, Laterza, 1954.

Deproost, Paul Augustin, *Ficta et facta. La condamnation du 'mensonge des poètes' dans la poésie latine chrétienne*, in «Revue des Études Augustiniennes», 44 (1998), 101-121.

D'Intino, Franco, *Elogio della voce*, in Id., *L'immagine della voce. Leopardi, Platone e il libro morale*, Venezia, Marsilio, 2009.

Di Benedetto, Vittorio, *Probabili echi di Catullo in Petrarca*, in «Quaderni petrarcheschi», IV (1987), pp. 225-227.

Dodds, Eric R., *Pagani e cristiani in un'epoca di angoscia. Aspetti dell'esperienza religiosa da Marco Aurelio a Costantino*, trad. it. di Giuliana Lanata, Firenze, La Nuova Italia, 1999 (ed. or. 1965).

Donato, Antonio, *Boethius' «Consolation of Philosophy» as a Product of Late Antiquity*, London-New York, Bloomsbury, 2013.

–, *Boezio. Un pensatore tardoantico e il suo mondo*, Roma, Carocci, 2021.

Dronke, Peter, *The Muses and Medieval Latin Poets*, in *The Muses and their Afterlife in Post-Classical Europe*, ed. by Kathleen W. Christian, Clare E.L. Guest and Claudia Wedepohl, London - Torino, The Warburg - Nino Aragno Editore, 2014, pp. 59-74.

–, *The Spell of Calcidius. Platonic Concepts and Images in the Medieval West*, Firenze, Sismel, 2008.

Ebbesen, Sten, *The Aristotelian commentator*, in *The Cambridge Companion to Boethius*, ed. by John Marenbon, Cambridge-New York, Cambridge University Press, 2009, pp. 34-55.

Ercoles, Marco, *Orfeo apollineo (tra lirica arcaica e critica letteraria d'età classica)*, in «Annali Online dell'Università di Ferrara-Lettere», 2 (2009), pp. 47-67.

Fabbro, Elena, *Alle origini della poetica consolatoria tra epos e tragedia*, in «Studi classici e orientali», 9 (2020), pp. 115-132.

Falzone, Paolo, *Desiderio della scienza e desiderio di Dio nel «Convivio» di Dante*, Bologna, il Mulino, 2010.

–, *Intorno a un giudizio di Dante su Aristotele (riprovato da Petrarca)*, in *Dante e il prosimetro*, a cura di Paolo Borsa e Anna Maria Cabrini, Milano, Ledizioni, 2023, pp. 217-232.

Fantuzzi, Marco, *Caducità dell'uomo ed eternità della natura. Variazioni di un motivo letterario*, in «Quaderni Urbinati di Cultura Classica», n.s., XXVI/2 (1987), pp. 101-110.

Fenzi, Enrico, *Boezio e Jean de Meun. Filosofia e ragione nelle rime allegoriche*, in *Studi di filologia e letteratura dedicati a Vincenzo Pernicone*, Genova, Università degli Studi di Genova, 1975, pp. 9-69.

–, *La canzone 270 (Amor se vuo' ch'i' torni al giogo anticho)*, in «Atti e memorie dell'Accademia Galileiana di Scienze Lettere ed Arti in Padova», 118 (2005-2006), pp. 291-308.

–, *Sull'ordine di tempi e vicende nel Bucolicum carmen di Petrarca*, in «Per leggere», 29 (2015), pp. 7-24.

–, *I percorsi del lutto (Rvf 271-280)*, in *Canzoniere: lettura macro e micro testuale*, Ravenna, Longo, 2007, pp. 595-616.

Fortuna, Stefania, *Pietro d'Abano e le traduzioni latine di Galeno*, in «Medicina nei Secoli», 20 (2008), pp. 447-463.

Fiorentini, Luca, *Per Benvenuto da Imola. Le linee ideologiche del commento dantesco*, Bologna, il Mulino, 2015.

Fiorilla, Maurizio, *La lettura apuleiana del Boccaccio e le note ai manoscritti laurenziani 29, 2 e 54, 32*, in «Aevum», LXXIII (1999), pp. 635-668.

Foley, Martin P., *Cicerone, Agostino e le radici filosofiche dei dialoghi del Classiciacum*, in «Revue des études augustiniennes», XLV/1 (1999), pp. 51-77.

Frasso, Giuseppe, *Appunti sulla "difesa della poesia" e sul rapporto "teologia-poesia" da Dante a Boccaccio*, in «Verbum», 1 (2001), pp. 1-17.

Fredborg, Karin Margareta, *Interpretative Strategies in Horatian Commentaries from the Twelfth Century. The "Ars poetica" in the Carolingian Traditions and their Twelfth-Century Developments*, in «Interfaces», 3 (2016), pp. 46-70.

–, *The Introductions to Horace's Ars Poetica from the Eleventh and Twelfth Centuries. Didactic Practice and Educational Ideals*, in «Analecta Romana Instituti Danici», 39 (2014), pp. 49-76.

–, *Showing Virtue: Commentaries on Horace's Epistles from the Eleventh and Twelfth Centuries*, in «The Journal of Medieval Latin», 25 (2015), pp. 197-244.

Freudenberg, Kirk, *La satira a Roma*, in *Musa pedestre. Storia e interpretazione della satira in Roma antica*, a cura di Id., Alessandro Barchiesi e Andrea Cucchiarelli, Roma, Carocci, 2011, pp. 13-33.

Freis, Richard, *Exiguos Elegos: Are Ars Poetica 75-78 Critical of Love Elegy?*, in «Latomus», 52/2 (1993), pp. 364-371.

Friedman Block, John, *Orpheus in the Middle Ages*, Cambridge, Mass., Harvard University Press, 1970.

Friis-Jensen, Karsten, *The «Ars Poetica» in Twelfth-Century France* [1990], in Id., *The Medieval Horace*, ed. by Karin Margareta Fredborg, Minna Skafte Jensen, Marianne Pade and Johann Ramminger, Roma, Quasar Edizioni, 2015, pp. 51-99.

–, *Horatius Lyricus et Ethicus. Two Twelfth-Century School Texts on Horace's Poems*, in «Cahiers de l'Institut du Moyen-Âge Grec et Latin», LVII (1988), pp. 81-147.

–, *Medieval Commentaries on Horace* [1997], in Id., *The Medieval Horace*, ed. by Karin Margareta Fredborg, Minna Skafte Jensen, Marianne Pade and Johann Ramminger, Roma, Quasar Edizioni, 2015, pp. 159-172.

–, *The reception of Horace in the Middle Ages*, in *The Cambridge Companion to Horace*, ed. by Stephen Harrison, Oxford, Cambridge University Press, 2007, pp. 291-304.

Fumagalli Beonio Brocchieri, Mariateresa, *L'estetica medievale*, Bologna, il Mulino, 2002.

Gallavotti, Carlo, *Le pernici di Alcmane*, in «Quaderni Urbinati di Cultura Classica», 14 (1972), pp. 31-36.

Garroni, Emilio, *Senso e paradosso. L'estetica, filosofia non speciale* [1986], Roma-Bari, Laterza, 1995.

Gauthier, René Antoine, *Magnanimité. L'idéal de la grandeur dans la philosophie païenne et dans la théologie chrétienne*, Paris, Vrin, 1951.

Gentili, Sonia, *Amore e Conoscenza nella «Commedia»*, in *Per il testo e la chiosa del poema dantesco*, a cura di Giorgio Inglese = «Letture classensi», 47 (2018), pp. 23-39.

–, *Una chiave per «La Libellula» di Amelia Rosselli*, in *Poesia e musiche. Convergenze e conflitti in Italia dal 1940 ad oggi*, a cura di Alessandro Avallone e Emanuele Franceschetti, Roma, Libreria Musicale Italiana, 2023, pp. 99-115.

–, *Esilio e amor di patria: due "miti" nella storia leopardiana delle idee*, in *La letteratura italiana e l'esilio* = «Bollettino di Italianistica», 2 (2011), pp. 217-228.

–, *La Malinconia nel Medioevo: dal Problema 30.1 di Aristotele a* Donna me prega *di Cavalcanti al son. 35 di Petrarca*, in «Bollettino di Italianistica», 2 (2010), pp. 156-170.

–, *Note a Dante (Inf. III, 60; Par I, 112) e Petrarca (Rvf 53 e 291)*, in *Per Enrico Fenzi. Saggi di allievi e amici per i suoi ottant'anni*, a cura di Paolo Borsa, Paolo Falzone, Luca Fiorentini, Sonia Gentili, Luca Marcozzi, Sabrina Stroppa e Natascia Tonelli, Firenze, Le Lettere, 2020, pp. 263-270.

–, *Poesia e immagine: storia di un'idea da Boezio a Boccaccio*, in *Immagine poetica, immaginazione: Dante e la cultura medioevale*, a cura di Ead. = «Letteratura & Arte», 6 (2018), pp. 159-174.

–, *Poesia e verità in Dante: una questione retorica?*, in *Dante e la retorica*, a cura di Luca Marcozzi, Ravenna, Longo, 2017, pp. 89-105.

–, *Le poète chassé de la ville: un thème platonicien chez Pétrarque et Boccace*, in *L'homme comme animal politique et parlant*, a cura di Gianluca Briguglia, Sonia Gentili e Irène Rosier-Catach = «Philosophical Readings», XII/1 (2020), pp. 196-204.

–, *La sestina dantesca: precedenti classici e tardo antichi*, in «l'Alighieri», n.s., 53/2 (2022), pp. 49-56.

–, *L'uomo aristotelico alle origini della letteratura italiana*, Roma, Carocci, 2005.

–, *I versi di Micol. La funzione della poesia nella narrazione del «Giardino»*, in *Cento anni di Giorgio Bassani*, a cura di Giulio Ferroni e Clizia Gurreri, Roma, Edizioni di Storia e letteratura, 2019, pp. 325-344.

–, *La vulgarisation de l'Éthique d'Aristote en Italie aux xiiie et xive siècles: enjeux littéraires et philosophiques*, in «Médiévales», 63 (2012), pp. 47-58.

–, Gualdo, Irene, *Per la "forma" delle fonti dantesche: tipologie librarie e percorsi esegetici in Santa Croce*, in *Dante e il suo tempo nelle biblioteche fiorentine*, vol. II, *Leggere e studiare nella Firenze di Dante*, a cura di Gabriella Albanese, Sandro Bertelli, Marcello Ciccuto, Sonia Gentili, Giorgio Inglese e Paolo Pontari, Firenze, Mandragora, 2021, pp. 401-406.

Gilson, Etienne, *Dante et la philosophie*, Paris, Vrin, 1939.

Giuliano, Fabio Massimo, *Platone e la poesia*, Paris, Vrin, 2005, pp. 21-134.

Giunta, Claudio, *Memoria di Dante nei Trionfi*, in «Rivista di Letteratura Italiana», 11 (1993) p. 411-452.

Gruber, Joachim, *Kommentar zu Boethius De consolatione philosophiae*, Berlin-New York, De Gruyter, 2006.

Graver, Margaret, *Cicero on the emotions: Tusculan Disputations 3 and 4*, Chicago, Chicago University Press, 2002.

Grimaldi, Marco, *Petrarca, il «vario stile e l'idea di lirica»*, in «Carte romanze», 2/1 (2014), pp. 152-210.

Guagnini, Elvio, *Sul Petrarca di De Sanctis*, in *Ruolo e mito di Petrarca nelle lettere italiane*, a cura di Fabio Cossutta, Lanciano, Carabba, 2006, pp. 207-218.

Guastini, Daniele, *Immagini cristiane e cultura antica*, Brescia, Morcelliana, 2021.

–, *Prima dell'estetica. Poetica e filosofia nell'antichità*, Roma-Bari, Laterza, 2004 (I ed. 2003).

Guittone morale. Tradizione e interpretazione, a cura di Lorenzo Geri, Marco Grimaldi, Nicolò Maldina e Maria Rita Traina, Firenze, Sismel, 2019.

Halliwell, Stephen, *L'estetica della mimesis. Testi antichi e problemi moderni* [2002], a cura di Giovanni Lombardo, trad. it. di Daniele Guastini e Loriana Maimone, Palermo, Aesthetica, 2009.

Haque, Amber, *Psychology from Islamic Perspective: Contributions of Early Muslim Scholars and Challenges to Contemporary Muslim Psychologists*, in «Journal of Religion and Health», 43 (2004), pp. 357-377.

Hautala, Svetlana, *A poet's choice: aquosus languor and lymphaticus error in the Liber medicinalis by Q. Serenus*, in *I fluidi corporei nella medicina e nella veterinaria latine. Dottrine, lessico, testi*, actes du XIIe Colloque international sur les textes médicaux latins (Messine, 22-24 septembre 2016), a cura di Anna Maria Urso e Domenico Pellegrino = «Pallas. Revue d'études classiques», 113 (2020), pp. 217-224.

Homer's Ancient Readers, ed. by John J. Keaney and Robert Lamberton, Princeton, Princeton University Press, 1992.

Illuminati, Augusto, *Quasi una fantasia. Funzioni cognitive dell'immaginazione nei commentari di Aristotele*, in *Materiali per una storia e teoria dell'immaginazione*, s.l., s.n., 1999 (Quaderni dell'Istituto di Filosofia-Urbino, 6), pp. 9-54.

Inglese, Giorgio, *Che cos'è la Commedia*, in Id., *Scritti su Dante*, Roma, Carocci, 2021, pp. 31-50.

–, *Per Guido Cavalcanti*, in Id., *L'intelletto e l'amore: studi sulla letteratura italiana del Due e Trecento*, Firenze, La Nuova Italia, 2000, pp. 3-52.

Jackendoff, Ray, *Music and Language*, in *The Routledge companion to Phylosophy and Music*, ed. by Theodore Gracyk and Andrew Kania, London-New York, Routledge, 2014, pp. 101-113.

Jesi, Furio, *Esoterismo e linguaggio mitologico*, Macerata, Quodlibet, 2002.

Jung, Carl Gustav, *Aspetto psicologico della figura di Core* [1941], in Id., *Opere*, vol. IX, t. 1, Torino, Bollati Boringhieri, 1983, pp. 175-197.

Klibansky, Raymond, *The Continuity of the Platonic Tradition during the Middle Ages, together with Plato's Parmenides in the Middle Ages and the Renaissance*, Second edition, Munich-Millwood-New York, Kraus International Publications, 1981.

–, Panofsky, Erwin, Saxl, Fritz, *Saturno e la melanconia. Studi di storia della filosofia naturale, religione e arte* [1964], trad. it. di Renzo Federici, Torino, Einaudi, 1983.

Klingner, Friederich, *De Boethii Consolatione Philosophiae* [1921], Zurich-Dublin, Weidmann, 1966.

Keller, Luzius, *Solo e pensoso, seul et pensif, solitaire et pensif, mélancholie pétrarquienne et mélancholie pétrarquiste*, in «Studi francesi», XVIII/1 (1973), pp. 3-14.

Koller, Hermann, *Die Mimesis in der Antike*, Bern, Francke, 1954.

Kosman, Louis Arieh, *Silence and imitation in the Platonic dialogues*, in *Methods of interpreting Plato and his dialogues*, ed. by James C. Klagge and Nicholas D. Smith, Oxford, Clarendon Press, 1992, pp. 73-92.

Kuisma, Oiva, *Art or experience: a study on Plotinus' aesthetics*, Helsinki, Societas Scientiarum Fennica, 2003.

–, *Proclus' Defense of Homer*, in «Classical Philology», 94/1 (1999), pp. 114-121.

Lambertini, Roberto, *L'arte del governo della casa. Note sul commento di Bartolomeo da Varignana agli «Oeconomica»*, in «Medioevo», 17 (1991), pp. 346-389.

Landolfi, Luciano, *Simulacra et Pabula Amoris. Lucrezio e il linguaggio dell'eros*, Bologna, Patron, 2013.

Lannutti, Maria Sofia, *Da Casella a Checolino. Poesia e musica tra Duecento e Trecento a Firenze e Bologna*, in *La linea Bologna-Firenze. Cultura letteraria, saperi e scambi culturali nell'Italia del Due e Trecento*, a cura di Johannes Bartuschat e Sara Ferrilli, Ravenna, Longo, 2024, pp. 149-161.

–, *«Orpheus alter». La riformulazione del mito di Orfeo nel Canzoniere di Petrarca*, in «Giornale storico della letteratura italiana», 141 (2024), pp. 161-201.

–, *Petrarca e la musica, tra Francia e Italia*, in «Chroniques Italiennes», 42 (2022), pp. 67-88.

–, *Tradizione e innovazione nel pensiero musicale di Dante*, in *La biblioteca di Dante*, a cura di Roberto Antonelli e Lorenzo Mainini, Roma, Bardi Edizioni, 2022, pp. 743-761.

La Penna, Antonio, *Un'integrazione difficile. Profilo di Properzio*, Torino, Einaudi, 1977.

Le Moli, Andrea, *Mimesis e ripresentazione. Dal platonismo all'ermeneutica*, in *Ermeneutica e filosofia antica*, a cura di Franco Trabattoni e Mariapaola Bergomi, Milano, Cisalpino, 2012, pp. 35-62.

Laudani, Carmela, *Riflessione filosofica e linguaggio poetico nell'Orfeo boeziano (cons. 3 carm. 12)*, in «Lexis», XXXVIII (2020), pp. 267-284.

Leonardi, Lino, *Il Canzoniere Laurenziano*, Firenze, Sismel, 2007.

Leporatti, Roberto, *Il 'libro' di Guittone e la "Vita Nova"*, in «Nuova rivista di letteratura italiana», 3 (2001), pp. 41-150.

Leproux, Aléxis, *Un discours de Sagesse. Étude exégétique de Sg 7-8*, Roma, Pontificio Istituto Biblico, 2007 (Analecta Biblica, 167).

Lombardo, Luca, *Boezio in Dante. La «Consolatio philosophiae» nello scrittoio del poeta*, Venezia, edizioni Ca' Foscari, 2013.

Longo, Agostino, *Concezioni e immagini dell'ispirazione poetica in Orazio*, in «Incontri triestini di filologia classica», 4 (2004-2005), pp. 429-478.

La malinconia. Dal monaco medievale al poeta crepuscolare, a cura di Roberto Gigliucci, Milano, Rizzoli, 2009.

Manieri, Alessandra, *Alcune riflessioni sul rapporto poesia-pittura nella teoria degli antichi,* Roma, Istituto Editoriali e Poligrafici Internazionali, 1995.

Magee, John, Marenbon, John, *Appendix: Boethius' Works*, in *The Cambridge Companion to Boethius*, ed. by John Marenbon, Cambridge-New York, Cambridge University Press, 2009, pp. 303-310.

–, *The Good and morality: Consolatio 2-4*, in *The Cambridge Companion to Boethius*, ed. by John Marenbon, Cambridge-New York, Cambridge University Press, 2009, pp. 181-206.

Marcozzi, Luca, *Petrarca platonico*, Roma, Aracne, 2004.

Marenghi, Gerardo, *Un capitolo dell'Aristotele medievale: Bartolomeo da Messina traduttore dei «Problemata Physica»*, in «Aevum», 37 (1962), pp. 268-283.

Margueron, Claude, *Recherches sur Guittone d'Arezzo. Sa vie, son époque, sa culture*, Paris, Presses Universitaires de France, 1966.

Merleau-Ponty, Maurice, *Lecture de Montaigne* [1947], in Id., *Signes*, Paris, Gallimard, 1960.

Martinelli, Riccardo, *I filosofi e la musica*, Bologna, il Mulino, 2012.

Mazzoli, Giancarlo, *Seneca e la poesia*, Milano, Ceschina editrice, 1970.

Mengaldo, Pier Vincenzo, *Magnalia*, in *Enciclopedia dantesca*, Roma, Istituto della Enciclopedia Italiana, 1970.

Montale, Eugenio, *È ancora possibile la poesia?*, in Id., *Il secondo mestiere. Prose*, a cura di Giorgio Zampa, vol. II, Milano, Mondadori, 1996, p. 3031.

Morelli, Alfredo Maria, *Catullo, o il lepos impossibile del secondo Novecento italiano (Quasimodo e gli altri)*, in *«Un compito infinito». Testi classici e traduzioni d'autore nel Novecento italiano*, a cura di Federico Condello e Andrea Rodighiero, Bologna, Bononiae University Press, 2015, pp. 153-177.
Moorhead, John, *Boethius' life and the world of late antique philosophy*, in *The Cambridge Companion to Boethius*, ed. by John Marenbon, Cambridge-New York, Cambridge University Press, 2009, pp. 13-33.
Moutsopoulos, Evanghélos, *La filosofia della musica nel sistema di Proclo*, Milano, Vita e Pensiero, 2010.
–, *La musica nell'opera di Platone*, Milano, Vita e Pensiero, 2002.
Munk Olsen, Birger, *L'étude des auteurs classiques latins aux XIe et XIIe siècles*, tome I, *Catalogue des manuscrits classiques latins copiés du IXe au XIIe siècle*, Paris, CNRS Éditions, 1982.
Murari, Rocco, *Dante e Boezio*, Bologna, Zanichelli, 1905.
Murray, Penelope, *Plato on poetry. Ion; Republic 376e-398b9; Republic 595-608b10*, Cambridge, Cambridge University Press, 1997.

Nardi, Bruno, *L'amore e i medici medioevali* [1959], in Id., *Saggi e note di critica dantesca*, premessa alla ristampa di Francesco Santi, Firenze, Sismel, 2013, pp. 283-287.
–, *L'arco della vita (nota illustrativa al «Convivio»)*, in Id., *Saggi di filosofia dantesca*, Firenze, La Nuova Italia, 1967, pp. 110-138.
Nardi, Marianna, *Il ritardo di Alcibiade nel Simposio di Platone. Prassi poetica e forma del racconto*, in «Studi classici e orientali», 66 (2020), pp. 89-104.
Nievergelt, Marco, *Medieval Allegory as Epistemology. Dream-Vision Poetry on Language, Cognition, and Experience*, Oxford, Oxford University Press, 2023.
–, *L'ombre de Faux Semblant: fiction, tromperie, et vérité dans la poésie allégorique après le Roman de la Rose*, in «Philosophical Readings», 12/1 (2020), pp. 161-171.
Nocchi, Francesca Romana, *Tecniche teatrali e formazione dell'oratore in Quintiliano*, Berlin-Boston, De Gruyter, 2013.
Nolhac, Pierre de, *Petraque et l'humanisme*, vol. I, Paris, Librairie Honoré Champion, 1907

O'Daly, Gerard, *The Poetry of Boethius*, London, Duckwoth, 1991.
Ouspensky, Léonide, *La théologie de l'icône dans l'Église orthodoxe*, Paris, Édition de l'Exarchat patriarcal russe en Europe occidentale, 1960.

Palmieri, Nicoletta, *Le traité de la bile noire traduit par Pietro d'Abano: manuscrits et éditions imprimées*, in «Galenos», 11 (2017), pp. 105-119.

Palumbo, Lidia, *Mimesis. Rappresentazione, teatro e mondo nei dialoghi di Platone e nella "Poetica" di Aristotele*, Napoli, Loffredo, 2008.

Pancheri, Alessandro, *Laura de Paradiso (terrestre)*, in *Il Dante di Petrarca*, atti del convegno internazionale di Arezzo (4-6 novembre 2021), a cura di Natascia Tonelli, Padova, Antenore, 2024, pp. 37-61.

Panti, Cecilia, *Filosofia della musica. Tarda Antichità e Medioevo*, Roma, Carocci, 2008.

–, *La musica e l'anima sinfonica*, in *Luoghi e voci del pensiero medievale*, a cura di Maria Teresa Beonio Brocchieri Fumagalli e Riccardo Fedriga, Milano, Encyclomedia Publishers, 2010, pp. 246-260.

–, *Suono interiore e musica umana fra tradizione boeziana e aristotelismo: le glosse pseudo-grossatestiane al «De institutione musica»*, in *Parva naturalia: saperi medievali, natura e vita*, atti dell'XI convegno della Società italiana per lo studio del pensiero medievale (Macerata, 7-9 dicembre 2001), a cura di Chiara Crisciani, Roberto Lambertini, Romana Martorelli Vico, Pisa-Roma, Istituti editoriali e poligrafici internazionali, 2004, pp. 219-245.

Pastore Stocchi, Manlio, *Divagazioni di due solitari: Bellerofonte e Petrarca*, in *Da Dante al Novecento. Studi offerti a Giovanni Getto*, Milano, Mursia, 1970, pp. 63-83.

Pasquini, Emilio, *La canzone CCCLIX*, in «Lectura Petrarce», V (1985), pp. 227-247.

Phillips, Nancy, *Classical and Late Latin Sources for Ninth-Century Treatises on Music*, in *Music Theory and its Sources: Antiquity and the Middle Ages*, ed. André Barbera, Notre Dame, University of Notre Dame, 1990, pp. 100-135.

Pepe, Luigi, *La metrica di Boezio*, in «Giornale italiano di filologia», 7 (1954), pp. 227-243.

Perniola, Mario, *Il problema teorico dell'opera di occasione*, in *Il minore nella storiografia letteraria*, atti del congresso internazionale (Roma 10-12 marzo 1983), a cura di Enzo Esposito, Ravenna, Longo, 1984, pp. 62-68.

Petersen, Jürgen H., *Mimesis, Imitatio, Nachahmung. Eine Geschichte der europäischen Poetik*, München, Fink, 2000.

Petrucci, Armando, *La scrittura di Francesco Petrarca*, Città del Vaticano, Biblioteca Apostolica Vaticana, 1967.

Pieri, Bruna, *Lucrezio, l'amore e la funzione poetica. Note a margine di uno studio recente*, in «Rivista di Filologia e di Istruzione Classica», 143/2 (2015), pp. 394-403.

Phantasia / imaginatio, atti del V Colloquio Internazionale del Lessico Intellettuale Europeo, a cura di Massimo Luigi Bianchi e Marta Fattori, Firenze, Olshki, 1986.

Pietrobelli, Antoine, *Les manuscrits grecs de Pietro d'Abano*, in «Quaderni per la Storia dell'Università di Padova», 50 (2017), pp. 23-49.

Pietropaolo, Domenico, *La teoria dell'allegoria in Vico*, in «Allegoria», 51 (2006), pp. 7-22.

Picone, Michelangelo, *Guittone e i due tempi del «Canzoniere»* [1995], in Id., *Percorsi della lirica duecentesca*, Firenze, Cadmo, 2003, pp. 105-122.

Pigeaud, Jackie , *La maladie de l'âme. Étude sur la relation de l'âme et du corps dans la tradition médico-philosophique antique*, Paris, Belles Lettres, 1981.

–, *De la mélancolie. Fragments de poétique et d'histoire*, Paris, Dilecta, 2005.

Plato Latinus. Aspects de la transmission de Platon en latin dans l'Antiquité, éd. par Jean-Baptiste Guillaumin et Carlos Lévy, Tourhout, Brepols, 2018.

Pötters, Wilhelm, *Chi era Beatrice? Teoria e allegoria del cosmo nella poesia di Dante*, Canterano, Aracne, 2018.

–, *Chi era Laura? Strutture linguistiche e matematiche nel Canzoniere di Francesco Petrarca*, Bologna, il Mulino, 1987.

–, *Nascita del sonetto. Metrica e matematica al tempo di Federico II*, Ravenna, Longo, 1998.

The Princeton Handbook of Poetic Terms, ed. by Stephen Cushman and Roland Greene, third addition, Princeton, Princeton University Press, 2016.

Proimos, Costantinos, *Reading Platonic and Neoplatonic notions of mimesis with and against Martin Heidegger*, in «Scripta classica Israelica», 21 (2002), pp. 45-55.

Ramos Jurado, Enrique Angel, *El filósofo ante la poética según Plotino*, in «Helmantica», 36/1 (1985), pp. 95-106.

Restani, Donatella, *La «musica humana» e Boezio: ipotesi sulla formazione di un concetto*, in *La musica nell'Impero romano. Testimonianze teoriche e scoperte archeologiche*, atti del Secondo Meeting Annuale di ΜΟΙΣΑ, a cura di Eleonora Rocconi, Pavia, Pavia University Press, 2008, pp. 21-27.

Reynolds, Leighton Durham, *Petrarch and a Renaissance Corpus of Cicero's philosophica*, in *Formative Stages of Classical Traditions: Latin Texts from Antiquity to the Renaissance*, proceedings of a conference held at Erice, (16-22 October 1993), ed. by Oronzo Pecere and Michael D. Reeve, Spoleto, Centro italiano di Studi sull'Altomedioevo, 1995, pp. 409-433.

–, *The transmission of the De finibus*, in «Italia medioevale e Umanistica», 36 (1993), pp. 1-30.

Rico, Francisco, *Petrarca y el De vera religione*, in «Italia medioevale e umanistica», 17 (1974), pp. 313-364.

–, *Un poema de Gautier de Châtillon: fuente, forma y sentido de "Versa est in luctum"* [1977], ora in Id., *Estudios de literatura y otras cosas*, Barcelona, Ediciones Destino, 2002, pp. 13-33.

–, *«Rime sparse», «Rerum vulgarium fragmenta». Para el titulo y el primer soneto del «Canzoniere»*, in «Medioevo romanzo», 3/1 (1976), pp. 101-138.
Rizzo, Silvia, *Il copista di un codice petrarchesco delle «Tusculanae»: filologia vs paleografia*, in *Palaeography, Manuscript Illumination and Humanism in Renaissance Italy: Studies in Memory of A.C. de la Mare*, ed. by Robert Blake, Jill Kraye and Laura Nuvoloni, London-Torino, Warburg Institute-Aragno, 2015, pp. 335-443.
–, *Un nuovo codice delle «Tusculanae» dalla biblioteca del Petrarca*, in «Ciceroniana», 9 (1996 [ma 1997]), pp. 75-104.
Russell, Donald. A., *Criticism in Antiquity*, Berkeley, University of California Press, 1981.
Russo, Emilio, *Leopardi e la tradizione letteraria tra Seicento e primo Settecento*, in «Atti e memorie dell'Arcadia», 7 (2018), pp. 261-283.

Saffrey, Henri D., *Accorder entre elles les traditions théologiques: une caractéristique du néoplatonisme athénien*, in *On Proclus and his influence in Medieval philosophy*, ed. by Egbert P. Bos and Peter A. Meijer, Leiden-New-York-Köln, Brill, 1992, pp. 35-50.
Sanguineti, Francesca, Scarpati, Oriana, *«Comensamen comensarai»: per una tipologia degli* incipit *trobadorici*, in «Romance Philology», 67/1 (2013), pp. 113-138.
Santagata, Marco, *I frammenti dell'anima*, Bologna, il Mulino, 1992.
Scarabelli, Mauro, *Una nuova scienza d'amore: proposte di lettura per «Donna me prega»*, in «Italianistica. Rivista di letteratura italiana», 35/3 (2006), pp. 47-56.
Schoeler, Gregor, *The "Poetic Syllogism" Revisited*, in «Oriens», 41/1-2 (2013), pp. 1-26.
Scheible, Helga, *Die Gedichte in der «Consolatio Philosophiae» des Boethius*, Heidelberg, Carl Winter, 1972.
Segal, Charles, *Orfeo. Il mito del poeta*, Torino, Einaudi, 1995.
Sendler, Egon, *L'icona, immagine dell'invisibile. Elementi di teologia, estetica e tecnica*, Roma, Edizioni Paoline, 1985 (ed. or. 1981).
Setaioli, Aldo, *Cicero and Seneca on the Fate of the Soul: Private Feelings and Philosophical Doctrines*, in *The Individual in the Religions of the Ancient Mediterranean*, ed. by Jörg Rüpke, Oxford, Oxford University Press, 2013, pp. 455-488.
Shanzer, Danuta, *Interpreting the Consolatio*, in *The Cambridge Companion to Boethius*, ed. by John Marenbon, Cambridge-New York, Cambridge University Press, 2009, pp. 228-254.

Sharples, Robert, *Fate, prescience and free will*, in *The Cambridge Companion to Boethius*, ed. by John Marenbon, Cambridge-New York, Cambridge University Press, 2009, pp. 207-227.

Sheppard, Anne D.R., *Studies on the 5th and 6th Essays of Proclus' Commentary on the Republic*, Göttingen, Vandenhoeck and Ruprecht, 1980.

Signorini, Maddalena, *Sul codice delle Tusculanae appartenuto a Francesco Petrarca (Roma, BNC, Vittorio Emanuele 1632)*, in «Studi Romanzi», n.s., 1 (2005), pp. 105-133.

–, *Le «Tusculanae» di Cicerone postillate da Francesco Petrarca*, in *I Libri che hanno fatto l'Europa. Manoscritti latini e romanzi da Carlo Magno all'invenzione della stampa [...]*, catalogo a cura di Roberto Antonelli, Nadia Cannata, Michela Cecconi, Emma Condello, Marco Cursi e Maddalena Signorini, Roma, Accademia Nazionale dei Lincei, 2016, n. 155, pp. 235-236.

Stabile, Giorgio, *Teoria della visione come teoria della conoscenza*, in Id., *Dante e la filosofia della natura. Percezioni, linguaggi, cosmologie*, Firenze, SISMEL, 2007, pp. 9-30.

Strauss Clay, Jenny, *The Politics of Olympus. Form and Meaning in the Major Homeric Hymn*, Londra, Bristol Classic Press, 2006[2].

Suto, Taki, *Boethius on mind, grammar and logic: a study of Boethius commentaries on "Peri hermeneias"*, Leiden-Boston, Brill, 2012.

Stull, William, *Reading the Phaedo in «Tusculan Disputations» 1*, in «Classical Philology», 107/1 (2017), pp. 38-52.

Tamani, Giuliano, *Le «Generalità della medicina» di Averroè*, in «Medicina nei secoli», 6 (1994), pp. 407-423.

Tetel, Marcel, *Montaigne et Pétrarque: irrésolution et solitude*, in «Journal of Medieval and Renaissance studies», IV (1974), pp. 203-220.

Tonelli, Natascia, *Fisiologia della passione. Poesia d'amore e medicina da Cavalcanti a Boccaccio*, Firenze, Sismel, 2015.

–, *Solitudini e malinconie familiari*, in *Motivi e forme delle «Familiari» di Francesco Petrarca*, atti del convegno di Gargnano (2-5 ottobre 2002), a cura di Claudia Berra e Gennaro Barbarisi, Milano, Cisalpino, 2003, pp. 639-653.

Tristano, Caterina, *Le postille del Petrarca nel Vaticano Lat. 2193 (Apuleio, Frontino, Vegenzio, Palladio)*, in «Italia medioevale e umanistica», XVII (1974), pp. 365-468.

Troncarelli, Fabio, *Umanesimo tardo antico. L'ultimo dei romani e la consolazione della saggezza*, Roma, Vecchiarelli, 2012.

Ullmann, Berthold Luis, *Petrarch's acquaintance with Catullus* [1955], in Id., *Studies in the Italian Renaissance*, Roma, Edizioni di Storia e Letteratura, 1973, pp. 177-196.

–, *Petrarch's Favorite Books*, in Id., *Studies in the Italian Renaissance*, Roma, Edizioni di Storia e Letteratura, 1973², pp. 127-130.

Van den Berg, Robert M., *Proclus' hymns: essays, translations, commentary*, Leiden, Brill, 2001.
Van der Meeren, Sophie, *Lectures de Boèce: la «Consolation de la Philosophie»*, Rennes, Presses universitaires de Rennes, 2012.
Van der Stockt, Luc, *L'expérience esthétique de la mimèsis selon Plutarque*, in «Quaderni urbinati di cultura classica», 36/ 3 (1990), pp. 23-31.
Vassallo, Christian, *La dimensione estetica nel pensiero di Plotino. Proposte per una nuova lettura dei trattati «Sul bello» e «Sul bello intelligibile»*, Napoli, Giannini, 2009.
Vecchio, Silvana, *La memoria del passato e i problemi del presente: la riflessione medievale sull'*ars theatrica, in *La scena assente. Realtà e leggenda sul teatro nel Medioevo*, a cura di Francesco Mosetti Casaretto, Alessandria, Edizioni dell'Orso, 2006, pp. 105-121.
Veloso, Claudio William, *Il problema dell'imitare in Aristotele*, in «Quaderni urbinati di cultura classica», n. s., 65 (2000), pp. 63-97.
Verdenius, Willem Jacob, *Mimesis. Plato's Doctrine of Artistic Imitation and Its Meaning to Us* [1949], Leiden, Brill, 1962.
Vernant, Jean-Paul, *Nascita di immagini e altri scritti su religione, storia, ragione* [1979], trad. it. di Angela Montagna, Milano, Il Saggiatore, 1982.
Verlato, Zeno Lorenzo, *Appunti sulle diverse funzioni del mito di Orfeo nella «Commedia» e nel «Convivio»*, in *«L'ornato parlare». Studi di filologia e letterature romanze per Furio Brugnolo*, a cura di Gianfelice Peron, Padova, Esedra, 2007, pp. 349-388.
Vieillefon, Laurence, *La figure d'Orphée dans l'Antiquité tardive. Les mutations d'un mythe : du héros païen au chantre chrétien*, Paris, De Boccard, 2003.
Volgarizzamenti del Due e Trecento, a cura di Cesare Segre, Torino, Utet, 1964.

Wulf, Christoph, *Mímesis. L'arte e i suoi modelli*, trad. it. di Paolo Costa, Milano, Mimesis, 1995.

Zingesser, Eliza, *The Genesis of Poetry: Guillaume de Machaut's Prologue, Boethius's «Consolation of Philosophy», and Chartrian Neoplatonism*, in «Viator», 42/2 (2011), pp. 143-156.

Indice dei nomi*

* A cura di Raffaella Crociani.

Finito di stampare
nel mese di dicembre 2024
da The Factory
Roma